난민과 국민 사이

재일조선인 서경식의 사유와 성찰

서경식 지음 ― 임성모 · 이규수 옮김

돌베개

난민과 국민 사이
― 재일조선인 서경식의 사유와 성찰

서경식 지음 ┃ 임성모·이규수 옮김

2006년 4월 17일 초판 1쇄 발행
2023년 4월 10일 초판 4쇄 발행

펴낸이 한철희 ┃ 펴낸곳 돌베개 ┃ 등록 1979년 8월 25일 제406-2003-000018호
주소 (10881) 경기도 파주시 회동길 77-20 (문발동)
전화 (031) 955-5020 ┃ 팩스 (031) 955-5050
홈페이지 www.dolbegae.co.kr ┃ 전자우편 book@dolbegae.co.kr

책임편집 김희진 ┃ 편집 박숙희·이경아·윤미향·김희동·서민경
본문디자인 김상보·박정영·이은정 ┃ 인쇄·제본 상지사 P&B

ISBN 89-7199-238-7 03910
책값은 뒤표지에 있습니다.

이 도서의 국립중앙도서관 출판시도서목록(CIP)은 e-CIP 홈페이지
(http://www.nl.go.kr/cip.php)에서 이용하실 수 있습니다.(CIP제어번호: CIP2006000829)

난민과 국민 사이

탄광 속 카나리아의 노래

일본은 이제야 추위가 누그러져 봄기운이 느껴지기 시작한다. 내가 사는 도쿄 교외 구니타치시에는 벚꽃이 막 피어나려 하고 있다. 지금 나는 이삿짐을 꾸리느라 분주하다. 며칠 뒤면 한국으로 떠난다. 재직 중인 도쿄케이자이 대학에서 '해외연구'의 기회를 얻어 앞으로 1년 내지 2년 동안 서울에 체재하게 된 것이다. 내 인생에 이런 기회가 찾아오리라고는 얼마 전까지 상상조차 못 했다. 너무나 늦게 찾아온, 조국에서 생활할 기회. 거기서 어떤 사람들과 만나게 될까? 어떤 경험을 하게 될까? 기대가 큰 만큼 긴장도 크다.

내 할아버지는 충청남도의 가난한 농군이었다. 1928년 어느 날, 생활의 양식을 찾아 일본으로 건너와서 교토시에서 철도공사 노동자가 되었다. 그때 여섯 살이었던 장남이 훗날 내 아버지가 된 서승춘이다. 서승춘은 1940년에 동향인 오기순과 결혼해서 슬하에 4남1녀를 두었다. 해방 직후 할아버지는 17년 만에 고향 충청남도로 돌아가셨지만 아버지는 일본에 남았다. 1951년 교토시에서 태어난 4남이 나 서경식이다.

1965년의 한일기본조약 협정 때까지 한일 간에 국교(國交)가 없었기 때문에 우리에게 조국은 자유로이 오갈 수 있는 곳이 아니었다. 나는 고등학교 1학년이던 1966년 여름, 재일본대한민국거류민단(이하 '민단'으로 줄임)이 실시한 '교포학생 모국 하계학교'라는 행사에 참가해서 처음으로 조국 땅을 밟았다. 시모노세키항에서 아리랑호라는 낡은 화물여객선에 올랐다. 칠흑같이 어두운 현해탄에서 뱃멀미에 시달리다 새벽녘에야 드디어 부산항에 도착했다. 산꼭대기까지 들어찬 판자촌이 아침 햇살에 반짝거렸다. 처음 본 조국의 모습은 그렇게 상처투성이였고 가난했다. 거렁뱅이 소녀나 껌팔이 소년이 그다지 나이 차도 나지 않는 나한테까지 들러붙어 떨어지지 않았다. 그들은 바로 나라고 생각했다. 해방 후 아버지가 일본에 머물지 않고 조국으로 돌아와 있었다면 나도 이 아이들처럼 구걸을 하거나 껌을 팔고 있었을 테니까.

전세계적으로 학생반란이 일어난 다음 해인 1969년, 와세다 대학 프랑스문학과에 입학했지만, 내 관심은 정통 프랑스문학이 아니었다. 학생반란의 과정에서 열광적으로 재평가되었던 폴 니장(Paul Nizan)이나, 정신과 의사이자 알제리 민족해방전선(FLN)의 이론가였던 프란츠 파농(Frantz Fanon)이었다. 그리고 니장이나 파농을 연구할 바에야 차라리 니장이나 파농이 되기를 열망했다. 장래에는 나 또한 형들처럼 한국으로 유학을 가서 조국을 위해 일해야 한다고 생각했지만, 그것은 구체성이 없는 막연한 이미지에 불과했다. 당시 일본 사회는 재일조선인에게 지금보다도 더 폐쇄적이었다. 국립대학이 외국인을 정식으로 임용하기 시작한 것은 1980년대 중반부터의 일이다. 공립학교 교사, 변호사, 언론인 같은 직업도 길이 막혀 있었다. 대기업에 취직하기란 매우 힘들었지만, 그렇지 않아도 한번 사는 인생을 일본 기업의 이윤추구를 위해 바칠 기분은 아니었다. 민족차별의 벽에 막혀 많은 동포들이 하릴없이 재능을 썩히는 현실이었다. 인생에 절망하지 않으려면 꿈을 꿀 수밖에 없었다고도 말할 수 있으리라.

스무 살이 된 대학교 3학년 봄에 모국에 유학 중이던 형들이 정치범으로 구속되었다. 나는 곧장 도쿄에서의 유학 생활을 중단하고 교토로 돌아왔다. 가업을 거들며 형들을 돕느라 분주해졌다. 형들이 투옥되면서 군사독재 치하 한국의 현실이 피부로 느껴졌다. 그 압도적인 현실감 앞에서 일본 생활의 모든 것은 그저 공허하게 느껴질 뿐이었다.

어떻게 살아야 옳을까? 형들이 투옥된 이상, 한국으로 유학을 간다는 경우의 수는 사라져버렸다. 아니, 오히려 그 때문에 더 한국으로 돌아가야 한다고 할 수도 있겠지만, 그건 지금 생각일 뿐 당시의 나로서는 떠올릴 수조차 없는 생각이었다. 3년, 5년, 8년……. 그렇게 애매한 상태로 그저 시간만 흘러갔다. 1980년에는 어머니가, 1983년에는 아버지가 세상을 떠나셨다.

형 서준식은 사건이 일어난 17년 뒤인 1988년에, 또다른 형 서승은 1990년에 출옥했지만, 그때 내 나이는 벌써 마흔이었다. 앞으로 무얼 할 수 있을까? 이제 조국으로 돌아간다는 건 언어나 문화를 생각해도, 경제적 기반을 고려해도 너무 늦은 일이었다.

어찌할 바를 모르고 지내던 그때, 정치사상가 후지타 쇼조(藤田省三) 선생이 호세이 대학에서 강의를 해보라고 권유하셨다. 전문적 학위나 연구경력도 없던 나는 고심 끝에 이 권유를 받아들였다. 그때 내가 떠올렸던 건 에드워드 사이드(Edward Said)의 말이다. 사이드는 지성이 한없이 세분화되고 상품화되는 현대 아카데미즘의 양상을 통렬히 비판하면서, 시대의 요청에 부응하는 진정한 지성을 부활시키려면 비전문가주의(amatuerism)에 입각해서 전문가주의(professionalism)와 싸워야 한다고 주장했다. 또 역사서술이나 문학에서 지배층의 서사(master narrative)에 피지배층의 대항서사(counter narrative)를 대치시키는 작업이 인류의 '새로운 보편성'을 구축하기 위해서도 중요하다고 강조했다. '일본인의 서사'와 '자본주의적 근대라는 승자의 서사'로 뒤덮여가는 일본 사회에서 나는 재일조선인 입장에서의 대항서사를 만들어나가는 일을 스스로의 역할로 삼았다.

이리하여 도쿄의 몇몇 대학에서 시간강사를 하던 중 2000년부터 도쿄케이자이 대학에서 전임으로 강의를 하게 되었다. 내가 담당하는 강의의 제목은 '인권과 마이너리티'다. 대학 강의실에서 일본인 청년들과 직접 대면하면서 나는 새삼 놀랐다. 그들은 자국의 침략과 식민지배라는 역사적 사실을 거의 배우지 못한 채 "더 이상 중국과 한국에 사죄하는 건 넌더리가 나", "한국은 일본이 근대화시켜준 걸 감사해야 해"라고 심드렁한 표정으로 말한다. 일본인이 보기에 재일조선인은 자신들 근대사의 꺼림칙한 과거를 떠올리는 거추장스러운 존재에 불과하다. 따라서 그들이 반기는 것은 "과거에 연연하지 않고" "미래지향적이며" "밝고 힘찬" 재일조선인이다. 이런 일본 사회의 수요에 영합하는 이들이 재일조선인 중에서도 적지 않게 나타나고 있다. 학자들도 예외가 아니다.

엄밀하게 구분할 수는 없지만, 지금까지의 내 저작은 크게 두 계열로 나눌 수 있을 것 같다.

하나는 예술, 문학 등 각종 문화 현상에 대해서 쓴 에세이 종류다. 한국에서 번역된 것으로는 『나의 서양미술 순례』, 『소년의 눈물』, 『청춘의 사신』, 『디아스포라 기행』이 이 계열에 속한다.

또 하나는 재일조선인론, 역사 인식의 문제, 국가론, 민족론 등을 취급한 평론 종류다. 이 계열은 다카하시 데쓰야(高橋哲哉)와 함께 쓴 『단절의 세기, 증언의 시대』외에는 한국에 거의 소개된 적이 없다. 이 책은 이 계열에 속하는 내 저작 가운데서 특히 한국 독자들이 읽었으면 싶은 글들을 고른 것이다. 주로 『분단을 살다』(分斷を生きる), 『반난민의 위치에서』(半難民の位置から), 『저울질하지 말라』(秤にかけてはならない)에서 고른 글들을 실었다. 곧 1990년대 중반부터 지금까지 10년 동안 나의 고민과 발언의 궤적이라고 하겠다.

일본 사회의 최근 10년을 돌이켜보면 한마디로 '반동'의 시대라고 할 수 있다. 1990년대의 일본은 일본군 위안부를 비롯한 아시아의 전쟁 피해자들과 대면했다. 그것은 역사의 부정적 유산을 극복하고 동아시아 민족들과 진정으로 화해할 절호의 기회였다. 하지만 현실적으로는, 패전으로 일본 사회에 안겨진 '민주주의'와 '평화주의'라는 가치에 대한 '반동'의 시대가 되고 말았다. 1996년 말에 '새 역사교과서를 만드는 모임'이 결성되고 일본 사회의 우경화에 가속도가 붙기 시작했을 때, 나는 재일조선인으로서 큰 위기감을 느꼈고 사회에 경종을 울리고자 했다. 하지만 그로부터 10년 동안 우경화는 예상을 훌쩍 뛰어넘어 진전되어버렸다.

2001년 9월 11일, 뉴욕의 무역센터와 워싱턴의 펜타곤이 자폭공격을 받자, 일본 정부는 부시 정권이 주도하는 '테러와의 전쟁'에 참여할 것을 솔선

해서 선언하면서 자위대가 미군에 보급 활동을 할 수 있도록 법률을 개정했다. 세계적으로 보더라도 일본은 부시 정권의 가장 충실한 추종자로 설쳐대고 있다.

현재, 일본 우파가 당면 목표로 삼고 있는 것은 교육기본법 개정이다. 교육의 목적에 '애국심'을 내걸고 국가주의 교육을 강화하려는 것이다. 그 다음 순서는 헌법 제9조 개정이다. 일본의 비무장과 교전권 포기를 규정한 헌법 제9조는 제2차 세계대전 패전에 이르는 일본의 침략사를 반성하며 이를 거울 삼아 두 번 다시 타자를 침략하지 않겠다고 약속한 국제공약이었다. 이 공약을 변경할 수 있는 때란, 과거에 침략을 당한 민족과 영속적인 화해를 달성했을 때뿐이다. 과거의 침략과 식민지배를 반성하지 않고 피해자에게 사과하지도 않으면서 외국인에 대한 차별의식과 다른 민족에 대한 적대감을 강화하며 국가주의로 급속히 기울어가는 일본, 더욱이 이미 세계 유수의 군비를 보유하고 있는 일본이 헌법상의 제약마저 벗어 던진다면 과연 무슨 일이 벌어질까?

이런 반동은 꼭 우파 세력에 의해서만 초래된 것이 아니다. '새 역사교과서를 만드는 모임'이 발족한 것은 1996년 12월, 지금으로부터 10년 전이다. 당시의 중학교 교과서가 일본군 위안부 문제를 최초로 기술한 데 대해서 국가주의자들은 민감하게 반응했다. 그러나 이 위험한 움직임에 대해서, 일본의 학계, 대중매체, 시민운동 진영 등은 이렇다 할 제동 기능을 발휘하지 못했다. 진정으로 나를 분노하게 한 것은, 진보적이라고 여겨왔던 이들의 무관심과 무기력이었다. 1990년대를 거치면서, 종래 민주주의의 선도자를 자임하며 우경화의 견제 세력으로 일정한 기능을 맡아왔던 시민파 자유주의 세력은 내셔널리즘적 정서, 자기중심주의, 냉소주의의 경향이 강해졌다. 많은 지식인과 언론인들이 진지하고 솔직한 언어, 정의를 향한 순수한 희구, 타자에 대한 동정과 공감, 성실한 내부성찰과 자기-비판에 야유와 냉소를 던지고 있다. 그 배경에는 냉전체제가 허물어지고 시장경제가 전지구로 확산됨으로써 그들 다수가 이념의 좌표축을 상실해버렸다는 현실이 놓여 있다. 이리하여 일본 사회의 반동과 우경화는 착실하게 진행되었던 것이다. 일본 사회의 우경화는 재일조선인을 점점 더 살기 어렵게 만드는 데 그치지 않는다. 그것은 동아시아의 평화에 대한 최대의 위협이기도 하다.

옛날에 탄광의 갱부들은 갱내 일산화탄소 농도를 알기 위해서 카나리아 새장을 들고 갱으로 들어갔다고 한다. 카나리아는 사람보다 먼저 고통을 느끼고 죽음으로써 위험을 알린다. 식민지배의 역사 때문에 일본 사회에 태어난 재일조선인은 말하자면 '탄광의 카나리아'와도 같다. 위기에 처했을 때 가장 민감하게 반응하고 경고하는 역할을 역사로부터 부여받은 것이다. 비유컨대 나의 저술은 질식해가는 카나리아의 비명과도 같은 것이다.

항상 조국 사람들과 만나길 바랐던 내게, 이 책이 한국에서 독자를 만나는 것은 더할 나위 없는 기쁨이다. 한국 국적을 가진 내가 이 책에서 '조선인'이라는 말을 쓰는 것은, 돌아가신 부모님이 그 말을 너무나 자연스럽게 쓰셨기 때문이고 일본인들이 그 말을 가장 차별적으로 사용하기 때문이다. 그리고 분단된 두 '국가'의 어느 한쪽이 아닌, 분단을 넘어선 하나의 '민족'에 속하는 자가 되고자 하기 때문이다. 하지만 여기서 내가 말하는 '민족'은 '혈통'이나 '문화'나 '민족혼'처럼 소위 '민족성'이라는 실체를 독점적으로 공유하는 집단이 아니다. 내가 말하는 '민족'은 고통과 고뇌를 공유하면서 그 고통에서 해방되기를 지향함으로써 서로 연대하는 집단을 가리킨다. 말하자면 나는 '민족'이라는 개념을, '민족성'이라는 관념에서가 아니라 역사와 정치 상황이라는 하부구조에서 이해하려는 것이다.

근대의 제국주의와 식민주의에 희생되어 지금도 분단의 고통에 억눌리고 있는 우리는, 바로 그렇기 때문에 국가주의로 전락하기를 최후까지 거부하면서 미래에 모범이 될, 진정으로 열린 사회를 실현해야 한다고 믿는다. 재일조선인은 그 역사적 경험 때문에, 그것이 일본 것이든 조국 것이든 모든 국가주의의 허위성과 위험성에 가장 민감한 존재라고 말할 수 있으리라. 어떤 의미에서 일본인뿐 아니라 조국 사람들에게도 재일조선인은 '탄광의 카나리아'인 것이다. 조국의 독자들은 이 카나리아의 목소리를 어떻게 들을 것인가?

순서가 끝이 되었지만 역자인 임성모 교수와 이규수 교수에게 감사를 드린다. 돌베개 여러분에게도 감사드린다. 번역과 출판이라는 수지 안 맞는 노고를 무릅쓰는 사람들 없이는 카나리아의 목소리가 조국 사람들의 귀에 닿지 못할 테니까.

2006년 3월 일본에서
서경식

차례

1부

어머니를 모욕하지 말라

'조선, 꺼져라.' 아, 얼마나 귀에 익은 대사인가. 나 자신도 어릴 적, 아이들 사이에서 싸움이 일어나면, 마지막에는 언제나 "조센, 조센, 꺼져, 꺼져"라는 소리를 들어야 했다. (……) '조선'이란 무엇인가? 왜 '조선'인 내가 일본에 있는 것일까. 어디로 돌아가라는 것일까? 아무것도 모른 채 울지 않으려고 입을 꼭 다물고 집에 돌아오면, 말을 꺼내기 전에 모든 것을 알아차리신 어머니가 무조건, 다만 무조건 나를 꼭 안아주셨다. 경위를 묻지 않고 싸움의 이유도 묻지 않고, 어떠한 이유 때문이든 싸워서는 안 된다는 따분한 시민도덕을 늘어놓지도 않으시고, 다만 무조건 나를 끌어안은 채 낮은 목소리로 내 귀에 몇 번이나 되풀이해 말씀하셨다. "조선은 나쁘지 않아, 나쁜 것이라곤 하나도 없어." 그 어머니의 힘으로 나는 다시 똑바로 설 수 있었다.

어떻게 어머니는 일말의 주저함도 없이 조선은 나쁘지 않다고 말할 수 있었을까? 당신도 어릴 적 일본으로 건너가 차별과 모멸을 당하고, 학교에도 못 가서 조선 민족의 문화와 역사는커녕 일본 글자조차 읽지 못하셨는데? 더욱이 어머니는 후에 자식 둘을 한국의 감옥에 빼앗겼는데, 다시 몇 번이나 자식들을 껴안고 말하지 않으면 안 되었다. "빨갱이, 나쁘지 않아"라고.

온 몸 을 불 사 르 는 수 치

해수욕인가 ……?

처음에는 그렇게 보이지 않은 것도 아니다.

속옷 차림의 여인들이 다섯. 왼쪽 끝에 선 소녀는 엄마로 보이는 여인의 등 뒤로 머리를 숨기고 있는데, 엄마의 표정은 평온하고 심지어 살며시 미소 짓고 있는 듯도 하다. 가운데에 선 나이 든 여인의 표정은 무겁게 가라앉았고 그 오른쪽에 선 젊은 여인의 표정도 딱딱하지만, 모두 흐트러진 모습은 아니다. 오른쪽 끝의 여인에 이르면 마치 사진가에게 이런 말을 건네는 것만 같다.

"이봐요, 잘 찍어줘요. 소중한 기념사진이니까 ……"

기념사진? 대체 무슨?

자세히 들여다보면, 그녀들 등 뒤로는 벗어놓은 옷들이 쌓여 있다. 총을 든 병사들이 사방으로 감시의 눈길을 부라리며 이런저런 지시를 내리고 있다. 다음 사진, 그 다음 사진으로 눈을 옮기면, 그녀들의 운명이 한 치의 의혹

리예파야에서의 유대인 학살, 1941년 12월 15일, 야드바셈 박물관

도 남기지 않은 채 명백해진다.

나는 1996년 3월 예루살렘의 야드바셈 기념관에서 이 일련의 사진을 보았다. 설명에는 "처형을 앞둔 유대인 여인들. 라트비아, 리예파야"라고 되어 있었다. 꽤 오랫동안 사진 앞을 떠날 수 없었다. 격렬한 수치의 감각에 온몸이 뜨거웠다. 나체가 된 그녀들이 부끄러운 게 아니라, 보고 있는 내 자신이 수치스러웠던 것이다.

도대체 누가, 무슨 의도로 이 사진을 찍은 걸까? 아니, 셔터를 누를 때 사진가의 마음속에 조금이라도 갈등 어린 감정의 물결이 일렁이지 않았을까 기대하고 싶은 것은, 오히려 나의 안이함 탓일는지 모른다. 인간은 이런 장면을 마주쳤을 때 눈썹 하나 까딱하지 않고 손톱만큼도 동요하지 않은 채 주어진 임무를 수행할 수 있는 존재인 것이다. 어떤 자는 촬영이라는 임무를, 다른 자는 사살이라는 임무를.

이것은 확실히 소중한 기념사진이다. '인간'이라는 존재가 실제로 보여준 극한의 냉혹함과 둔감함에 대한. 핏기 없는 시체들이 포개진 구덩이는 우리가 흔히 '인간성'이라고 부르는 통념이 여지없이 단절되는, 찢긴 틈새(裂け目)다.

1941년 6월 22일, 독일군은 일제히 소련 영내로 침공했다. 독일군 뒤를 아인자츠그루펜(Einsatzgruppen)[1]이라는 기동부대가 따라다녔다. 이 부대는

---

1) 2차대전 당시 동유럽, 러시아 등지에서 후방 지역의 유태인 및 민간인 학살을 전담한 부대—옮긴이.

점령지에서 공산당원, 유대인, '집시'라는 이름으로 차별당하던 이들, 지식인 등을 '처분'하는 임무를 담당했다.

독일이 휩쓴 소련 서부의 광대한 지역에는 개전 당시 약 400만 명의 유대인이 살고 있었다. 그 가운데 약 150만 명은 독일군이 들이닥치기 전에 도망쳤지만, 뒤처진 유대인들은 기동부대와 라트비아인·리투아니아인·우크라이나인 등 현지 주민으로 구성된 보조경찰대에 의해서 철저히 색출당해 살육되었다. 이 중에서 가장 유명한 사례는, 우크라이나의 수도 키예프 근교의 바비야르 계곡에서 1941년 9월 29일과 30일 이틀 동안 3만 3,000명 이상이 학살된 사건이다. 목격자에 따르면, 유대인들은 한 군데 집결되어 외투, 구두, 겉옷, 속옷까지 벗고 소지품들을 지정된 장소에 두도록 명령받았다. 그러고는 남녀노소가 모두 골짜기 바닥으로 내몰려, 이미 살해당한 이들의 수북히 쌓인 시체 위로 엎드리도록 명령받은 후 차례차례 사살당했다.

리예파야는 라트비아 해안의 소도시다. 리예파야의 여성들을 '처분'한 절차가 바비야르에서 이루어진 것과 같다는 사실은 사진 속에서 읽어낼 수 있다. 리예파야는 무수한 바비야르 가운데 하나, 그것도 비교적 눈에 띄지 않는 하나에 불과했다. 점령지 소련에서 이렇게 학살된 유대인 희생자의 수는 모두 120만 명 정도나 된다고 한다. 여기에 아우슈비츠 강제수용소에서의 희생자 수를 더하면 400만에서 600만 명이라는 숫자가 된다. 하지만 이런 일을 글로 표현할 때, 숫자는 그저 숫자일 뿐이다.

1999년 여름, 숨막힐 듯한 일본을 잠시 탈출해 있던 나는 파리 시립현대미술관의 기념품 판매점에서 한 권의 사진집과 마주쳤다. 아니, 그것에 사로

〈케이스 히스토리 연작 중 무제〉, 보리스 미하일로프, 1997~1998
© Boris Mikhailov

잡혔다고 해야 옳으리라.

우크라이나의 사진작가 보리스 미하일로프(Boris Mikhailov)의 '봄즈'(bomzhes) 사진집 『케이스 히스토리』(*Case History*)였다. 내가 도착하기 전, 파리에서는 그의 사진전이 열리고 있었던 모양이다. '봄즈'란 우크라이나 말로 아무런 사회적 지원도 받지 못하는 홈리스를 가리킨다. 구소련 붕괴 이후 10년, '신(新)러시아인'이라 불리는 벼락부자들이 활개 치던 시대가 지나고 빈곤의 시대가 도래했다. '봄즈'는 이전에는 존재하지 않았던 '새로운 계급'인 것이다.

지나가던 사람이 아무 이유 없이 휘두른 폭력 때문에 얼굴이 부어오른 소녀. 무슨 병 때문인지 하복부가 기이하게 돌출한 벌거숭이 노파. 길다란 음경을 드러낸 채 망연히 서 있는 노인. 그 가슴 위에 새겨진 레닌 문신……. 거기에 비친 것은 전지구적 시장경제라는 무자비한 전쟁의 최전선에서 상처 입고 쓰러져가는 사람들의 모습이다.

갑자기 그곳에 많은 사람들이 죽어 있다는 느낌이 들었다. 봄즈는 가장 먼저 죽지 않으면 안 된다. 마치 영웅처럼, 말 그대로 그들의 삶이 다른 이들의 삶을 지켜줬다는 듯이. 그리고 나는 벌거벗은 채 자기 소지품을 쥔 사람들—가스실을 향해 가는 듯한 사람들의 사진을 찍었다. (……) 나는 새로운 생존경쟁의 경계에 걸맞은, 새로운 도덕성의 경계에 관심이 있었다.[2]

---

2) Boris Mikhoulov, *Case History*, Scalo Publishers, 1999.

사진가는 비난을 각오하고 굳이 홈리스들의 나체를 찍었다고 한다. 그 나체를 보자 리예파야의 여성들의 사진을 봤을 때와 같은 수치의 감각이 엄습해왔다. 마음속 깊이 부르르 떨었고 며칠 밤을 악몽에 시달렸다. 프리모 레비(Primo Levi)의 말이 머릿속에서 광기 어린 소용돌이를 일으켰다.

더 현실적인 것은 자기-고발, 혹은 인간적 연대를 맺는 데 실격했다고 하는 고발이다. 거의 모든 생존자는 자신이 도움의 손길을 내미는 데 게을렀다는 죄의식에 시달린다. 자기보다 더 약하고 꾀가 부족하고 나이가 너무 많거나 어린 사람들, 주위에서 그런 사람들이 늘 도움을 청하는 것이 수용소의 일상이다. 연대, 인간다운 말, 조언, 그저 말을 들어주는 귀. 이런 것들에 대한 요구는 언제 어디서든 있었지만 그것들이 받아들여지는 경우는 아주 드물었다. 너는 다른 사람 대신 살고 있어서 부끄러운가? (······) 우리 모두가 이웃의 거처를 빼앗아 그 대신에 살아가고 있다. 이런 의혹은 우리를 갉아먹으며 깊숙이 둥지를 튼다.[3]

아우슈비츠에서 살아 돌아온 프리모 레비는 스스로 평화를 지키기 위한 증인의 역할을 맡기로 했다. 그러나 마침내 증언이 조금도 존중받지 못한다는 것을, 나아가 수용소 밖의 세계 또한 '수용소'라는 것을 깨달았다. '인간'이라는 존재에 대한 수치심에 온몸이 타버린 그는 1987년 4월 토리노에 있는 자택 계단에서 몸을 내던졌다.

---

3) Primo Levi, "Vergogna", *I sommersi e i salvati*, Einaudi editore s.p.a., 1986.

독일 패전 후 유대인 학살 등 나치가 저지른 온갖 범죄가 드러나자, 대부분의 독일 시민이 나는 못 봤다, 못 들었다, 몰랐다며 발뺌했다. 그러나 레비는 그들 독일인은 나치즘의 통치에 동의했고 전후가 되자 자신의 무죄를 주장하기 위해 '무지'를 이용하는 것이라 비판했다. 이러한 '의도적 태만'이야말로 범죄행위라는 고발이었다.

고발의 화살은 이제 누구를 향하고 있는 걸까? 리예파야 여성들과 연대하는 데 실패하고 인간으로서 실격했던 우리는 오늘날 우크라이나 봄즈들과 연대하는 데도 실격하고 있다. 세계 도처에서 인간은 인간과의 연대에 실패를 거듭하고 있다. 게다가 자신의 연약함, 비겁함, 또는 우매함 때문에 그로부터 눈길을 돌리고 있는 것이다. 이것이 바로 '의도적 태만'이 아닐까? 아우슈비츠 이후를 살고 있는 우리들의 '도덕성의 경계'가 지금 시험대 위에 올랐다. _2000년 12월 발표

문 화 라 는   것

'문화'라고 하는 것을 나는 잘 모르겠다. '문화 상대주의'라거나 '문화적 다원주의'라고 할 때의 그 '문화' 말이다.

달리 말할 필요도 없겠지만, 재일조선인의 한 사람으로서 '단일민족 환상'과 굳게 결합된 일본 사회의 배타성을 매일 통감할 수밖에 없는 나는, 그 누구보다도 열렬히 이런 현상이 사라지기를 열망한다. 하지만 요즘 너무도 거침없이 '문화적 다원주의' 같은 용어들이 사용되는 데 대해서는 경계심이 생긴다. 거기서 '문화'라는 말로 지칭되는 것의 속내는 과연 무엇인가?

우스키 아키라(臼杵陽)의 「이슬람과 유럽 사이」는 이스라엘 사회에서 미즈라히(Mizrahi, 동양계 유대인)들이 경험하고 있는 정체성의 분열에 대해서 알려준다. 이 글에 소개된 에리 아미르의 소설 『번제(燔祭)의 닭』에는 이라크에서 이주해온 미즈라힘 소년이 등장한다. 그는 키부츠 안에서 유럽 출신 유대인들과의 문화적 격차에 직면한다. 유명한 고전음악의 제목을 알아맞히는 퀴즈 대회에서 한 문제도 맞힐 수가 없었던 것이다. "모차르트는 마술사라고 한다. 그 마술의 비밀을 알고 싶어 그의 음악을 들어보았다……. 문명 세계의 사람들은 퍽이나 매료되어 있는 모양이다. 하지만, 나는? 도대체 어디에 매료된다는 건지. 난 문명 세계에 속해 있지 않은 걸까? (……) 이 음악은 나의 일부가 아니다. 나는 결코 다른 사람들처럼 될 수 없다. 진정한 내가 되고 싶다면 방법은 단 하나. 그렇다. 마아바라(캠프)로 돌아가는 거다. 그 가락, 그 냄새의 세계로. 진흙탕일지는 몰라도 그건 분명히 내 것이다."[1]

이 이야기는 인간에게 음악적 모어(母語), 즉 '문화'가 얼마나 뿌리 깊은가를 보여주고, 또 그것이 '문명'이라는 강요된 기준에 의해 가치서열(차별)화되는 데 대한 저항감을 보여준다. 소년의 저항은 '분명히 나의 것'인 '문화'를 근거로 해서 성립된다. 가난한 새 이민자 캠프라는 '고향'에서 그의 '문화'는 적어도 심리적으로는 보장되어 있다.

여기에는 소수자의 '문화'와 정체성을 둘러싼 현재적 문제가 응축된 형태로 제시되고 있다. 그런데 나는 소년의 저항에 전적으로 공감하면서도, 나처럼 일본에서 태어난 조선인에게는 이제 모어-공동체-문화를 이을 고리가 끊어졌다는 데 생각이 미쳤다. 소년의 '캠프'에 해당하는 '문화'의 장(場)도 상실되고 말았다. 저항의 근거로서 나 자신의 '문화'란 소년의 경우처럼 명확하지 않다. 내게 '문화'란 선험적인 것이 아니다.

지난 11월 3일(1995년) 현대음악계의 위대한 작곡가 중 하나인 윤이상이 망명지 베를린에서 죽었다. 그의 자서전 『상처입은 용』(Der verwundete

---

1) 臼杵陽, 「イスラムとヨーロッパのはざま」, 『現代思想』 1994년 7월호에서 재인용.

Drache)에는 그의 음악적 모어에 깃든 풍요로운 기억들이 펼쳐진다.

어릴 적 고향의 항구에 배를 띄우고 귀 기울였던 어부들의 노래. 떠돌이 극단이 들려주던 악극. 신들린 무당이 불러대던 서경가(敍景歌), 주문(呪文), 기원 등등. 이러한 조선의 민중적 예술과 음악은 조선어와 마찬가지로 일제 식민지하에서 엄격하게 금지되었지만, 그의 음악적 모어로 줄곧 남아 있었던 것이다. 그 윤이상이 언젠가 "생각할 때에는 무슨 말로 합니까?"라는 질문을 받고서 "모르겠어요. 전에는 일본어로 생각했죠"라고 답한 적이 있다. 황민화 정책으로 인해 그와 같은 세대의 조선인이 경험했던 상처의 깊이와 그 그늘의 어둠을 생각하지 않을 수 없다. 황민화의 압력은, 조선반도에서는 반세기 전에 종말을 고했지만, 해방(일본의 패전) 후 일본에 남겨진 재일조선인에게는 지금까지도 그 본질을 유지하고 있는 것이다.

나는 또다시 내게 있어서 조선 민족의 음악적 모어는 거의 단절되어 있다는 사실에 직면할 수밖에 없다. 그럼에도 불구하고 윤이상의 음악이 나를 감동시키는 것은, 그의 음악이 내 의식 밑바닥에 마멸되어 가면서도 조금이나마 남아 있는 아득한 '문화'의 파편을 움직이기 때문만은 아니다. 윤이상이 서구의 전위적 기법을 사용한 것은 조선의 전통적 음악을 유럽의 근대가 이룬 수준까지 끌어올리기 위해서만이 아니라, "근대 속에서 문제가 된 '인간의 조건'(conditio humana)을 응시하며 이 근대 자체를 묻기 위해서"[2]였다. 윤이상의 예술은 단순한 '문화'의 재현이나 그것으로의 회귀가 아니며, 또 자신의 음악적 모어를 단순히 현대음악의 언어로 옮긴 데 불과한 것이 아니다. 그것

---

2) ギュンター・フロイデンベルク, 「洪水がしばしば來て, 家を脅かした」, 『尹伊桑わが祖國, わが音樂』, 影書房, 1992.

은 식민지 출신 예술가가 지배 문화와의 격렬한 대결을 통해서 '보편'에 이르고자 하는 끊임없는 운동의 표출이었다. 그랬기 때문에 나는 윤이상에게 있어서 '문화'에 감동하기보다 오히려 그 재생과 창조의 역동성, '보편'을 지향하는 역동성 그 자체에 감동했던 것이다.

"민족이란 언어·지역·경제생활 및 문화의 공통성 속에 나타나는 심리 상태의 공통성을 기초로 해, 역사적으로 구성된 견고한 공동체"라는 스탈린의 유명한 정의를 처음 알게 된 것은 고등학생 시절이었다. 그때 내 마음속에 생긴 갈등은 지금 돌이켜보면 자못 흥미롭다.

나는 이런 규정이 '민족'을 무조건 지지해야 할 보편적인 정의(正義)로 입증한다고 생각했다. 왜냐하면 조선 민족은 이런 자격조건을 갖추고 있었음에도 불구하고 일본의 식민지배에 의해—간접적으로는 구미 선진국에 의해서도—'민족'으로 존재할 수 없다고 부정당해왔기 때문에. 그리고 그 결과, 나는 일본에서 태어나 본래 속해 있어야 할 공동체로부터 분리되었기 때문에.

그러나 동시에 나는 이렇게도 생각했다. 안타깝게도 내 모어는 일본어다. 살고 있는 곳은 일본이고, 경제적으로도 일본 국민경제의 그물망에 그 한 올로 짜여져 있다. 그렇다면 "문화의 공통성 속에 나타나는 심리 상태의 공통성"이란 대체 무엇일까?

스스로에 대해 생각해보면, 나는 모든 조건에서 결격자였던 것이다. 스탈린은 더 나아가 "이들 특징 중 하나라도 부족하면 그만큼 민족은 민족이 아니게 되어버린다"고 말했다. 즉 나는 자민족의 '민족'으로서의 자격을 주장하면 할수록, 스스로는 그 '민족'의 틀에서 떨어져 나오고 마는 분열을 맛보았던 것이다.

이 분열의 비밀은, '자격'이라는 사고방식에 있다. 어떤 사람들의 공동체가 '민족'이기 위한 자격. 어떤 개인이 '민족' 구성원이기 위한 자격. 이런 사고방식은 '문화'를 자격조건의 필수 항목으로 꼽는 것이다. 하지만 '문화'에 의해 '민족'을 인정하는 것과, '문화'로부터의 단절(즉 '결격')을 가지고 개인의 민족적 소속을 부인하는 것은 사실 똑같은 하나의 고정관념에서 비롯된다. 양자는 모두 '문화'를 정태적이고 선험적인 것으로 파악하는 전형적인 오류인 것이다.

생각해보면, 제국주의와 식민지배가 무수한 사람들을 '문화'로부터 떼어놓은 오늘날, 이런 분열의 경험은 재일조선인만의 문제가 아니라 '선진자본주의국'—대부분 종래의 종주국—에 사는 '제3세계인'에게 공통되는 문제일 것이다. 이들이 국민 내지 시민—이들이야말로 선험적인 '문화'의 빈틈을 채워넣고 있는 존재다—의 무리 속에 스스로를 용해시키지 않고 계속 '우리'로 남는 것은, 흔히 말하듯 타자와의 '문화'적인 차이 때문이 아니라 오히려 이런 분열과 '결격'의 아픔 때문이다.

지금해야 할 일은, 이들 '문화'로부터 분열된 자들이 스스로 동태적이고 창조적인 문화관을 단련하는 것이리라. 이렇게 말할 때 내가 염두에 두고 있는 것은 스탈린의 정의를 알게 된 바로 그 고등학생 시절에 읽은 프란츠 파농의 말이다.

그러나 원주민 지식인은 곧 이해하게 될 것이다. 인간은 문화를 출발점으로 해서 민족을 증명하는 것이 아니라, 점령군에 저항하여 민중이 행하는 투쟁 속에서 문화를 표현하는 것임을.[3]

---

3) Frantz Fanon, *Les damnés de la terre*, François Maspero éditeur S.A.R.L., 1961.

전지구가 단일 시장권으로 편입된 오늘날, 교묘하게 은폐된 억압과 수탈에 대한 투쟁, '점령군'뿐만 아니라 다국적 기업이나 거대 미디어와 맞서는 그 투쟁이 복잡하고 곤란하다는 것은 두말할 필요도 없다. 그러나 어떤 사람들이 그 민족적 소속 때문에 차별당하고 억압받는 현실이 존재하며 어떤 형태로든 그에 대한 저항이 존재하는 이상, 설령 그들이 '문화' 없는 '결격자'일지라도 바로 거기에서 문화는 표명되는 것이다. _1995년 12월 씀

방 황 하 는 노 파

"How many passports do you have?"

저녁식사 뒤 잡담이 잦아들 무렵 F군에게 그런 질문을 받았을 때, 나는 그 즉시 질문의 의미를 이해하지 못했다. 이 친구가 농담을 하나 싶었지만, F 군은 사람을 빨아들일 듯 그윽한 시선으로 나를 똑바로 쳐다보며 답변을 기다리고 있다.

중학교 영문법의 예문 비슷한 그 의문문을 이해하지 못해서가 아니다. 오히려 '패스폴트'라는 식으로 'R' 발음이 강한 그들 영어가 나로서는 알아듣기가 쉬웠으니까.

한데, '넌 여권을 몇 개나 갖고 있니'라는 말은 대체 무슨 말일까? 몇 개는커녕 나는 단 한 개의 여권을 손에 넣기 위해 꽤 고생을 했고 그에 관해서는 떠올리기 싫은 기억도 있었다. 모르는 사람도 많을 테니 군이 밝혀두자면, 한국 국적의 재일조선인인 내가 일본 국외로 나가려면 대한민국 여권이 필요한

데, 대한민국은(적어도 그 당시에는) 여권 발급 업무를 노골적인 국민통제 수단으로 삼았기 때문이다. 시기는 다르지만, 나와 누이 모두 한국의 옥중에 있던 형과 면회하기 위해 여권을 갱신하는 데 무려 1년 반이나 기다렸던 적이 있다. 그동안에는 일본에서 한 발자국도 벗어날 수 없는 새장 속 새 신세였다.

내친 김에 더 이야기하면, 우리는 일본으로 돌아올 때도 일본 정부의 '재입국 허가'라는 것이 필요하다. 설령 태어나 일본 밖으로 한 걸음도 나가본 적이 없어도 외국인 취급을 당하는 것이다. '재입국 신청서'라는 서류의 '여행목적'란에 우리가 뭐라고 쓰는가 하면, '거주'(residence)라고 적는다. 거주를 목적으로 여행하는 자 — 곧 난민이다. '재입국 신청서'를 쓸 때마다 나는 "그래, 우리는 태어나면서부터 난민인 게야" 하는 생각에 사로잡힌다.

그런 상황이라서 나는 겨우 손에 넣은 여권 하나를 마치 부적처럼 애지중지 품속에 넣은 채, 본 적 없는 나라들의 풍물 하나하나를 신기해하며 돌아다녔던 것이다.

"몇 개라니? 한 갠데……"

요령부득으로 이렇게 대꾸하자,

"Only one! Why?"

나무라는 듯한 투의 F군은 좀 놀란 것 같기도 하다.

"근데, 그런 거 몇 개나 가져서 뭐하게?"

'뭘 모르는군' 하는 표정으로 F군은 기다란 목을 좌우로 흔들었다. 그의 말을 듣고보니 정말로 나는 아무것도 모르고 있었다.

F군은 한 국적의 여권을 몇 개나 갖고 있는 게 아니었다. 그는 일단 '방글라데시 국민'이고 가족도 방글라데시에 살고 있지만, 몇 개 국적의 여권들을 갖고 있었던 것이다. 그리고 그 여권들을 적절하게 가려 쓰고 있다는 말이었다.

"꽤 편리하지. 혹시 괜찮다면 네게도 다른 나라 여권 하나 만들어줄까?"

그렇게 말하면서 F군은 히죽 웃었지만, 농담인지 진담인지 알 수 없었다. 그때는 "그럼 하나 부탁해"라고 바로 대꾸하지 않았는데, 지금 생각해보면 좀 아쉽기도 하다. 물론 그는 암흑가 사람이 아니다. 인텔리 계층이라 할 수 있는 기술자이자 실업가다.

F군은 모어(母語)는 벵골어이고 종교는 이슬람교 수니파다. 민족 구분을 따르면 그는 '벵골인'이라 해야 할 테다. 하지만 그의 '나라'가 어디냐 하는 문제에 이르면, 이는 한마디로 답할 수 있는 간단한 문제가 아니다. 독립할 때까지 그는 대영제국의 인도령 신민(臣民)이었고, 독립한 후에도 파키스탄, 동(東)파키스탄, 그리고 방글라데시로 '나라'가 계속 바뀌었기 때문이다. 그런 이상, 그의 입장에서도 자신에게 유리하게 '나라'를 가려 써서 안 된다는 법은 없을 것 같다. 그리고 사실 이 지구상에서는 수많은 사람들이 그렇게 나름의 방식으로 '나라'와 맞서며 살고 있는 것이다.

이상은 지금으로부터 10년쯤 전, 내가 난생 처음 일본 바깥을 여행했을 때 런던에서 겪었던 이야기다. 그때 나는 말 그대로 눈동자에서 비늘이 벗겨지는 기분이었다.

그뒤로 나는 틈만 나면 해외여행을 하게 되었는데, 4, 5년 전 시카고에서 일본으로 가는 비행기에 탔을 때였다. 탑승권에 적힌 내 좌석을 찾아가보니 옆의 창문 쪽 자리에는 이미 한눈에 중국인임을 알 수 있는 자그마한 체구의 노파가 앉아 있었다. 잠깐 눈이 마주쳤지만 그녀는 이내 누군가를 찾는 듯 창밖으로 눈길을 돌려버렸다.

드디어 점보 제트기가 매끄럽게 이륙하여 순항 상태에 접어들자 덩치 큰 백인 스튜어디스가 음료를 나르며 우리 자리로 왔다.

"Something to drink?"

노파는 묵묵부답이다. 주름에 감춰진 듯한 그녀의 가느다란 눈은 무표정하기만 하다.

스튜어디스는 다시 친절하게 물어본다.

"Coffee or tea?"

그래도 그녀는 표정이 없다.

마음이 급해진 스튜어디스는 내가 그 아들이나 친척이라 생각했던지 나더러 무얼 마시고 싶은지 그녀에게 물어봐달라고 부탁한다. 한데 난 중국어라곤 한 마디도 할 줄 모른다. 나는 내가 중국인이 아니며, 내 생각에 그녀는 홍차를 좋아할 거라는 말밖에 할 수 없었다.

스튜어디스가 홍차를 놓고 가버리자, 노파는 맛있다는 듯 한 모금 홀짝이고는 갑자기 나를 쳐다보며 말했다.

"%#%@!*%$#@"

뭐라고 하는 건지 전혀 알아들을 수가 없다. 난감해하고 있자니 노파가 작은 종이를 꺼내 내게 보이고는 또 뭐라고 열을 내며 말한다.

"香港"

종이에는 한자로 그렇게 써 있었다. 궁하면 통하는 법이다.

다음 착륙지는 홍콩? 그녀는 열심히 그렇게 묻고 있었던 것이다. 마치 버스에서 다음 정거장이 어디냐고 묻는 것처럼. 우리가 동승한 비행기는 미국항공(UA)의 시카고발, 나리타 경유, 홍콩행 비행기였다.

이제부터는 전적으로 내 상상인데, 아마 그녀는 시카고의 차이나타운에 사는 자식을 방문하고 돌아가는 길일 테다. 배웅하러 나온 시카고 태생 손자의 얼굴을 한번이라도 다시 볼 수 없을까 하고 창문에 얼굴을 바짝 붙이고 있었던 게다. 노모를 불러 며칠 동안 효도를 한 자식은 정성을 다한 선물을 안기면서 "두번째 정거장에서 내리는 거예요" 하고 신신당부하며 비행기에 태웠을 것이다.

나는 펜을 들고 탑승권 여백에다

"→ 東京 → 香港"

라고 썼다.

그걸로 통했는지 어땠는지는 모르지만, 적어도 그녀는 내가 중국인이 아닌 것만은 이해한 것 같았다. 내가 나리타에서 내릴 때, 어떻게 해서든 "여기서 내리는 게 아니에요"라고 알려주지 않으면 안 되겠지……. 잠깐 동안 나는 끙끙 앓으며 그런 걸 고민하고 있었는데, 그녀는 어느 틈에 꾸벅꾸벅하며 기분좋게 잠들어버렸다.

내 어머니는 학교에 갈 수 없었기 때문에 오랫동안 글자를 못 읽으셨다. 그래서 낯선 곳에서 버스나 전차에 타고 내릴 때에는 경이로운 육감을 발휘하셨다. 그래도 불안할 때는 아무나 붙잡고 물어보셨다. 사정을 모르던 때에는 그런 어머니를 창피하게 여기기도 했지만, 어느덧 어머니가 겪으셨을 고충에 생각이 미치는 나이가 되자 도리어 경외심을 품게 되었다. 그와 똑같은 경외심이, 아니 오히려 감동 같은 것이 내게 솟구쳐왔다. 게다가 이 중국인 노파는 점보 제트기로 태평양을 건너가고 있는 거다. 조금도 당황하지 않고서.

'Flying Dutchman'[1]이라는 말은 영어사전을 뒤져보면 유령선이나 그

---

1) 북유럽의 전설에서 유래한 말이다. 폭풍우를 만난 어느 네덜란드 선장이 신에게 구원을 청하면서 다시는 배를 타지 않겠다고 맹세한다. 그렇게 해서 살아난 선장이 맹세를 저버리고 다시 항해에 오르자 신은 그에게 저주를 내려 유령선을 탄 채 영원히 바다를 떠돌게 한다는 전설이다─옮긴이.

선장이라는 의미지만, 바그너의 오페라 〈방황하는 네덜란드인〉(Der fliegen-der Holländer)의 영어 제목이기도 하다. 실은, 빈 국립 가극장에서 이 오페라를 보고 무척 따분해했던 게 반년 전 일이었다. 그 탓이었을까, 'Flying Chinese old woman'이라는 말이 뇌리에서 반짝 떠올랐다 사라졌다.

'방황하는 중국인 노파'다. 하지만 여기에는 원망하는 구석도 유령 같은 점도 전혀 없다. 극히 사실적이다. 농민이 옆 마을에 가려고 버스에 오르는 것과 같은 감각으로 최첨단 기술의 예봉인 점보 제트기에 타고 있는 것이다. 이렇게 20세기적인 광경이 또 어디 있을까. 생각해보면 그녀는 80년 정도에 걸친 인생의 여정에서 도보 이동에서부터 점보 제트기에 이르기까지 교통수단의 변천을 몸소 체험한 것이다.

보통 일본어에서는 '중국인'이라고밖에 할 수 없으니 별 수 없이 그렇게 부르지만, 그녀는 사실 '중국'이라는 '나라'의 사람은 아니다. 그런 건 그녀가 알 바 아니다. 청나라에서 영국, 전쟁의 한 시기에는 일본, 그리고 최근에는 중화인민공화국으로, '나라'라는 것은 인생이라는 드라마에서 마치 배경처럼 그녀의 등 뒤로 나타났다가 사라지는 것이다. 국적으로 말하자면 그녀의 아들은 아마도 '홍콩계 영국 국민'일 테고 손자들은 '미합중국 국민'일 것이다. '캐나다 국민'인 조카들도 두었을지 모른다. 중국 본토와 대만, 타이와 싱가포르의 친척까지 꼽기 시작하면 끝이 없을 게다. 그렇다고 해서 그녀의 집안이 산산이 분해된 건 아니다. 그녀는 예나 지금이나 그녀인 채로다.

거대한 운석이 떨어진 탓이라고 했던가, 아무튼 갑자기 들이닥친 빙하기에 적응하지 못해 공룡이 멸종했다는 설이 있다. 그리하여 공룡의 눈을 피해 숲 속 한 귀퉁이에서 민첩하게 돌아다니던 소형 포유류가 다음 시대의 주인공이 되었다고 말이다. 진위는 알 수 없지만, 난 이 설이 맘에 든다. 그리고 옆

자리에 오도카니 앉아 있는 노파의 침착한 모습을 살펴보고 있는 사이 이 설을 연상했던 것이다.

국민국가 따위는 이제 낡은 유물이라는 말들이 요즘 유행이다. 그렇게 말하는 건 그 사람들 자유지만 실상은 이제 인류에게 제 손으로 국가를 쳐부술 지혜는 남아 있지 않은 듯하다. 당분간은 지구상에서 국민국가의 시대가 계속될 것이다. 그리고 그 국가에 단 하나의 줄로 이어져 있는 것을 당연시하고 기꺼워하기조차 하는 어리석은 '국민들'의 세상도 당분간 지속될 것이다. 그러나 언젠가 너무 거대해진 공룡처럼 국민국가가 굉음을 울리며 무너진 뒤에는 소형 포유류가 아닌 이 '방황하는 노파'나 F군 같은 사람들의 시대가 올 것이다. 그건 약속되어 있다.

이런 공상은 나를 즐겁게 만든다. 허나 공상이 세부에 미치기 시작하면 희미한 비애감도 솟아오른다. 그때까지 얼마나 많은 소형 포유류들이 희생될 것인가. 게다가 아무리 생각해봐도 나 자신은 멸종하는 공룡의 길동무가 될 부조리한 운명을 면치 못할 것 같으니 말이다. _1994년 11월 씀

어 머 니 를 모 욕 하 지 말 라

그는 사람들에게 멸시를 당하고 버림받았으며, 고통을 겪고 병고를 아는 사람이었다. 또한 사람들이 얼굴을 가리고 피해갈 만큼 멸시만 당하였으며 우리도 덩달아 그를 업신여겼다. 그런데 실상 그는 우리가 앓을 병을 앓아주었으며, 우리가 받을 고통을 겪어주었구나. 우리는 그가 천벌을 받을 줄로만 알았고 하느님께 매를 맞아 학대받을 줄로만 여겼다. 그를 찌른 것은 우리의 반역죄요, 그를 으스러뜨린 것은 우리의 악행이었다. 그 몸에 채찍을 맞음으로 우리를 성하게 해주었고 그 몸에 상처를 입음으로 우리의 병을 고쳐주었구나. (……) 그가 억울한 재판을 받고 처형당했는데 그 신세를 걱정해주는 자가 어디 있었느냐? 그렇다, 그는 인간 사회로부터 절연당하였다. 우리의 반역죄를 쓰고 사형을 당하였다. (「이사야서」 53:1~5, 8)

나의 어머니가 세상을 떠났을 때, 자식 둘은(나에게는 두 형들) 정치범으로 한국의 감옥에 갇혀 있었다. 독재자의 죽음으로 희미하게 피어오른 석방의 기대는 다른 독재자의 등장으로 흔적 없이 사라졌다. 광주에 계엄군이 투입되고 수많은 시민을 학살한 것은 1980년 5월 18일. 자궁암에 의한 과다출혈 때문에 어머니가 교토 시내의 한 병원에서 숨을 거두신 것은 그 이틀 후인 5월 20일 미명이었다. "아침까지만 참고 견디세요. 아침이 되면 편해질 거예요!"라는 나의 위로에 "아침까지? 아직, 아직도 멀었잖니……"[1]라고 대답한 것이 어머니의 마지막 말씀이었다.

'위안부'나 '조센삐'(朝鮮ピー)라는 말들을 생전의 어머니로부터 들은 기억은 없다. 다만 어머니는 그 의미를 알고 계셨으리라 짐작할 뿐이다. 일제 말 조선에서는 젊은 처녀가 '정신대'(挺身隊)라는 이름으로 끌려가 일본군의 노리개가 되었다는 소문이 널리 퍼져 미혼의 딸을 둔 조선인 가정에서는 대혼란이 일어났다. 당시 어머니는 이미 일본에 있었는데, 사교성 있고 우두머리 기질이 있었던 할아버지를 의지해 고향 동포들이 집에 자주 드나들었다고 하니 이 꺼림칙한 소문은 어머니 귀에도 들어갔을 것이다.

1960년경이었을까? 우리 집은 작은 공장을 운영하고 있었는데, 직원 중에 군인 출신 일본인이 한 사람 있었다. 평소에는 온후하고 과묵한 사람이었다. 하지만 식사 때 술이 한 잔 들어가면 중국 전선에서 '편의대'(便衣隊)[2]를 어떻게 죽였는지, 총검이 사람 몸을 깊숙이 찔러 들어갈 때의 감촉까지 묘사

---

1) 吳己順さん追慕文集刊行委員會編, 『朝を見ることなく : 徐兄弟の母吳己順さんの生涯』, 社會思想社 現代教養文庫, 1981 참조. 이하 오기순의 말은 모두 이 책에서 인용한 것이다.
2) 중국에서 무장하지 않고 적지에 잠입해 후방을 교란하는 역할을 맡았던 비정규군 부대. 실제로 당시 일본군은 '편의대'라는 구실로 수많은 민간인을 학살했으며, 종전 후에도 일본 사회에서 이 말은 민간인 학살 사건을 부정하는 논리로 자주 사용되어왔다.

하며 자랑스레 늘어놓았다. 아직 초등학생인 내 귀에 그런 이야기가 들리는 것을 어머니는 몹시 싫어했다. 지금에야 해보는 상상이지만 그때 그는 '조선 삐'를 어떻게 품에 안았는지도 묘사했던 것이 아닐까?

나는 고등학교 시절, 당시 간행된 박경식(朴慶植)의 명저『조선인 강제연행의 기록』(朝鮮人强制連行の記錄)을 읽었다. 그런데 이 책에 있는 위안부에 관한 다음의 기술은 최근까지 나의 기억에서 사라졌었다. 부끄러운 일이다. 아래는 이 책에 나오는 군무원(軍務員)으로 동원되었다가 한쪽 다리가 잘리는 중상을 입은 옥치수(玉致守)라는 재일조선인 1세의 증언이다.

옥치수 씨가 일하던 배를 통해 남방으로 연행된 조선 여성만도 이천수백 명에 달했다. 이들 여성은 고향에 있을 때는 전쟁에 협력하도록 강요당하고 군수공장, 피복창에서 일하게 된다며 끌려온 17~20세의 젊디젊은 처녀들이었다. 그러나 실제로는 이렇게 수송선에 태워져 남방 각지의 전선에 보내져 군대의 위안부로 농락당했다. (……) 옥치수 씨가 세번째로 침몰을 경험했던 때에도 그 배에는 150여 명의 동포 여성이 타고 있었다. 옥치수 씨 자신은 도중 오키나와의 미야코지마에서 하선했기 때문에 물고기의 밥이 되지는 않았지만 그들의 운명이 어떻게 되었는지는 알 수 없다.[3]

해방 이후 재일조선인 사이에 위안부에 관한 기억이 사람들의 입을 통해 전해졌음을 알 수 있다. 그것은 우리 집을 드나들던 동포들 사이에서도 화제

---

3) 朴慶植,『朝鮮人强制連行の記錄』, 未來社, 1965.

가 되곤 했을 것이다. 단지 작은 목소리로만 전해져올 뿐, 모습도 형태도 없는 '위안부'. 내 어머니도 그들의 운명을 어느 정도 자기 자신의 것으로 여겼으리라 상상해볼 뿐이다.

■ ■ ■

작년(1996년) 6월 어느 신문기사(『아사히 신문』〔朝日新聞〕 1996년 6월 5일자)를 읽고부터 이미 나의 가슴속에서는 어떤 응어리가 점점 커져 한계의 지점에 다다르고 있었다. 이타가키 다다시(板垣正) 참의원 의원은 한국에서 온 전 (前) 위안부 김상희 할머니에게 몇번이나 "돈은 받지 않았느냐?"며 힐문하고, "강제로 끌려왔다는 객관적 증거는 있느냐?"고 물었다고 했다. 또 같은 지면에는 '밝은 일본·국회의원연맹'(明るい日本·國會議員聯盟)의 회장에 취임한 오쿠노 세이스케(奧野誠亮) 전 법무장관이 "위안부는 상행위"라고 말했다는 기사도 있었다. 이타가키 의원은 조선군 사령관을 역임했던 전범의 가족이고 일본유족회(日本遺族會)의 고문이기도 하다. 오쿠노 전 법무장관은 내무관료 출신으로 종전 시에는 미국의 압수를 피해 공문서를 소각해 증거를 인멸시켰다고 제 입으로 말한 인물이다.[4] 식민지배의 당사자라고도 할 수 있는 그들이 과거의 죄를 인정하지 않는 것은 새삼스러운 일은 아니다. 그러나 그 기사를 보았을 때 뭐라 말할 수 없는 혐오감이 끓어올랐다. 드디어 결정적인 하나의 선을 넘었다고 느꼈다. 부끄러움을 모르는 자들이 최소한의 근신도 내팽개치

---

4) 自治大學校史料編集室作成, 『山崎內務大臣を語る座談會』, 自治大學校史料, 1960 참조.

고, 대놓고 피해자를 욕보이는 행위에 나선 것이다.

같은 해 여름부터 '자유주의사관연구회'의 후지오카 노부카쓰(藤岡信勝)
라는 도쿄 대학 교수가·이 무리에 합세해, 1997년도 채용 예정인 중학교 역사
교과서에서 위안부에 관한 기술을 삭제하자는 운동을 시작했다. 그와 함께
니시오 간지(西尾幹二), 고바야시 요시노리(小林よしのり), 사카모토 다카오
(坂本多加雄) 같은 인물들이 발기인이 되어, 12월 2일에는 '새 역사교과서를
만드는 모임'(新しい歷史敎科書をつくる會)을 발족시켰다. 며칠 후 어느 치과
의 대기실에서 잡지를 펼쳤을 때 내 가슴속의 응어리는 파열되고 말았다. '새
역사교과서를 만드는 모임' 발기인 중 한 사람인 야마모토 나쓰히코(山本夏
彦)가 전 위안부들이 "이제 와서 떠들어대는 이유가 돈 때문이라는 사실은 누
구라도 수긍한다"고 말한 것이다(『슈칸신초』(週刊新潮) 1996년 12월 19일자).

'돈 때문'이라니? 전 위안부들은 차별과 빈곤 속에 시시각각 늙어가고 있
다. 75세가 된 송신도 할머니만 해도 이국 일본에서 피붙이 하나 없이 주위의
몰이해와 차별을 받으며 생활보호에만 의지해 살아가고 있다. 얼마나 불안하
겠는가? 목구멍에서 손이 나올 정도로 돈이 필요한 것은 당연하다. 게다가 그
들에게는 보상금을 요구할 정당한 권리가 있다. '돈 때문'이라 한들 모욕당해
야 할 이유는 전혀 없다.

송신도 할머니는 1993년 4월 5일, 일본에 거주하는 전 위안부로서는 처
음으로 도쿄 지방법원에 일본 정부의 사죄와 보상을 요구하는 소송을 제기했
다. 송 할머니는 처음부터 변호단과 지원자에게 말했다. "나는 사죄를 받고
싶어. 사죄를 받을 수만 있다면 그것으로 충분해. 돈이 목적이 아닌 걸 알아줬
으면 해." 법정에서 본인심문을 할 때도 확실히 밝혔다. "돈은 필요 없어. 사
죄한다면 제일 좋아. 일본 정부가 사죄하고 두 번 다시 전쟁을 하지 않을 것을

요구한다."[5] 이와 같은 원고의 의향을 존중해 제소 시에는 금전적 보상을 요구하는 금원청구(金員請求)를 하지 않고 사죄문 교부와 국회에서의 공식사죄만을 청구했다. 원고가 받은 피해는 도저히 돈으로 환산할 수는 없는 것이라는 점과 차별적인 일본 사회에서는 원고에 위해가 가해질 위험이 있다는 점도 금전적 보상요구를 하지 않은 이유였다(『재일조선인 '위안부' 재판을 지지하는 모임 회보』〔在日の慰安婦裁判を支える會會報〕 1993년 5월 28일자 창간호). 그러나 재판이 시작되자 일본의 법률상 사죄청구만으로는 소송이 성립될 수 없다는 재판관의 의견이 있었고, 그에 따라 보상청구를 추가했던 것이다.

"우리들의 세금으로 생활보호를 받는 주제에 왜 재판을 시작하느냐. 불만이 있다면 한국에 돌아가라!", "돈이 필요해 재판하는 것이지? 돈은 받았느냐!" ―송 할머니는 지역 사람들에게 이러한 험담을 듣고 있다고 한다(1997년 10월 15일 도쿄 지법에 제출된 가와다 후미코〔川田文子〕의 진술서 참조). 제소 당시 원고 측의 우려는 바로 이타가키, 오쿠노, 후지오카, 고바야시, 야마모토 등의 언동을 통해 현실로 드러났다. 신문, 잡지, 만화, 강연 등을 통해 공공연히 행해진 피해자에 대한 모욕을 상당수의 일본인이 마음속으로 수긍했을 것이다. 이것이 명백한 '위해'가 아니고 무엇이겠는가.

'내 어머니를 모욕하지 말라.' 이때부터 나는 일본군의 성노예가 되었던 모든 전 위안부들을 '어머니'라 부르기로 했다.[6] 이는 단순히 감상적인 비유가 아니다.

---

5) 在日の「慰安婦」裁判を支える會編, 『宋さんといっしょに-よくわかる在日の元「慰安婦」裁判』, 在日の「慰安婦」裁判を支える會, 1997. 이하 본문 중에 인용한 송신도 할머니의 말은 모두 이 책에서 가져온 것이다.

6) 徐京植, 「もはや默っているべきではない」, 『分斷を生きる: 「在日」を超えて』, 影書房, 1997. 이 글

■ ■ ■ ■

어제(1997년 10월 24일) 나는 송신도 할머니를 처음으로 만났다. 아니 몰래 송 할머니의 모습을 보기 위해 어느 집회에 나갔다가 소개를 받았다. 전 위안부 는 '내 어머니' 라며 여기저기에 글을 쓰고 말해왔는데, 실제로는 그분들의 모 습을 본 적도 목소리를 들은 적도 없었다. 송 할머니를 직접 만나자 "저는 당 신을 어머니로 생각하고 있습니다" 라고 말하기는 아주 힘들었다. "난 자네 같 은 자식을 둔 기억이 없네. 오랫동안 거들떠보지도 않은 주제에 자기 좋을 때 만 넉살 좋게 어머니라니……" 이렇게 꾸짖으실 것만 같았다. 이런 느낌이 드 는 것도 무리는 아니다. 송 할머니가 어려운 소송을 시작한 지 4년 이상이 흘 렀는데도 나는 다만 마음 편히 있었을 뿐, 방청석에 한번 찾아가본 적도 없었 기 때문이다. 죄송한 마음이 들어 그저 "죄송합니다, 죄송합니다" 하고 용서 를 빌자, "도둑질을 한 것도 아닌데, 너 뭘 그렇게 빌어?" 하는 말을 듣고 말 았다.

송신도 할머니는 1922년생이다. 나의 어머니는 호적상 1920년생인데 이는 엉터리로 본인은 언제나 술년(戌年, 1922년)생이라고 말했다. 송 할머니 의 출신지는 충청남도 논산군이다. 나의 어머니 고향인 공주군과 인접한 곳 이다. 이렇듯 나의 어머니와 송 할머니는 동향이고 같은 해 태생이니, 어머니 생전에 두 분이 만났다면 친자매처럼 가깝게 지냈을지도 모르겠다.

해방 후 일본에서 한국으로 건너가신 외할아버지는 논산에서 농사를 지

은 「'자유주의사관 연구회', '새 역사교과서를 만드는 모임' 등의 움직임을 우려하는 재일조선인의 성명서」(『自由主義史觀 研究會』, 『新しい歷史敎科書をつくる會』等の動きを憂慮する在日朝鮮人の アピール, 1997년 1월 20일)에 지지를 호소한 것이다. 이 성명에는 조선인 1,184명, 기타 900명이 동참했다.

으셨다. 30년 전 고등학교 1학년 때, 나는 외할아버지를 찾아 그 땅에 간 적이 있다.

확 트인 논, 늑골이 들여다보일 정도로 야윈 누렁소, 혹사당해 등이 빨갛게 벗겨진 조선말, 하나같이 눈이 충혈된 농민들, 주발로 마시는 한 잔의 막걸리와 자포자기한 듯한 너털웃음……. 이러한 풍경 가운데 옛날 일본인 지주의 것이었다는 저택이 어울리지 않게 당당한 모습으로 남아 있었다. 외할아버지도 결코 풍족하지는 않았는데 집에는 허드렛일을 해주는 아주머니가 있었다. 절대 나와 눈을 마주치지 않으려고 했던 그 아주머니가 아침부터 밤까지 내몰리듯 일한 대가는 수확 후 쌀 한 가마니였다고 한다. 이것이 1년을 노동한 데 대한 보수라는 것을 듣고 나는 할 말을 잃고 말았다. 그후 2, 3년이 지나 외할아버지는 위암으로 돌아가셨는데 조금 남은 논밭은 모두 남의 손에 넘어갔다. 그 아주머니는 어떻게 되었을까?

지금은 많이 변했지만, 내가 다녀갔을 때만 해도 아직 그 땅에는 일제시대 조선 농촌의 가난의 흔적이 여전히 남아 있었다. 아니 일제시대의 가난은 그것에 비할 정도가 아니었을 것이다. 당시 조선 농촌에서는 조선총독부에 의해 '산미증산계획'(1920~1934년)이 강행되어 조선에서의 쌀의 생산량은 약 20퍼센트 증가했지만, 조선인 1인당 쌀 소비량은 약 40퍼센트나 감소했었다. 많은 조선 농민들은 농사를 지으면서도 자기는 그 쌀을 먹지 못한 채 땅을 잃고 몰락해갔다. 그 암울한 식민지의 가난 가운데에서 나의 어머니도 송 할머니도 태어났던 것이다.

송신도 할머니는 열두 살 때 부친을 병으로 여의고, 어머니와 여동생과 함께 남겨졌다. 극도로 피폐했던 당시 농촌 가정에서 유일하게 생계를 이끌던 사람을 상실한다는 것이 무슨 의미일지는 상상하기 어렵지 않다.

송 할머니는 열여섯 살 때 결혼을 했는데 이것은 당시 흔히들 그랬듯이 '입을 덜기' 위해서였다. 결혼 첫날 송 할머니는 시집에서 도망쳐 친정으로 돌아왔지만, 어머니에게 쫓겨나고 말았다. 그후 송 할머니는 아기를 보거나 빨래 등의 허드렛일을 하면서 "대충 빌어먹었다"고 하는데, 이것이 얼마나 비참한 생활이었을까 하는 것은 옛날 우리 외할아버지 집에서 본 새까맣고 말이 없던 그 아주머니의 모습에 견줘 상상해볼 수 있지 않을까.

나의 어머니도 송 할머니도 모두 빈한한 조선 농민의 딸이었다. 어머니는 옛 기억을 이렇게 전하셨다.

지금은 어렴풋이 꿈처럼 기억하고 있는데 집 앞에는 냇가가 있었고 산기슭의 외딴집이었지……. 무척이나 가난해서 먹고사는 것이 고작이었어. 기억하건데 나의 외할아버지는 점쟁이였지……. 손재주가 좋아 소쿠리를 짜기도 하고 농사도 조금 지었지만 굉장한 구두쇠였어. 할머니가 설날 떡을 만들어 아이들에게 먹이려 했는데 절구에 가루가 묻어 아까우니 그만두라고 해서 소란이 벌어진 적도 있을 정도였지. 그만큼 가난했거든.

송 할머니의 부친은 돌아가셨지만 나의 외할아버지는 일본으로 건너갔다. 1920년대 궁핍한 생활에 몰린 수십만 조선 농민은 살길을 찾아 만주의 간도로, 혹은 일본으로 흘러나갔다. 나의 외할아버지도 그 중 한 사람이었다.

가혹한 곳으로 끌려가기 전에 (일본으로) 가는 편이 그래도 좀 낫다고 생각하신 게지. 일본에 '모집'이 있었거든……. (아버지는) 근로봉사에 동원되었을 때, 어차피 그런 데 끌려갈 바에야 처갓집 마당에 저 파는 것(곡괭이)이라도 던져놓자고 생각해서, 그걸 담너머로 휙 던져놓고는 그길로, 울타리를 사이에 둔 친척이나 이웃, 어느 누구에게도 말하지 않고 일본에 온 것 같아……. 어머니에게도 말하지 않았단다. (아버지가) 일본에 도착해서, 가족이 걱정하고 있던 차에 그제서야 연락을 했다더구나.

산미증산계획의 과정에서 수리사업과 도로건설 등에 농민이 내몰렸는데 '근로봉사'라는 것은 이를 말한 것이다. 아무튼 외할아버지는 가족에게도 알리지 않고 사라지셨다. 일본에서 연락이 올 때까지 남은 가족은 얼마나 불안했을까? 무슨 사정이 생겨 외할아버지가 계속 실종 상태였다면……. 가령 자포자기해 가족을 버린다든지, 노동 현장에서 몸을 다친다든지, 관동대지진 때와 같이 학살을 당한다든지. 이런 일은 얼마든지 일어날 수 있었다. 만약 그렇게 되었다면 송 할머니의 경우와 마찬가지로 나의 어머니 일가도 유일하게 생계를 이끌던 사람을 잃게 되었을 것이다.

아무튼 외할아버지는 교토시 외곽의 한 농가에서 허드렛일을 하게 되었고 고향에 남겨두었던 가족을 불러들였다. 어머니가 현해탄을 건너가 시모노세키에 도착한 것은 만 여섯 살이던 1928년 때의 일이다. 여기에서 나의 어머니와 송신도 할머니의 운명이 갈라졌다.

일본에 건너왔다고 해서 어머니가 안락한 생활을 한 것은 결코 아니다. 오히려 어머니는 겨우 여덟 살의 나이에 아이 보는 일을 맡아 했다. 게다가 노골적인 민족차별에 직면했다. 어느 목수 집에 고용되었을 때에는 어머니 혼자만 토방의 걸상에서 따로 밥을 먹어야 했다고 한다. 반찬은 언제나 단무지뿐이었다.

잘 놀고 있다가도 조선인이라는 얘기만 들으면 "아 마늘 냄새가 나서 안 놀아"하며 갑자기 (태도가) 달라지곤 했단다……. 그래서 어릴 적 '조선'이라는 것이 왜 나쁜 걸까 생각했지. 나는 학교에도 안 다니고, 좋은 옷도 입지 못하고 더럽기 때문일까 생각하기도 했어……. 나에게도 별난 구석이 있는지, (고용처에서) 일이 손에 익어 신임을 받게 되자 '네가 여기에서 열심히 일만 해준다면 장롱, 함을 사서 시집 보내줄게" 하면 왠지 불안해지더구나……. 그러니까 나는 조선인인데 무심코 있다가 일본인이 되어버리는 건 아닐까……. 그런 느낌이 들더란 말야.

이렇듯 어머니는 일본인 아이들이 학교에 다니는 것을 곁눈질하면서 어릴 적부터 식모살이에 세월이 가고, 후에는 '니시진오리'(西陣織)[7]를 짜는 여공이 되었다. 같은 세대의 재일조선인 여성 대부분이 그러했듯 어머니는 소학교 문턱도 밟아보지 못해 만년까지 글을 읽지 못하셨다. 아버지와 결혼하고 태평양전쟁이 시작되면서부터는 아버지의 징용을 피하기 위해 교토의 슈잔이라는 곳에서 소작농이 되었다. 그러나 소작료가 비싸고 공출이 강요되었기 때문에 말과 글로 다 표현할 수 없을 정도로 극빈한 생활을 했다고 한다.

논길을 다니기만 해도 "우리 논길에 조선이 걸어다니네"라고 했을 정도였고, 그래서 산에도 자유로이 갈 수 없었어. "조선이 산을 못쓰게 만든다"고 했으니까……. 땔감으로 쓸 마른나무 하나라도 주우러 가야 했는데 말이다. 그런 어려운 때가 있었지.

---

7) 교토의 니시진에서 나는 비단을 일컫는 말로, 일본의 대표적 고급직물이다 ―옮긴이.

조선헌병대 사령부가 작성한 『조선 동포에 대한 일본인 반성 자료』(朝鮮同胞に對する內地人反省資料)라는 문서[8]가 있다. 여기에 열거된 78항의 사례를 보면, 당시 민족차별이 얼마나 일상적으로 자행되고 있었는지 엿볼 수 있다. 다음은 그 일부분이다. "불이 나서 뛰어온 사람들이 불난 집이 조선 사람 집이라는 것을 알고는 모두 되돌아가버렸다", "센진(鮮人)[9]의 썩은 머리를 깎을 기계는 없다며 이발을 거부하고 쫓아보낸다", "정거장 대합실에서 자리를 양보하라며 구둣발로 찬다", "상품권으로 물건을 산 조선인 손님에게 어디서 주어왔느냐고 모욕한다", "떨어진 이삭을 주운 조선 여인(鮮女)을 도둑이라 욕하고 발길질해서 유산시킨다", "여보(ヨボ)[10] 냄새나는 두부는 받아도 먹을 수 없다고 모독한 부인", "여보는 돼지우리와 같은 집밖에 얻을 수 없다며 땅을 빌려주지 않는다", "오늘은 조선이 일본에 패한 날이라며 조선 아이(鮮童)를 욕하는 소학생"…….

어머니는 늘 그러한 시절을 "죽기 아니면 살기"로 극복해왔다고 말씀하시곤 했다. 일제시대 조선인들은 한반도에서는 물론이고 종주국 일본 내에서도 이렇듯 '노예와 같은' 생활을 했다 해도 과장은 아닐 것이다. 그러나 어머니와 동향이고 같은 나이였던 송신도 할머니는 그때 문자 그대로 '노예' 생활을 강요받았던 것이다. 어떤 우연으로 운명의 톱니바퀴가 조금만 어긋났더라면 이는 내 어머니의 생활이었을 수도 있었다.

---

8) 미야타 세쓰코(宮田節子) 선생으로부터 들어 알게 된 문서다.
9) 조선인에 대한 멸시적인 호칭.
10) 조선어의 호칭을 이용한 조선인에 대한 멸시어.

■ ■ ■

송신도 할머니는 대전에서 아이 돌보는 일을 하던 때, 알지도 못하는 한 중년 여성에게 속아 신의주에서 "고 씨"라는 조선인 남자에게 팔려갔다. 중국 톈진까지는 철도로, 거기서부터는 "큰 기선"에 실려 우창으로 끌려왔다. 1938년, 송 할머니가 열여섯 살 때의 일이다. 일본군은 1937년 7월 7일의 노구교사건(盧溝橋事件)을 계기로 본격적인 중국침략전쟁을 개시하고, 같은 해 말에는 난징에서 대강간과 대학살을 일으켰다. 30만에 이르는 대병력을 동원한 우한작전(武漢作戰)을 통해 일본군이 우창을 제압한 것은 같은 해 10월 27일, 송 할머니가 무창에 도착한 것은 "추울 때"였다고 하니 11월이나 12월이었을 것이다. 송 할머니는 우창에 가는 도중에, 또 도착해서도 수많은 시체를 눈으로 보았다고 한다. 화약 냄새와 피 냄새로 뒤범벅이 된 최전선으로 보내졌으니 그랬을 법도 하다.

조선에서 같이 끌려온 7~8명의 여성과 송신도 할머니는 '세계관'(世界館)이라는 넓은 건물에 팽개쳐졌는데 그곳은 일본군 전용 위안소였다. 거기가 뭐하는 곳인지도 모르고, 첫 월경조차 없었던 열여섯 살의 송 할머니는 곧바로 비참한 현실을 뼈저리게 느끼게 되었다.

제일 먼저 "군의관인 하시모토 소위"가 "아래를 검사"했다. 검사가 끝나고 그날 밤, 그 군의관이 방으로 들어왔다. "이번엔 놀러온 게야…… . 검사할 때 본 얼굴이기도 한지라, 도대체 이 남자 무엇을 하려는지 무서웠지…… . 이리 오라면서, 시간 끌어봐야 소용없다고 하더군. 슬피 울었지…… . 반은 무섭고, 반은 슬프고. 말도 모르니 큰일이었지. 필사적으로 저항해 군의관은 포기하고 돌아갔지만, '카운터의 최 씨'와 '고'에게 난폭하게 구타당했지. 머리채를 끌어당겨 때리고 발로 차고, 코피가 터질 정도로 두들겨 팼어…… '너 이

년, 빚을 지고 왔으니, 빚 갚고 꺼지든지 하라' 더군."

송신도 할머니는 이렇게 해서 '위안부'라는 이름의 일본군 성노예가 되었던 것이다.

쉴 틈이 없었어…… . 말을 잘 들으라느니 뭐라느니 하는 말로 또 괴롭히지는 않을까 하는 생각이 들어 너무 무서웠어…… . 아무튼 말이 통하지 않으니 아주 힘들었지. 어쨌든 간에, 지금이라면 싫은 것을 싫다고 말할 수 있겠지만, 난 학교도 나오지 않았고 배운 것도 없잖아. 글자를 읽을 수도 없고, 말도 통하지 않고…… . 인정머리 없는 군인은 칼을 빼들고 날뛰며 찔러 죽이겠다고 협박했지. 여러 군인이 있었어…… . 알몸이 되어라, 불알을 핥으라는 군인도 있었지. 별의 별 놈들이 많이 있었어…… . 쉴 틈이 없었어. 밖에서 문을 발로 차거나, 빨리 하라는 등 하면서 밖에서 자위행위를 하는 놈도 있었지. 별의 별 인간들이 다 있었어.
카운터에게 얻어맞고, 군인에게도 얻어맞고, 정말로 매일같이 얻어맞았지. 그래서 성격도 거칠어졌어. 지금 생각해보면 그럴 만도 하지.
아침 일곱 시부터 저녁 다섯 시까지 사병 시간. 이후 다섯 시부터 여덟 시까지가 부사관, 그후 여덟 시부터 열두 시까지가 장교 시간…… . 밥 먹을 시간도 없었다니까. 젊어서 견뎌낸 거지. 보통 사람이었다면 죽고 말았을 거야. 70명 정도와 상대했던 적도 있었지…… . 생리를 하든, 결핵에 걸렸든, 말라리아에 걸렸든 군인을 상대하는 것은 정해진 일과였어.

도망치려 해도 지리도 모르고 글도 못 읽고, 중국어는 물론 일본어도 충분히 하지 못해 완전히 무력했고, 누구 하나 비호해주는 사람도 없었다. 강요된 행위를 거절하면 가차 없이 구타당하고, 자포자기한 채 날뛰는 일본군인의 칼에 상처를 입었다. 그 후유증으로 송 할머니의 한쪽 귀는 들리지 않고 오른쪽 옆구리와 허벅다리에는 칼자국이 남아 있었다.

송 할머니는 우창에서 3년을 보낸 후, 한커우의 해군위안소를 거쳐 악주, 안롱, 쉬안창, 사스, 잉산, 셴닝, 시안, 푸치 등의 위안소로 끌려 다녔다. 이들 도시는 모두 일본군의 작전구역 내에 있고, 사령부와 주요 부대가 있는 중요 거점이었다. 역사학자인 후지와라 아키라(藤原彰)는 이 점에서 송 할머니의 기억은 정확하며 역사적 사실과도 부합한다고 증언했다(1997년 10월 4일 도쿄 지법에 제출된 '감정의견서' 참조). 일본군의 중국인 참살 장면을 강제로 보게 된 것, 산등성에 한 사람이 겨우 들어갈 만한 굴에서 '위안'을 강요당한 것 등, 지금도 공개적인 자리에서 말로 표현하기 힘든 가혹한 경험도 있었다고 한다. 그러한 성노예의 생활을 일본 패전까지 7년 동안이나 강요받았던 것이다.

이렇게 송신도 할머니의 법정진술을 부분적으로 인용하는 것만으로도 가슴이 막혀온다. 더구나 여기서 말한 것은 송 할머니가 실제 경험한 지옥의 수백 분의 일에 불과한 것이다. 송 할머니는 그 기억을 봉인함으로써 겨우 살아갈 수 있었다. 잊어버리고 싶었고 들추어내고 싶지 않았지만, 그래도 용기를 갖고 법정에 서서 여기까지 말한 것이다. 이것을 '돈이 좋아서' 떠들어댔다고 욕하는 자가 있고, 또 많은 이들이 그 야비한 욕설에 수긍한다. 이는 도대체 어떤 세계인가.

분노, 회한, 슬픔, 미안함, 이 모두가 뒤범벅이 되어 가슴이 막혀온다. 열여섯의 소녀에게 가해진 처참한 폭력. 국가권력에 의해 조직적으로 수천, 수만에 이르는 여성들에게 조직적으로 가해진 폭력. 이를 당연한 것이라고 생각한 식민지배자의 민족차별과 성차별. 더 나아가 지금도 이를 당연하다고 믿어 의심치 않는 사람들이 이렇게 많이 존재한다는 사실. 위안부의 존재를 머리로는 알면서, 그렇게 오랫동안 구체적인 실천은 전혀 못 한 나 자신의 깊은 죄. 그리고 일본의 국가범죄의 '앞잡이'가 되어 동포 소녀를 매매하고, 구타하고, 착취하는 기생충 노릇으로 자기 배를 불린 '최'와 '고', 그 외 다수의 조선인 범죄자들. 조선인 '앞잡이'가 있다고 해서 '두목'인 일본 국가의 책임이 감면될 수는 없다. "위안부를 연행한 업자 중에는 조선인도 있었다"는, 민족차별을 방패로 삼은 책임회피도 도저히 용서할 수 없다. 또 동시에 아무리 '두목'의 죄가 크더라도 '앞잡이'에게는 '앞잡이' 나름의 죄가 있다. '두목'의 죄를 추궁하기 위해서라도 이들 조선인 내부의 범죄자에 대한 추궁은 조선인 자신의 손으로 해결하지 않으면 안 된다.

■ ■ ■

일본 패전 시, 송신도 할머니 등 위안부는 전쟁터에 내버려졌다. 영화 〈낮은 목소리〉에는 당시 내버려진 후 지금도 중국에서 살고 있는 조선인 전 위안부가 더듬거리는 조선어로 고향의 노래를 부르는 장면이 등장한다. 송 할머니는 현지에서 제대한 구(舊)일본병과 결혼해 그를 따라 일본으로 건너왔다. 그러나 하카다항에 도착하자마자 그는 송 할머니를 버렸다. 구일본병은 전범으로 처벌받는 것이 두려워 민간인으로 위장하기 위해 송 할머니를 이용한 것으로 생각된다. 전혀 낯선 이국 땅 일본에 혼자 내팽개쳐진 송 할머니가 얼마나 많은 고난을 당했을까를 여기서 일일이 다 기록할 수는 없다. 자살을 기도해도 죽지 못했던 송 할머니는 어느 재일조선인 남자의 도움을 받아 그 남자와 함께 동북지방의 한 지역에서 전후 일본을 살아왔던 것이다.

송 할머니는 자신이 위안부였다는 사실을 철저히 비밀로 붙여왔다. "역시 보기에 좋지 않았거든. 목욕탕에 가면……. 그래서 지우려고 바늘로 찔러 보기도 했지만 잘 지워지지 않았지……. 큰 반창고를 붙이면 보이질 않았지……. 그렇게 숨기고 숨겨서 목욕탕에 들어가곤 했어." 송 할머니는 우창에서 가네코(金子)라는 이름이 붙여졌는데, 그 이름이 왼팔에 문신으로 새겨져 있었던 것이다.

'귀환수당'을 받으려고 지방사무소를 찾아가, 직원이 왜 전쟁터에 갔는지를 물어도 위안부였다고 대답할 수 없었다. 더구나 그 수당은 일본 국적이 없는 자에게는 교부되지 않았던 것인데, 송 할머니에게는 그런 사정을 알 방법도 없었다.

"남자와 너무나 많이 관계를 해서 네 성기에는 못이 박혔구나." "네 구멍은 바케스처럼 크구나." 이렇게 가시 돋친 말들이 쏟아졌다(가와다 후미코의 진술서 참조). 중국 전선에서 위안소 체험을 하고 돌아온 구일본병의 추측으로 송 할머니가 전 위안부였다는 소문이 어느새 그 지역에 모두 퍼져 있었기 때문이다. 지역의원인 히라야마(平山)로부터 "조선, 꺼져라, 꺼져"라는 말을 듣고, 송 할머니는 분한 마음에 그를 후려갈길 뻔한 적도 있다고 한다.

'조선, 꺼져라.' 아, 얼마나 귀에 익은 대사인가.

나 자신도 어릴 적, 아이들 사이에서 싸움이 일어나면, 마지막에는 언제나 "조센, 조센, 꺼져, 꺼져"라는 소리를 들어야 했다. 그러면 또 "조센, 조센 바보(빠가) 취급하지 마, 같은 밥을 먹는데 어디(토코)가 틀리냐"[11]라고 이웃

---

11) 재일조선인 1세들의 일본어 발음을 비웃기 위해 일부러 '바카'를 '빠가', '도코'를 '토코'라고 발음하며 놀리는 것이다―옮긴이.

과 학급 친구들이 큰소리로 외쳐댔다. 어른들이 가르치지 않고서야 어떻게 아이들이 그러한 대사를 알고 있겠는가?

'조선'이란 무엇인가? 왜 '조선'인 내가 일본에 있는 것일까. 어디로 돌아 가라는 것일까? 아무것도 모른 채 울지 않으려고 입을 꼭 다물고 집에 돌아오면, 말을 꺼내기 전에 모든 것을 알아차리신 어머니가 무조건, 다만 무조건 나를 꼭 안아주셨다. 경위를 묻지 않고, 싸움의 이유도 묻지 않고, 어떤 이유 때문이든 싸우면 안 된다는 따분한 시민 도덕을 늘어놓지도 않으시고, 다만 무조건 나를 끌어안은 채 낮은 목소리로 내 귀에 몇 번이나 되풀이해 말씀하셨다. "조선은 나쁘지 않아, 나쁜 것이라곤 하나도 없어." 그 어머니의 힘으로 나는 다시 똑바로 설 수 있었다.

어떻게 어머니는 일말의 주저함도 없이 조선은 나쁘지 않다고 말할 수 있었을까? 당신도 어릴 적 일본으로 건너와 차별과 모멸을 당하고, 학교에도 못 가서 조선 민족의 문화와 역사는커녕 일본 글자조차 읽지 못하셨는데? 더욱이 어머니는 후에 자식 둘을 한국의 감옥에 빼앗겼는데, 다시 몇 번이나 자식들을 껴안고 말하지 않으면 안 되었다. "빨갱이, 나쁘지 않아"라고.

어머니의 보살핌과 어머니의 모든 희생 위에서, 말하자면 어머니의 살을 뜯어먹으며, 나는 학교에 다니고 글을 배워 '지식'이란 것을 습득했고 어느덧 말쑥한 중산계급의 차림을 한 채 그럴싸한 이야기를 하고 있다. 어머니가 세상을 떠나고 2년 후, 아직 옥중에 있던 형(서준식)이 어머니 꿈을 꾸었다며 편지를 부쳤다. 꿈에서 어머니가 버스정류장에 혼자 서 계셨다. 기뻐 뛰어가보니 어머니는 코가 빨개질 정도로 울고 있었단다.

너희들이 모두 훌륭한 사람이 되도록 대학에 보냈더니, 대학에서 어려운 공부 하고서 모두들 이 어미를 무식하다고 멸시하는 건 아니냐. 너희들은 배우지 못한 어미를 창피하게 생각하고 있는게 아니냐. 그래서 나 혼자 어딘가 먼 곳에 가서 살기로 했다.[12)]

형은 꿈속에서 한없이 울다가 잠에서 깨어나 「이사야서」 53장을 생각했다고 한다.

송신도 할머니를 생각할 때마다 나는 어머니를 생각한다. 내 어머니를 생각할 때마다 송신도 할머니와 많은 전 위안부를 생각한다. 모욕당하고, 버림받은 사람. 얼굴을 가리고 피해갈 만큼 외면당하는 사람. 우리의 병을 대신 앓고, 우리의 슬픔을 떠안은 사람. 이 사람을 우리도 공경하지 않았다. 식민지배와 전후 일본의 차별 사회에서, 분단체제와 반민주 강권정치하에서, 언제나 짓밟히고 경멸당하고 괴롭힘을 당하며 살아온 사람. 부도 지위도 권력도 지식도 갖지 못한 사람이었기에, 바로 그 때문에 "우리들은 조금도 나쁘지 않아"라고 한 치의 의심도 없이 믿을 수 있었던 것이다. 어머니들은 당신들이 받은 상처를 통해 우리를 낫게 해준 것이다.

어느덧 어머니를 잊어버리고 있었던, 제멋대로 구는 자식이지만 지금이야말로 무조건 어머니를 끌어안아야 할 때이다. 경위를 따질 것도 없고, '협의의 강제연행'이 있었는지 어땠는지 따질 것 없이, 다만 조건 없이 끌어안아야 한다. 일본에 의한 조선 '병합' 그 자체가 '강제'였다. 그때 모든 조선인이 대일본제국의 신민으로 '강제연행'된 것이다. 그 이상 무슨 억측이 필요하겠

---

12) 徐俊植, 『徐俊植全獄中書簡』, 西村誠譯, 柏書房, 1992.

는가. 어머니를 향해 던져진 돌멩이를 이 몸으로 받으면서 '공식적 역사'가 묵살하고 은폐해온 어머니들의 역사를 위해, 어머니들과 함께 또 어머니들을 대신해, 자식인 내가 목소리를 내지 않으면 안 된다. 글자깨나 배워, 모르는 사이에 몸과 마음이 '지식'으로 병든 자식이라 어머니들처럼 일편단심으로 순수할 수는 없지만, 하다못해 글자와 '지식'이라도 최대한으로 쥐어짜 어머니들을 껴안을 힘으로 바꾸고 싶다.

　나는 알고 있다. 내가 이렇게 악을 써본들, 실제로는 지금도 내가 어머니들을 위해 증언하는 것이 아니라, 어머니들이 몸 바쳐 우리를 위해 증언하고 있다는 것을. 송신도 할머니가 그런 것처럼. _1997년 10월 25일 씀

희 망 에   대 하 여

메도루마 슌(目取眞俊)의 「희망」(希望)[1]이라는 짧은 소설이 1999년 6월 26일
자 『아사히 신문』 석간에 실린 뒤 한두 주쯤 지났을 무렵, 메도루마가 근무중
인 남도의 고등학교로 편지 한 통이 도착했다. 도쿄 다이토구 소인이 찍혔는
데 발송인 이름은 기재되어 있지 않았다.

　　××고교 '目取' 귀하. 당신이 『아사히 신문』에 쓴 글을 읽고 한 자 적어 보
　　낸다. 글 속의 인물은 미국인 아이를 유괴해서 목 졸라 죽이고는 머리칼을 뽑
　　아 성명문에 동봉했다. 성명문은 "지금 오키나와에 필요한 것은 수천 명의
　　데모도 수만 명의 집회도 아니다. 미국인 아기 한 명의 죽음이다"라고 주장

---

1) 이 소설은 이 장의 말미에 부록으로 실었다 ─옮긴이.

한다. 이것은 테러의 건유('권유'를 잘못 씀)가 아닌가? 귀하는 교사로서 이러한 폭력 에찬('예찬'을 잘못 씀)이 허용되리라 보는가? 국민의 혈세로 높은 월급을 받으면서 편향된 교육으로 무책임하게 폭력을 예찬하는 일은 국민이 용납하지 않는다. 책임을 지고 사직하라.

아무래도 편지를 쓴 사람은 '目取'가 성이고 '眞俊'이 이름이라고 생각한 듯싶다. '메토리 마사토시'라고 읽기라도 한 걸까?

편지는 이어서 "원래 너희 오키나와인은 응석이 좀 지나치지 않은가?"라고 한 뒤에 이렇게 말한다.

한 나라의 방위를 위해서라면 얼마간 희생을 감수해야 한다는 것은 당연한 일일 터. 그런 도리도 모르는 자들은 국민의 일원이 될 자격이 없다. 소녀가 강간당했다고 난리를 치지만, 너희 오키나와인의 오만함 탓에 미군이 철수해서 우리나라가 중국이나 북선(北鮮, 북한을 잘못 씀)의 침략을 받는다면, 한 사람이나 두 사람이 아니라 무수한 일본 여성의 순결이 더럽혀질 것이다. 그걸 생각한다면 사소한 지역적 이해관계에 얽매여 국가의 안전을 위태롭게 만들어서는 결단코 안 된다. 그래서 조성금(助成金)이니 공공사업이니 온갖 명목으로 국민의 막대한 혈세를 오키나와에 쏟아붓는 게 아닌가? 이 판국에 다시 법석을 피워서 돈이나 더 뜯어내자는 야비한 속셈인가? 일본 국민의 인내심에도 한계가 있다. 거지 근성도 정도껏 부려라.

끄트머리에는 '편향교육을 바로잡는 모임'이라고 씌어 있고, 아주 정중하게 '어떤 평화애호가'라고 덧붙여져 있었다.

2, 3일 뒤에 메도루마는 교장실로 불려갔다. 교장은 거북한 표정으로 식어버린 차를 홀짝거린 뒤에 "이런 게 왔는데 말이죠" 하고 메도루마에게 온 것과 똑같은 봉투와 똑같은 필적의 편지를 보여주었다.

"결국 야마토의 우익단체 짓일 테죠. 원 참, 오키나와를 바보 취급해도 유분수지. 나도 속이 뒤집혔다오."

"네에—"라고만 대꾸하고 메도루마가 입을 다물자 교장은 초조해져서 말을 이었다.

"난 선생을 이해해요. 뭐라 해도 그건 소설이니까. 안 그렇소? 하지만 세상에는 그걸 이해하지 못하는 자들도 많아요. 알겠죠?"

"……"

"실은 교육위원회로도 같은 편지가 왔나 봅디다. 그쪽에는 ○○당 의원이 사정을 파악해달라는 전갈도 있었던 것 같소."

"……"

"선생 기분은 잘 알아요. 나도 같은 오키나와 사람이니까……. 그래도 테러는 안 좋아. 어린애를 표적으로 한 테러는 더 그래요. 사실 이런 황당한 편지에 대꾸할 건 없겠지만, 역시 테러라는 건 아무래도 좀 그렇죠."

"그렇습니까?"

"그야 그렇죠. 폭력이다 테러다 해서 비난받으면 보통 샐러리맨이나 주부들은 물론이고 사회당이나 공산당이라도 감싸주지 않을 게요."

"그럼 어쩌죠?"

"음, 교육위원회에서는 선생 입으로 '그건 어디까지나 소설의 세계, 환상의 세계를 그린 겁니다. 현실의 메도루마, 교사인 메도루마는 어느 누구보다도 평화주의자입니다. 소설과 현실은 관계가 없습니다' 하고 말해주지 않을까 여기고들 있는데, 어때요?"

같은 시간에 아사히 신문사로도 "귀사(貴社)는 테러를 긍정하는가" "평
화주의야말로 귀사의 사시(社是)가 아닌가?" 하는 투서들이 쇄도하기 시작했
다. 이 사실을 안 간부들 중에는 "메도루마 씨의 심정은 이해가 가지만, 어떤
이유에서든 폭력은 부정해야 한다"고 고매한 비폭력 사상을 피력하는 이가
나타났다. "시민에게 나쁜 인상을 주면 판매부수에 지장이 있다"고 솔직하게
말하는 이도 있었다. 문제의 글을 게재한 담당자는 상사에게 호출되어 해명
을 요구받았다.

S신문[2]이 사회면 기획연재 '일본의 교육, 여기가 병들어 있다'에 "고등
학교 교사가 테러 찬미. 미국인 자녀를 노려. 『아사히 신문』에"라고 큼직한 표
제를 단 것은 며칠 뒤의 일이다……

지금까지 쓴 것은 모두 나의 상상이고 지어낸 이야기다. 오키나와의 상
황은 좀 다를지 모르지만 최근 몇 년간 야마토에서 실제로 일어나고 있는 일
을 참고해서 시뮬레이션을 돌려보았다. 실로 우울한 상상이지만 있을 수 없
는 일은 아니다. 앞문에는 우익 국가주의와 국가권력, 뒷문에는 비폭력주의
라는 슬로건을 내걸고 현상을 추인(追認)하면서 자기 개인의 작은 양심을 위
로하고 있는 다수자들. 제도화된 거대 폭력에 계속 부대끼고 있는 소수자들
은 현상이 지겹게 늘어지는 상황을 견딜 수 없게 되었던 것이다. '비폭력주

---

2) 『산케이 신문』(産經新聞)을 가리킴 ─ 옮긴이.

의'도 경우에 따라서는 타인의 뒤통수를 강타하는 해머로 사용될 수 있는 법이다. 이렇게 상상해보면 메도루마가 어떤 긴장관계 속에서 글을 쓰고 있는지 조금은 이해할 수 있다.

"이제 와서 위안부가 자기 이름을 내건 것은 돈을 바라서다." "조선인의 민족성은 한(恨)에 응고되어 있다." "그들의 민족주의는 일본의 성공에 대한 질투심의 표현이다." "재해가 일어나면 삼국인(三國人)이 소요를 일으킨다" …… 이렇게 들어주기 힘든 악담과 잡설을 우리 재일조선인은 그동안 "이제 그만!"이라고 외치고 싶을 정도로 들어왔다. 위안부였던 분들은 사죄도 보상도 받지 못한 채, 아니 도리어 모욕을 받으며 하나둘 죽어가고 있다. 그리고 마침내 악담잡설의 집대성이라 할 '새 역사교과서'까지 등장했다. 나는 4, 5년 전부터 강연 등을 통해서 이런 말을 자주 하게 되었다.

소수자나 약자에게 희생과 굴욕을 강요하고 시간이 흘러 기정사실을 쌓아올리기만 하면 결국은 침묵시킬 수 있다고 하는 생각을 버려야 한다. 팔레스타인의 인티파다(Intifada)[3]만 보더라도 알 수 있다. 이런 짓을 계속한다면, 지금 당장 어떤 재일조선인이 "이놈들아, 해도 너무한다" 하면서 기관총을 난사하거나 폭탄을 투척하는 일이 일어난들 전혀 이상하지가 않다. 오히려 그런 일이 일어나지 않는 게 이상할 지경이다.

그러나 나와 메도루마 슌이 크게 다른 점은, 이렇게 말한 직후에 나는 "물

---

3) 팔레스타인 사람들의 반(反)이스라엘 무장봉기를 뜻한다. 인티파다는 봉기·반란·각성 등의 의미를 가진 아랍어다 ─ 옮긴이.

론 나 자신은 그걸 장려하는 건 아니지만 ……" 하는 식으로, 하지 않아도 될 말을 덧붙여버리고 만다는 점이다. 다수자가 쥔 '비폭력주의'의 해머가 오랫동안 내게 그런 습성을 내면화시킨 것이다. 그런 점에서 메도루마는 끝까지 밀고 나간다. 바로 언어의 힘, 문학의 힘을 무기로 해서 말이다. 그는 주저 없이 단언한다. "가장 저열한 방법만이 유효한 거야." 그것은 "불안에 줄곧 가위 눌리던 작은 생물의 체액(體液)이 어느 날 갑자기 독(毒)으로 변하듯이" "이 섬에게 자연스럽고도 필연적이리라"고.

파농은 『대지의 저주받은 사람들』(*Les damnés de la terre*)에서 이렇게 말했다.

> 그들(식민지 부르주아지)은 실로 식민지적 상황이 만들어냈다고나 해야 할 새로운 개념을 가져오게 된다. 비폭력이 바로 그것이다.[4]

그렇다, '비폭력'이라는 '개념'은 모든 '방법'을 이미 박탈당한 자들로부터 '가장 저열한 방법'에 대한 최후의 상상력마저 빼앗고 마는 장치인 것이다.

소설과 현실은 별개라고? 지당한 말씀. 단 다수자가 작은 안심을 얻고 싶어서 소설 세계를 현실과 분리시키려 하는 것과는 정반대의 의미에서 말이다. 메도루마 슌이 직면하고 있는 것은 '가장 저열한 방법'에 대한 상상력조차 박탈당한 소수자들의 현실이다. 그렇기 때문에 그는 소설의 세계에서 '가장 저열한 방법'을 실행해 보인다. 그것은 박탈당한 상상력을 탈환하기 위한 투

---

4) Frantz Fanon, 앞의 책.

쟁, 진정한 주체로서 소생하기 위한 투쟁인 것이다.

　1980년대 이후 여성, 동성애자, 재일조선인, 오키나와인 등 주변화된 소수자 작가들이 일본 사회의 담론 공간에 떠들썩하게 등장하게 되었다. 그러나 그/그녀들 대다수는 자신의 주관적 생각이야 어찌되었거나 다수자가 지배하는 담론 시장에서 소비되어왔다고 볼 수 있다. 그/그녀들은 다수자의 변덕스러운 호기심을 채우고, 어떤 경우에는 죄책감을 간질여 자기 위안의 카타르시스를 안기면서, 대부분 내심 큰 상처를 입었지만 아무 일도 없는 양 명랑함을 잃지 않는 모습으로, 다수자에게 '치유'를 제공하는 상품으로서 소비되고 있는 것이다. 메도루마 슌은 그 소비의 구조를 돌파하려고 발버둥치고 있다. 다수자의 응접실에 배달된 『아사히 신문』에 이렇게 위험한 상상으로 가득 찬 문장을 집어넣는 데 성공한 사람은 메도루마밖에 없다.

　메도루마 슌의 투쟁은 과연 승리할 것인가?

　심각한 표정을 지으면서 메도루마의 작품에 "충격을 받았다"고 고백하듯 뇌까리는 다수자들. 허나 그들은 이내 그 '충격'을 잊어버릴 것이다. 그들의 둔하고 탐욕스런 위장은 앞으로도 계속 그를 소비할 것이다. 메도루마의 투쟁은 오키나와의 투쟁 자체가 그러하듯이 절망적이다.

　그러나 기억해두자. 그가 이 작품에 '희망'이라는 이름을 붙였다는 것을.

　견디기 힘든 무더위, 가솔린의 따가운 냄새, 서서히 타들어가는 살 냄새, 소리가 되지 못하는 절규, 세차게 걷어차는 중학생의 발끝에 늑골이 부러지는 둔탁한 아픔……. '희망'은 지금 이런 모습을 하고 있는 것이다. 절망의 극치를 희망이라 부르는 메도루마 슌은 어쩌면 루쉰(魯迅)의 정통 후계자인지도 모른다. _2001년 8월 발표

여섯 시 뉴스는 행방불명된 미군 유아(幼兒)가 코자 시내 인근의 숲에서 시체로 발견되었다는 소식으로 시작됐다. 식당 손님과 점원의 눈길이 텔레비전에 박힌다. 사체에 목 졸린 흔적이 있어서 현(縣)경찰은 살인과 사체유기 혐의로 범인의 행방을 추적중이다. 판에 박힌 설명이 끝나고 거리 인터뷰가 이어진다. "무서워서 아이들을 못 내보내겠어요, 오키나와도 이젠 무서워졌네요." 화면에 비친 50세 가량의 여자를 보고 가게 아가씨가 외친다. "어머, 후미 언니가 나왔어요. 아줌마~ 테레비, 테레비~" 주방에서 뚱보 아줌마가 땀을 뻘뻘 흘리며 나왔을 때는 이미 화면이 바뀐 뒤여서 서로 볼멘소리를 해댄다. 취재기자가 신문사로 온 범행성명서에 대해 코멘트하고 있다.

탁자 위에 놓인 석간신문의 1면을 본다. 성명서 사진이 실려 있다. "지금 오키나와에 필요한 것은 수천 명의 데모도 수만 명의 집회도 아니다. 미국인 아기 한 명의 죽음이다." 위협적인 예각과 직선으로 조합된 빨간 글씨들.

옆 테이블에서 오키나와 소바를 먹던 택시기사가 "당장 잡아서 사형시켜버려" 하고 지껄인다. "겨우 입에 풀칠이나 하고 있는 판에 관광객이 끊기면 대체 어쩔 거야." 아가씨도 옳거니 맞장구를 친다.

헬리콥터에서 촬영한 숲과 코자시의 영상이 비친 뒤에 현지사(縣知事)와 일본·미국의 정부고관들이 한마디씩 거든다. 가련한 유아를 노린 범행에 대한 분노, 그리고 증오.

웃음을 참아가며 카레라이스를 입에 넣는다. 격앙된 어조 뒤에 숨은 초조함과 당혹감이 훤히 들여다 보인다. 놈들은 고분고분 얼빠진 오키나와인이 이런 짓을 하리라곤 꿈도 못 꿨던 게다. 전쟁에, 기지에 반대한다면서 기껏 집회나 열고 그럴싸한 데모나 하며 대충 얼버무리는 얌전한 민족. 좌익이니 과격파니 해봤자 실제론 아무 피해도 못 입히는 게릴라 짓이 고작. 요인(要人) 테러나 유괴를 할 리도 없고 총으로 무장할 리도 없다. 군용지(軍用地) 대금이네, 보조금이네, 기지가 배설하는 더러운 돈에 몰려드는 구더기 같은 오키나와인. 평화를 사랑하는 치유의 섬이라고? 구역질이 난다.

식당에서 나와 고야 교차로의 인도교를 건너서 공항로로 접어든다. 외출금지령이 내려졌겠지. 사복 차림으로 나다니는 미군의 모습은 보이지 않는다. 카키색 지프가 지나간다. 빨간 비상등을 돌리면서 순찰차가 가데나 기지 정문에 서 있다. 봉황나무 가로수 위로 독사의 이빨처럼 하이얀 달. "그래, 가장 저열한 방법만이 유효한 거야." 멈춰서서 중얼거린다. 도로 저편에 감시카메라가 돌아가고 있다. 옆길로 빠져 잰걸음이 되지 않게 주의하면서 아파트로 돌아왔다.

냉장고에서 꺼낸 우롱차를 단숨에 마셔버린다. 책상에 앉아 준비해둔 편지봉투에 신문사 주소를 적는다. 서랍에서 꺼낸 작은 비닐봉지에는 밀짚 색깔의 머리칼이 들어있다. 슈퍼마켓 주차장에 세워둔 차 뒷좌석에 잠든 채 누워 있던 아이의 옆모습이 떠오른다.

스무 살도 채 안 돼 보이는 백인 여자가 몇 번씩 깨워보지만 좀체 일어나질 않는다. 결국 여자는 혼자서 카트를 밀고 슈퍼로 들어갔다. 마시던 우롱차를 휴지통에 내던지고 주차장을 가로지른다. 에어컨을 켠 채 시동이 걸린 차에 올라타서 지방도로로 빠져나가 15분 정도 북상했다. 시영단지 북쪽의 숲길로 접어든다. 울퉁불퉁한 길에 차가 덜컹거릴 때까지 아이는 잠에서 깨지 않았다. 뒷좌석의 울음소리에 브레이크를 밟고 돌아보니 일어나서 문을 열려고 한다. 세 살쯤 된 사내아이다. 차를 세우고 뒤로 가서 울부짖는 가냘픈 몸을 꼭 끌어안는다. 등뒤에서 목을 졸랐다. 목구멍에서 뭔가 으깨지나 싶더니 오물이 팔뚝을 적신다. 아이 옷으로

닦아내고는 다시 운전을 해서 숲 속 양돈장의 휑뎅그렁한 축사 그늘에 차를 세웠다. 손수건으로 핸들과 기어를 닦는다. 아이를 트렁크에 옮겨 싣고 밀짚 색깔 머리칼을 손가락에 휘어감아 뽑은 뒤 손수건에 쌌다. 트렁크를 닫을 때 구름 사이로 해가 삐죽 나왔다. 땀으로 범벅이 된 전신에 소름이 돋는다. 걸어서 숲을 빠져나오다가 차 키를 땅에 묻었다. 국도로 나와서 택시를 두 번 갈아타고 아파트로 돌아왔다.

에어컨이 약해서 차창을 열어도 땀이 계속 흐른다. 나하까지 가서 머리카락이 든 봉투를 우체통에 넣었다. 돌아오는 길에 기노완의 해변공원에 들렀다. 세 명의 미군이 소녀를 강간한 사건으로 8만 명이 넘는 사람이 모였건만 무엇 하나 이루어내지 못한 희극(喜劇)이 먼 옛날 일만 같다. 그날 집회장 귀퉁이에서 떠올렸던 일을 드디어 실행에 옮겼다. 후회도, 감개도 없다. 불안에 줄곧 가위눌리던 작은 생물의 체액(體液)이 어느 날 갑자기 독(毒)으로 변하듯이, 내 행동은 이 섬에게 자연스럽고도 필연적이리라. 광장 한가운데 이르러 페트병에 든 액체를 상의와 바지에 적신다. 차에서 빼낸 가솔린의 냄새가 눈을 찌른다. 주머니에서 꺼내든 100엔짜리 라이터를 켠다.

어둠 속에 타오르며 걷다가 쓰러진 불꽃을 보고, 달려온 중학생 아이들이 환성을 지르면서 연기를 내뿜는 숯검댕을 발길질해댔다.

역 사 와   시

재일조선인 연구자를 중심으로 결성된 한겨레연구회라는 단체가 있는데 나도 여기 속해 있다. 지난 10월의 발표회에서는 조경달(趙景達)의 대작 『이단의 민중반란』(異端の民衆反亂)에 대해서 여성사 연구자 송연옥(宋連玉)이 서평을 했다.

조선 지배층에 의한 봉건적 수탈, 그리고 구미 열강과 일본의 침략이라는 이중의 고난에 처한 19세기 후반의 조선에서 갑오농민전쟁은 최대 규모의 민중반란이었다. '동학'이라는 민간종교 조직이 중심적 역할을 했던 이 민중반란은 1894년 한반도 남서부에서 일어났다. 농민군은 제1차 전투에서 조선 정부군을 압도하며 광범위한 지역에서 사실상의 자치상태를 만들어냈지만, 같은 해 후반에 일본·조선 정부연합군의 무자비한 탄압을 받아 20~30만 명이나 되는 희생자를 내며 패배했다. 이 제2차 전투는 본질적으로 일본의 침략에 대한 의병투쟁이었고, 그 결과는 "근대 일본이 해외에서 최초로 수행한 대학살 행위"였다.

조경달은 이 책에서 한국과 조선민주주의인민공화국(이하 북한·북조선으로 줄임), 일본에서 갑오농민전쟁에 대해 지금까지 축적된 방대한 연구에 입각하면서도 독창적인 역사상을 묘사해내고 있다. 그의 논의를 압축해서 핵심만 말하자면, 민중을 어디까지나 현실 속의 모습 그대로 보면서도, 그 거대한 잠재적 에너지를 불러일으키는 데 이단 사상이 맡았던 역할을 발견하고 중시한 점이라고 할 수 있다. 조경달에 따르면 이 이단 동학의 이데올로기는 '일군만민'(一君萬民)적 유토피아 사상이며, 바로 이 사상에 의해서 민중은 스스로를 '정의의 실체, 즉 변혁의 주체'로 인정하며 궐기할 수 있었던 것인데, 하지만 또 그랬기 때문에 민중은 국민국가를 지향하는 근대적 내셔널리즘의 '정치 주체'가 되지는 못했다는 것이다.

■ ■ ■

위의 연구회에서 서평자인 송연옥은 조경달의 서술에 담긴 "역사소설 같은 재미"에 호의를 표하면서 우리가 두 편의 서사시에 주목하기를 촉구했다. 재일조선인 시인 허남기(許南麒)의 「화승총의 노래」와 한국 시인 신동엽의 「금강」이 그것이다.

허남기는 1918년 부산에서 태어나 니혼 대학 영화과와 주오 대학 법학과에서 공부하고 해방 후에는 일본에 남아서 조선인연맹 영화과에서 기록영화 제작에 종사하며 시를 썼다. 1949년에 초판을 낸 시집 『조선의 겨울이야기』(朝鮮冬物語)가 최초의 대표작이다. 「화승총의 노래」는 갑오농민전쟁, 3·1운동, 그리고 해방 후의 반미투쟁으로 이어진 조선 근현대사의 혁명적 연대기를 3대에 걸친 일가의 이야기로 엮어낸 장편서사시다. 허남기는 이 작품을 한국전쟁 와중에 완성했다. 지금 생각하면 갑오농민전쟁에 관한 언설이 일본측의 입장에서 이루어진 것밖에 없었을 당시에, 그것도 아직 연구라고 할만한 성과도 없던 상황에서, 한 재일조선인 시인이 그처럼 풍요로운 시적 상상력을 발휘할 수 있었다는 사실이 무척이나 경이롭다.

이시모다 쇼(石母田正)는 『역사와 민족의 발견』(歷史と民族の發見)에 수록된 「어머니께 부치는 편지」라는 글에서 허남기의 시를 격찬한다. 그리고 이시의 성공 비결은 화자를 조모(祖母)로 설정하고 '어머니의 탄식'이라는 시각에서 반세기에 걸친 민중의 역사를 통일적으로 읊어낸 데 있다고 강조한다. 이 시의 충격으로 이시모다는 역사학의 방법 자체에 대한 반성과 새로운 탐구라는 지점으로 나아갈 수 있었다.

> 자식들의 행동이나 사업은 언제나 어머니들의 희생과 탄식에 의해 뒷받침되고 있다는 사실, 당신과 내가 날마다 경험하고 그것 때문에 가슴이 미어지기도 하는 이 단순한 사실, 역사와 현실에서 헤아릴 수 없을 만큼 되풀이되어온 이 자연스런 사실을 우리는 역사를 논하거나 쓰거나 할 때 곧잘 잊어버리지 않았나 싶습니다. 그리고 그 기반이 민족이라 불리는 것이라고 생각합니다.[1]

이리하여 이시모다는 일본인 자신의 '민족' 상을 탐구하는 방향으로 진로를 잡았던 것인데, 그 작업은 결국 실패로 끝났다고 말할 수밖에 없을 것이다.

---

1) 石母田正, 「母についての手紙」, 『歷史と民族の發見』, 東京大學出版會, 1953.

여기서 이시모다가 말하는 '민족'이 오늘날의 눈으로 보자면 비판에 견디기 힘든 문제점을 안고 있는 것은 사실이다. 그러나 이시모다의 작업 그 자체를 다시금 역사의 문맥 속에 놓고서, 말하자면 하나의 사료로서 읽는다고 할 때, 거기에는 아직 건져내야 할 귀중한 요소가 남아 있다. 그것은 아시아 피압박 민족들의 반제국주의 민족해방운동으로부터 겸허하게 배우는 자세를 출발점으로 삼아 일본의 전후 역사학을 구축하고자 했던 그의 초심(初心)이다.

일본은 식민지배를 그쳤다. 이제 일본인은 자유로운 세계시민이 될 수 있고 또 그러지 않으면 안 된다―많은 사람들이 이렇게 생각하면서 단숨에 자기 눈을 미국과 유럽으로 고정시키고 있다. 그러나 이 문제는 하이칼라의 동체 없는 세계시민들이 쉽게 잊어도 좋을 그런 단순한 문제가 아니라고 생각한다. 우리 과거의 저 모든 퇴폐는 조선 민족에게 가했던 이 압박과 빼도 박도 못할 깊은 관련을 갖고 있다. 뿐만 아니라 전시(戰時)에는 비할 바 없을 만큼 강한 민족의식을 보여주다가 한번 패하고 나자 완전히 노예 근성, 거지 근성에 빠져버린 저 특징적인 변화에서 드러나는 특수한 '민족의식'의 구조도 메이지 이후의 타민족 압박과 연관되어 있다.[2]

나는 이시모다의 이런 열정적인 문제제기가 오늘날 아직도 유효하다고

---

2) 石母田正,「堅氷をわるもの」, 앞의 책. (이시모다 글의 제목('단단한 얼음을 깨는 자')은 일본의 프롤레타리아 시인 나카노 시게하루(中野重治)의 유명한 시 「비 내리는 시나가와 역」(雨の降る品川驛)을 염두에 둔 것이다. 귀국하는 조선인 활동가와의 이별을 노래한 이 시의 마지막 구절은 "가서 저 단단하고 두텁고 미끈한 얼음을 깨부수게 / 오랫동안 갇혀온 물길이 용솟음치게 하게나 / 일본 프롤레타리아의 뒷 방패이자 앞 방패 / 안녕 / 보복의 환희에 울다 웃을 그날까지"이다―옮긴이.)

여긴다. 그의 후배라 할 일본인들이 과연 이시모다만큼 진지하게 이 난문과 격투해왔다고 말할 수 있을까?

■ ■ ■

일본에서 신동엽의 이름을 아는 사람은 적을 테지만, 그는 1960년대 한국을 대표하는 저명한 시인이며, 1970년대 이후 기라성처럼 배출된 민중·민족문학 계열의 시인들, 즉 김지하, 고은, 신경림, 양우성 등에게 큰 영향을 미친 선구자다.

신동엽은 1930년 충남 부여에서 태어났다. 여고 교사로 근무하면서 '참여파'를 대표하는 시를 썼으며 1969년 40세의 젊은 나이에 암으로 세상을 떠났다. 1967년에 발표된 장편서사시 「금강」은, 갑오농민전쟁부터 3·1운동을 거쳐 이승만 독재정권을 타도한 1960년의 4월혁명에 이르는 민중투쟁의 연대기를 노래한 작품이다. 시는 이렇게 시작한다.

우리들의 어렸을 적
황토 벗은 고갯마을
할머니 등에 업혀
누님과 난, 곧잘
파랑새 노랠 배웠다

'파랑새 노래'란 갑오농민전쟁의 지도자, 녹두장군 전봉준을 기리는 민요다.

「금강」은 박정희 군사정권과 맞서 싸웠던 1970년대 한국의 민주화투쟁에서 '민중적 내셔널리즘'의 원형적 이미지를 제공했다고 할 수 있을 만큼 강렬한 역할을 했다. 나 자신도, 1969년 여름 어느 날 한국에 유학 중이던 형이 격앙된 어조로 이 시에 대해 말하던 모습을 기억하고 있다.

그것을 '내셔널리즘'이라고 규정해도 좋을지 어떨지는 차치하고, 이런 점들로 미루어볼 때 갑오농민전쟁의 내러티브가 백년 뒤인 지금까지도 조선민족의 집단적 자의식에 얼마나 중요한 위치를 점하고 있는지 잘 알 수 있다. 그것은 때로는 구전이나 민요의 형태로, 때로는 웅혼(雄渾)한 서사시의 형태로 불리면서 맥을 이어왔던 것이다.

더욱이 송연옥에 의하면 신동엽은 「화승총의 노래」에 자극을 받아 「금강」을 썼다고 한다. 박정희 정권 시절에 소설 『분지』를 써서 반공법 위반으로 고초를 겪었던 작가 남정현이 그렇게 말했다고 한다. 나는 이 지적을 듣고서 순식간에 시야가 확 트이는 느낌을 받았다.

민족분단과 한국전쟁의 시대, 허남기의 서사시는 이시모다 쇼라는 일본인 역사가를 움직였을 뿐만 아니라, 아마도 합법적이지 않은 방식으로, 바다를 건너 전쟁의 참화를 뚫고 한국에 전해졌다. 그것이 신동엽이라는 시인에게 영감을 주어 1970년대의 투쟁과 문학의 중요한 원천이 되었던 것이다. 그 역동적 정신의 상호운동을 떠올려보면 그것 자체가 역사 서사시의 한 장면 같다.

■ ■ ■

송연옥의 서평은 조경달의 저서가 "왠지 패배의 미학을 떠올리게 한다"는 말로 끝났다. 동감이다. 다만 나는 여기서 조경달의 연구의 밑바닥에 흐르는 '재일조선인 2세로서의 원초적 문제의식'과 '빈곤과 민중에 대한 상념'에 공감한다는 사실을 밝히고자 한다. 동시에 그의 다음과 같은 지적도 덧붙여 이야기하고 싶다.

아직 통일국가를 실현하지 못하고 있다는 회한으로 가득 찬 조선의 현실은, 자칫하면 국민국가를 이상화하는 결과가 될 수도 있지만, 거꾸로 바로 그런 불행한 현실이 있었기에 조선은 유토피아로서의 국가상을 끊임없이 재생산하면서 민중과 국가의 관계를 냉정하게 재고하는 지평에 설 수 있을 것이다.

역사를 말한다는 것은 과연 어떤 작업일까? 그리고 시란 또 무언가? 그것은 적어도 우리 재일조선인에게는 살아가기 위해 필요한 문제. 우리는 살아가기 위해 끊임없이 나는 누구인가를 물었다. 또 근대에서의 '패배' 경험을 살려 미래의 보편적 가치를 실현할 수 있는 전망을 탐구하고 있다. 설령 그것이 '패배의 미학'처럼 보일지라도.

지금 일본 사회에서는 근대 일본을 통째로 자기-긍정하는 '승자의 미학'이 거리낌 없이 구가되고 있다. 이시모다가 말한 '동체 없는 세계시민들'이 그 모습을 물끄러미 바라만 보고 있다.

일본의 역사가들은 시 따위는 멀찌감치 뛰어넘어버린 것일까?_1999년 12월 1일 발표

2부

재일조선인 앞에는 지금 조선반도에 존재하는 두 국가 중 어느 한 쪽의 국민이 될 것인가 아니면 일본 사회의 소수자라는 처지에 머무를 것인가 하는 양자택일을 강요하는 언설이 많이 보입니다. 빈곤한 상상력도 문제지만, 이는 난민의 시대인 현대를 난민들의 삶이 필요로 하는 바에 따라 극복해나가려는 구상력도 갖지 못한 것입니다.

1990년대 일본 사회에서는 국가·국민을 본질적인 것으로 이야기하려는 전형적 내셔널리즘이 복권되어왔습니다만, 또 한편으로는 그것이 상상된 것, 구성된 것에 불과하다고 하는 국가주의·국민주의 비판도 폭넓게 확산되어왔습니다. 저 역시 국가·국민의 자명성을 해체하려는 후자의 입장에 속할 것입니다. 하지만 문제는 일본 사회에서 이런 논의에 종종 다음 사회에 대한 전망이 빠져 있다는 것입니다. (……) 대안까지는 안 가더라도 어떤 실천적 구상이나 실천적 욕구조차 전혀 갖지 못한 것은, 앞서 말했듯 이들의 '내셔널리즘 비판'이 비판의 과녁을 잘못 정해서 전후책임을 지려는 사람들을 향하고 말았기 때문입니다.

괴물의 그림자

고마쓰가와 사건과 식민주의의 표상

식민주의의 도상

여기 한 장의 사진이 있다.

가운데 흰 와이셔츠 차림의 젊은 남자는 키가 크고 체격이 좋다. 거한이라 부를 만하다. 그의 표정은 망막해서 의중을 파악하기 힘들고 눈은 멍하다. 분노나 슬픔 같은 그 어떤 감정도 읽어내기가 힘들다. 검정색 바지 아래 보이는 발에는 닳고닳은 게타[下駄]를 신고 있다.

거한의 양쪽 겨드랑이를 나이 지긋한 남자 둘이 붙들고 서 있다. 두 사람이 거한을 붙들고 있는 것인데, 보기에 따라서는 두 사람이 거한에게 매달려 있는 것 같기도 하다. 오른쪽 남자는 거한을 노려보고 있다. 왼쪽 남자는 옛날 구로사와 아키라(黑澤明) 감독의 영화에 자주 나왔던 배우 치아키 미노루(千秋實)와 좀 닮았다. 한쪽은 무서운 얼굴로 피의자를 추궁하고, 다른 한쪽은 배달된 덮밥이라도 들라고 권하거나 "어머니 기분도 생각해보라구"라며 온화한

강간·살인사건 혐의로 체포된 재일조선인 이진우, 1958년 9월 1일

얼굴로 설득하는 것일 게다. 실제로 거한은 이때 '유부우동'을 먹고, 평생 이렇게 맛있는 것은 먹어본 적이 없다고 감탄했다고 한다.

좌우의 등 뒤로는 제복과 제모 차림의 자그마한 남자들이 서 있다. 그들의 복장이나 표정이 주는 인상은 경관이라기보다 차라리 포졸에 가깝다.

전체적으로 거한을 중심으로 대칭 구도를 이루고 있다. 쉽사리 감당할 수 없는 거대한 괴물, 혹은 길들이기 힘든 야생 동물을 여러 명이 달라붙어 붙들고 있는 그림이다.

이 사진은 왠지 어디서 본 듯한 느낌이 들지 않는가? 사실 우리는 이런 도상(圖像, icon)을 헤아릴 수 없을 만큼 봐왔다. 거기에 비치는 대상은 미합중국이나 남아프리카공화국의 흑인이며, 정복되고 연행되는 선주민이며, 야만스럽고 흉악한 범죄자들이다. 그들은 하나같이 이해가 불가능하고 순화도 불가능한 타자(他者), 즉 괴물로 표상된다. 식민지배자들은 온정으로 그들을 문명화시키려 하고, 또 필요에 따라서는 엄한 아버지처럼 벌하기도 한다.

전체적으로 B급 경찰영화의 한 장면처럼 어딘가 신파조 같은 인상이 감돈다. 가운데 있는 거한은 강간·살인사건의 피의자이고 아직 18세의 소년이다. 이름은 이진우(李珍宇). 일본이름은 가네코 지즈오(金子鎭宇)라고 한다. 아직 소년인데도 이렇게 보도진 앞으로 끌려나와 카메라 세례를 받고, 그 사진은 『요미우리 신문』(讀賣新聞), 『니혼케이자이 신문』(日本經濟新聞)에 실명과 함께 크게 보도되었다. 이는 '사라시모노'(さらしもの)[1]나 '히키마와시'(引き回し)[2]라는 말로밖에 달리 표현하기 힘든 것이다.

이것은 예술사진이 아니라 보도사진이다. 그렇지만 어떤 명확한 의도 아래 연출된 게 분명할 것이다. 그런 의미에서 이 사진은 '권력'이 제작한 일종의 예술이다.

이 예술사진에 제목을 붙인다면 어떤 게 좋을까?

'현대판 걸리버', '동양의 골렘', '아라카와의 킹콩'…….

덧붙여, 이 거한이 실은 '조선인'이라면 어떨까?

그렇다면 이제 이 제목밖에 없을 것이다 ─ '식민주의'.

식민주의의 우화

내가 어릴 적 있었던 일로, 어린 마음에 새겨진 이야기를 누님께 하지요.

내가 어렸을 때, 소학교 3학년경일까? 일본인 두 명이 집에 찾아왔습니다.

---

1) 에도 시대에 죄인을 거리에 세워두고 창피를 주던 형벌─옮긴이.
2) 에도 시대에 참수형 이상의 중죄인을 처형 전에 말에 태워 끌고 다닌 것─옮긴이.

그때 아버지는 집에 없었고(나는 어린 나이에도 아버지가 형무소에 있다는 걸 알고 있었습니다) 그 두 사람은 아버지의 친구라며 집에 들어온 겁니다. 그래서 마음씨 고운 어머니는 그들을 환대해주었습니다. 그런데 두 사람이 집에 묵게 해달라면서 눌러앉았습니다. 그리고 둘은 그대로 집에서 기숙을 하게 되었죠. 어머니는 불구였고 형이나 나도 어렸기 때문에 아무 말도 할 수 없었습니다. 근처에 사는 사람들은 대개 조선인들이었는데, 이 두 사람은 힘있는 조선인에게 환심을 사두었기 때문에, 우리는 어쩔 도리가 없었습니다.

두 일본인 중 하나는 연로했고 또 하나는 젊었습니다. 그런데 동네에는 조선인 청년이 한 사람 있어서, 이 사람과 우리는 자주 놀았습니다. 힘도 세고 싸움도 잘했기 때문에 우리는 이 사람을 좋아했습니다. 또 자주 집에 와서 어머니와 이야기하거나 웃거나 하는 좋은 청년이기도 했습니다.

어느 날, 이 청년과 그 일본인 청년이 뭔가 이야기를 나누고 있었습니다. 내가 옆에 있었지만, 두 사람은 내가 어려서 아무것도 모른다고 안심하고 있었겠죠. 내게는 아무런 신경도 쓰지 않고 얘기를 나누었습니다. 조선 청년이 일본 청년에게 우리 어머니를 범했느냐고 물었습니다. 일본 청년이 "아직"이라고 대꾸했습니다. 그러자 그는 "빨리 범해버려" 하고 권했습니다. 일본인은 "그건 그리 쉽게 할 수 없지. 아이들이 눈치를 채버리니까" 하더군요. 나는 이 이야기를 전부 알아들었습니다. 그래서 이 사실을 아무에게도 알리지 않고 내 나름대로 주의하고 있었습니다. 하지만 그 이상의 일은 일어나지 않았고, 두 일본인은 우리 집 물건을 조금 챙겨서 집을 나갔습니다.

그뒤로도 그 조선 청년은 여느 때처럼 어머니와 웃으며 이야기를 나눴고 우리와도 놀아주었습니다. 하지만 내 생각은 이제 예전 같지 않았습니다. 나는 그 일본인보다 이 청년을 더 증오했습니다. '우리는 같은 조선인이 아닌가!'

하고 말입니다.

　이건 아주 잘 만들어진 우화다. 차라리 역(逆)우화라고나 해야 할까? 이
것이 글쓴이의 개인적 기억을 이야기하고 있을 뿐이라고는 아무래도 생각할
수가 없다. 조선인의 '친구'임을 자청하는 일본인들이 조선반도에 들어와서,
가난한 조선인 주민(불구의 어머니!)의 '고운 마음씨'에 빌붙어 눌러앉아버린
다. 조선인 중에는 동기야 어쨌거나 동포를 재물 삼아 일본인에게 아첨하려
드는 자가 나타난다. 무력한 조선인 소년인 '나'는 그저 마음만 아파하며 경
과를 지켜보고 있다……. 그야말로 일본에 의한 조선의 식민지화라는 역사
과정 그 자체에 대한, 또 조선인과 일본인의 빼도 박도 못하는 관계에 대한 탁
월한 메타포가 아닌가?

　여기에는 또 '조선인'이라는 존재양식에 대한 무서울 정도의 직감이 있
다. 필자인 '나'가 조선인 청년에 대해 품었던 증오심과 함께 토해냈던 말. 우
리는 같은 조선인이 아닌가!

　'나'는 어머니를 범하도록 일본인에게 권했던 청년과 자신을 '같은 조선
인'으로 파악하고 있는 것이다. '같은 조선인' — 이 얼마나 무시무시한 직감
인가?

　'나'는 조선의 역사나 문화, 조선어를 전혀 모른다. 그는 일본이름으로
생활하고 있었고, 그의 같은 반 친구는 그가 '조선인'이었다는 건 '전혀 몰랐
다'고 진술하고 있다. 그는 예컨대 취직을 거부당한다거나 하는 장면을 통해
서만 자신이 '조선인'이라는 존재라는 현실에 부닥쳐왔던 것이다. 그런 그가
내뱉은 '같은 조선인'이라는 말은, 같은 국가에 속한 국민이라든지 같은 언어
나 문화의 소유자라는 정의 따위와는 아무런 관계가 없다. 이때의 그는 분명

히 '조선인'이란 무엇인가를 이해하고 있었다. 자신이나 그 청년과 같은 존재야말로 곧 '조선인'이라고 말이다.

잘 만들어진 우화 같지만, 위에서 인용한 글은 실은 편지의 한 구절이다(1961년 5월 14일자). 강간·살인사건의 피의자가 자신을 후원하는 재일조선인 여성에게 써보낸 방대한 편지들 가운데 일부다. 물론 거기에 쓰여 있는 것이 모두 사실 그대로라고 단정할 수는 없다. 다만 여기서 피의자 청년은 '조선인'이란 무엇인가라는 근원적인 질문에 대해서 있는 힘껏 회답을 시도했던 것이다. 그리고 이 회답의 형식은, 그에게 우화 같은 것이어야만 했다.

그런데, 이 우화에 제목을 붙인다면?

이제 이것밖에 없다 — '식민주의'.

1961년 2월 7일, 재일조선인 기자 박수남(朴壽南)에게서 이진우 앞으로 최초의 편지가 발송되었다. 1962년 11월 15일, 이진우에게서 박수남 앞으로 최후의 편지가 발송되고, 그 다음날 그는 처형되었다.

두 사람이 주고받은 편지들은 이듬해에 박수남의 편집에 의해, 『죄와 죽음과 사랑과』(罪と死と愛と)라는 제목으로 간행되었다. 또 역시 박수남의 편집에 의해 1979년에 『이진우 서간 전집』(李珍宇全書簡集), 1984년에 『신판 죄와 죽음과 사랑과』(新版罪と死と愛と)가 간행된다.

'고마쓰가와(小松川) 사건'이 발생한 후, 직접적 혹은 간접적으로 이 사건을 소재로 한 문학작품이나 영상작품은 꽤 많이 발표되었다. 기노시타 준지(木下順二)의 텔레비전 시나리오『휘파람이 겨울 하늘에……』(口笛が冬の空に…), 미요시 토루(三好徹)의 『바다의 침묵』(海の沈默), 오카 쇼헤이(大岡昇

平)의 『무죄』(無罪), 오에 겐자부로(大江健三郎)의 『부르짖는 소리』(叫び聲), 오시마 나기사(大島渚)의 영화 〈교수형〉(絞死刑) 등이 그것이다. 하지만 당시에 사회적으로 큰 영향력을 끼쳤던 〈교수형〉의 경우에도 등장인물(특히 고야마 아키코〔小山明子〕가 연기한 박수남)에 대한 묘사는 차마 눈 뜨고 볼 수 없는 스테레오타입이다. 지면상 여기서 자세히 언급할 수는 없지만, 앞에 든 여러 작품들 가운데 그 어느 것도, 이진우 자신이 서간에서 보여준 전율할 정도의 상상력과 직관력에는 한참 못 미친다. 그 원인과 관련해 한 가지만 내 감상을 말하면, 이 작품들 중 어느 것에도 앞의 '우화'에 등장하는 두 일본인에 대해서, 이진우에 필적할 만한 강도로 '같은 일본인!'임을 직감한 흔적이 나타나지 않는다. 바꿔 말해 이 작품들이 그 사건과 그 표상을 둘러싼 식민주의적 구조를 당사자의 입장에서 받아들이고 있다고는 느껴지지 않는다는 것이다.

'고마쓰가와 사건'에 대해서는, 김달수(金達壽)에 의한 몇 가지 기록문(『나카센도』〔中山道〕에 수록), 김석범(金石範)의 『제관 없는 제사』(祭司なき祭り) 등 재일조선인의 작품도 있긴 하지만 그 수는 아주 적다. 대체로 재일조선인은 이 사건을 애써 직시하지 않으려 해왔다고 말할 수 있으리라. 그런 와중에도 이진우가 박수남과 교환한 편지들은, 둘 사이의 안타깝고 비통한 어긋남을 보여줌에도, 그것까지 포함해 경탄할 만한 작품이 되었다. 박수남의 집념에 의해 이진우의 서간이 우리 곁에 남은 것은 특필할 업적이라 해야 할 것이다. 이진우의 서간을 상세히 독해하려는 것이 이 글의 의도는 아니지만, 재일조선인에 대해 깊이 생각하려고 할 때 이 서간집은 몇 번이고 곱씹으며 읽어야 할 기본 자료임에는 틀림이 없다.

사건 보도

노골적인 차별

이 신문기사(**자료 1** 참조)는 읽으면 읽을수록 많은 것을 생각하게 만든다. 감칠맛 나는 텍스트라 하겠다. 우선 눈에 띄는 것은, 당시로서는 그리 드문 일은 아니었겠지만, 기사의 필치나 용어에 나타난 노골적인 차별일 것이다.

도대체 '조선인 부락'이라는 정식 지명이 있기나 한 것인가? 그것은 특정 지역에 대한 차별적 '통칭'에 불과할 것이다. 그러나 이 기사는 이 '통칭'을 표제로까지 사용하고 있다. '막노동꾼', '벙어리' 같은 용어도 아무 거리낌 없이 쓰이고 있다. 피의자가 다니는 학교의 학생과 직원의 '무기명 투표'로 범인 찾기를 했다는 데에서도, 인권을 고려하지 않는 그 수사 방법에 아연실색할 수밖에 없다. 말이 나온 김에 덧붙이자면, 이 『요미우리 신문』과 『니혼케이자이 신문』 두 신문은, 아직 소년인 피의자의 실명뿐 아니라 얼굴 사진까지 커다랗게 보도하고 있다. 참고로 『니혼케이자이 신문』 석간의 일부를 보자(**자료 2** 참조).

여기서도 '조선인 부락'이라는 말이 사용되고 있을 뿐 아니라, "이 학교 정시제 1학년"에 이어서 굳이 '조선인'임을 못박은 뒤에 친절하게도 본적지까지 기재하고 있다. 그것도 식민지시대의 지명 그대로.

두 기사에서는 공통적으로 이 범죄가 다름 아닌 '조선인'에 의한 것이라는 점을 극히 의식적으로 강조하고 있다고 할 수 있을 것이다. 수사 당국은 말할 것도 없고, 보도진과 독자들 대다수에게도 당시 일본인 다수자가 지녔던 평균적인 민족차별 의식이 침투해 있었음을 어렵지 않게 상상할 수 있다. 바꿔 말해서, 일본 사회가 이 사건을 보는 시각에는 애초부터 그러한 민족차별 의식이 짙게 작용하고 있었음을 알 수 있는 것이다.

큰 표제　여고생 살인범 붙잡다

중간 표제　1학년인 18세 소년 조선인 부락에서 범행 자백

기사 요약　지난 달 21일 도쿄 에도가와의 고마쓰가와 고등학교 정시제(定時制)[4] 2학년 오타 요시에 씨(16)가 이 학교 옥상에서 교살된 채로 발견되었다. 이 사건을 수사 중이던 고마쓰가와 수사본부는 1일 오전 다섯 시, 에도가와구 가미시노자키초 1300 조선인 부락 내 막노동꾼 이인룡 씨(59)의 차남, 고마쓰가와 고등학교 정시제 1학년 가네코 지즈오, 즉 이진우(18)(자칭 자전거 벨 공장 직공)를 살인 용의자로 자택에서 체포해 수사본부에 신병을 넘겨 취조했다. 같은 날 일곱 시 반 피의자는 범행 일체를 자백했다. (……) 5회에 걸쳐 요미우리신문사에 "내가 범인"이라며 전화하고, 완전범죄라 절대로 체포되지 않는다고 큰소리치던 살인마도 결국 사체 발견 후 12일째, 새 학기가 시작되는 날 아침에 경찰 수사에 백기를 든 것이다. 수사본부에서는 지난 4월 20일 에도가와구 가미시노자키초 1917 앞의 논에서 같은 구 시시보네초 698 다나카 세쓰코 씨(24)가 살해된 사건도 이진우의 주소가 현장에서 가깝다는 점으로 보아 범인으로 단정, 추궁하고 있다.

중간 표제　"왔군요" 하며 빙그레 웃다. 녹음된 목소리, 투표로 알게 되다

이날 아침, 수사본부에서 세키구치 수사1계장, 데우시 경부 등 여덟 명이 이진우를 체포하러 갔다. 도주에 대비하여 여섯 명이 판자집 바깥쪽을 에워싸고, 두 명이 이진우가 자고 있던 3층을 덮쳤다. 체포영장을 본 이진우는 빙그레 웃으며 "결

---

3) 이하 모든 기사의 인용에서 표현은 원문 그대로를 따르되, 밑줄은 필자(서경식)의 것이다.

4) 일반 과정인 전일제(全日制)와 달리 농한기나 야간 등 특별한 시간에 수업을 하는 고등학교 과정— 옮긴이.

국 찾아왔군요. 역시 완전범죄는 실패했네요……"라고 큰소리로 말한 뒤 "남겨진 부모·형제가 본국으로 송환되는 일은 없도록 신경 써줘요"라면서 벙어리인 모친 유 씨(39)를 돌아보았다. (……) 녹음된 범인의 목소리를 같은 학교 학생과 직원에게 들려주고 무기명 투표로 조사한 결과, 이진우의 목소리와 비슷하다는 증언이 나온 것이 검거의 실마리가 되었다. 또 이진우가 문학책 여러 권을 도서관에서 훔쳐 고이와 경찰서에 체포된 적도 있기 때문에, 이진우의 알리바이나 평소 행동에 대해 조사를 해본바, 범인으로 단정한 것.

작은 표제   시끄러워 목을 조르다─자백 내용

자백에 의하면 범인은 지난달(8월) 17일 오후 다섯 시경 고마쓰가와 고등학교의 수영장에서 수영을 하려고 자전거를 타고 등교했지만, 수영하는 사람이 아무도 없어서 3층 교실에서 한 시간 정도 빈둥거린 뒤 옥상에 올라가려고 했다. 그때 중앙 계단의 수조 옆에서 독서 중인 오타 요시에 씨를 발견했다. 그 주변을 어슬렁거리며 말을 걸던 범인은 바지 속에 칼이 있음을 떠올리고 요시에 씨를 죽이려고 갑자기 칼을 들이댔다.

놀라서 새파랗게 질린 요시에 씨의 팔을 붙잡고 바로 옥상 천문대가 있는 곳으로 끌고가던 중, 칼에 자신의 오른쪽 손목을 베어 피가 튀었다. 이것을 보고 요시에 씨가 비명을 질렀기 때문에 위험을 느끼고 오른손으로 목을 조른 뒤 돔 형태로 된 천문대의 귀퉁이에 넘어뜨리자 축 늘어져버렸다. 이때 두 명의 학생이 함께 올라왔기 때문에 돔의 귀퉁이에 잠시 숨겼다가, 나중에 시체를 질질 끌고 옥상 제일 구석에 있는 스팀관의 큰 구멍에 숨기고는 다시 한번 목을 졸랐다. (……) 왜 요시에 씨를 죽였는가 ─ 이에 대해서 이진우는 아직 상세한 자백을 하지 않고 있고 요시에 씨는 성폭행당한 흔적이 없다. 하지만 수사본부에서는 이진우가 희롱을 목적으로가 아니라 오히려 죽이기 위해 죽였다고 보고 이상성격을 의심하고 있다. 이진우는 최초의 세쓰코 씨 살해에서 자신감을 얻었지만 그것만으로는 시시해져서, 요시에 씨를 살해했을 때에는 스스로 범행을 알리는 전화를 거는 등 병적인 영웅심리에 사로잡힌 것으로 보고 있다. (……)

작은 표제   세쓰코 씨도 살해

당국이 지난 4월 20일의 에도가와구 시시보네초 698 다나카 세쓰코 씨(24) 교살 사건도 이진우의 범행으로 단정한 이유는, 이진우의 자택이 세쓰코 씨 살해 현장에서 불과 10여 미터의 거리라는 것, 세쓰코 씨가 살해당한 시간이 4월 20일 저녁 여섯 시 반에서 일곱 시 사이인데 이진우가 이 사이 5, 6분 집을 비운 사실이 있었다는 것이다. 본부에서는 범행이 적어도 30분은 걸렸으리라 판단했고, 현장 근처에서 조선인 부락에 사는 듯한 남자를 보았다는 정보도 있었지만 간과해버렸다.

작은 표제   빼앗은 책 압수—일기에 발각 당일 밤의 수상

압수한 증거품 중에는 범인이 대학 노트에 만년필로 빽빽이 써넣은 일기 형식의 수상록(隨想錄)이 있었는데, 그 표지에는 "구름도 달도 별도 모두 주시하고 있다. 보라, 이 위대한 힘, 훌륭한 승리, 빛나는 눈동자, 상기된 얼굴"이라는 감상적인 문구가 적혀 있었다. 사건이 발각된 21일자 부분에는 "석간신문을 황급히 펼치니 예상했던 대로 사회면 톱기사로 나와 있다……. 그러나 나는 낮에는 성실하게 일하고 밤에는 독서에 힘쓰고 있는 것이다"라고 쓰여 있었다. (……)

이진우는 국적은 조선이지만 태어난 것은 고토구 가메이도초. 현주소의 소학교, 중학교를 나온 뒤 히라이나 무코지마 부근의 공장을 전전하던 끝에 최근에는 무코지마의 자전거 벨 공장에서 월급 5,000엔을 받고 일하는 한편, 1958년 4월부터 고마쓰가와 고등학교 정시제에 진학했다. 머리는 좋은 편이며 세계문학을 애독하고 있었지만, 손버릇이 나빠서 1955년 6월과 9월에는 자전거 절도 용의로,

1956년 11월에는 고토구 도서관에서 세계문학 서적 56권을 훔친 용의로 고이와 경찰서에 체포된 적이 있다.

이진우의 가족은 아버지 인룡 씨 부부, 그리고 차남인 본인 외에 형 한 명, 남동생 한 명, 누이 세 명의 8인 가족이다. 현재 인룡 씨는 막노동꾼으로, 형제 3인은 직공으로 일하고 있다.

범인 이진우는 어떤 성격인가—같은 1학년 미나미(南)반의 동급생은 입을 모아 그런 짓을 할 사람이라고는 생각지 못했다며 놀라고 있다. 1학년 학생치곤 나이가 많고 침착했던 이진우는 학급위원으로 선출되었는데, 학급회의의 의장으로서도 '적임자'였고 반에서 인기도 있었다. (……) 동급생 가운데 '이진우'라는 조선 이름을 알고 있었던 사람은 아무도 없었고 모두 일본인이라 믿고 있었다.(……)

자료 2　　『니혼케이자이 신문』 1958년 9월 1일자 석간 인용

수사본부는 1일 아침 다섯 시 45분, 같은 구 가미시노자키초 1300 통칭 '조선인 부락'의 직공이자 이 학교 정시제 1학년의 조선인, 가네코 지즈오 곧 이진우(18)—본적은 조선 경성시 아사히마치 155—를 용의자로 체포, 그는 "8월 17일 밤 요시에 씨를 죽였다"고 자백했다. (……) 자고 있던 중 급습을 당해 트레이닝 바지에 라운드 셔츠 차림으로 본부에 끌려온 가네코는 처음에는 완강히 범행을 부인했지만, 일시적 흥분이 끝나자 그날 아침 여덟 시 30분경부터 체념한 듯 의외로 솔직하게 슬슬 자백을 하기 시작했다.

그의 태도는 28일의 전화통화에서와는 달리 유들유들한 구석은 없었고, "어머니 일이 걱정이다"라는 등의 말을 하며 풀이 죽어 있었다.

강제송환의 위협

『요미우리 신문』기사의 "부모·형제가 송환되지 않도록" 운운한 기술이 시사하는 바는 매우 크다. 여기서 당시의 재일조선인이 항상 강제송환의 위협에 노출되어 있었다는 것, 그래서 아직 18세밖에 안 된 소년조차 그런 두려움을 품었다는 것을 알 수 있다. 본국에 아무런 생활 기반도 없고 재산은 물론 이렇다 할 기술마저 없는 재일조선인들에게 강제송환은 추방이자 사형선고나 마찬가지였다. 그리고 일본 정부는 1953년 샌프란시스코 강화조약이 발효되자 재일조선인의 일본 국적을 일방적으로 박탈하는 한편, 죄를 지은 사람이나 생활능력이 없는 사람(생활보호를 받고 있는 사람)은 '강제퇴거' 처분할 수 있다고 위협하기까지 했다. 물론 한 개인이 중죄를 범했다고 해서 가족까지 강제송환해버리는 봉건적 연좌제와 같은 제도는 없었지만, 당시 재일조선인들 사이에 그러한 두려움이 폭넓게 존재했던 것은 사실이다.

나아가 재일조선인의 그러한 두려움을 당국이 이용했다는 시각도 가능하다. 『요미우리 신문』은 경찰이 집을 덮친 직후 피의자 이진우가 강제송환을 걱정하며 "벙어리 어머니"를 돌아보았다고, 마치 실제로 본 듯한 투로 기사를 쓰고 있지만, 『니혼케이자이 신문』에서는 피의자가 당초 "범행을 완강히 부인"하고 있었으며, 수사본부에 연행되어 체포된 지 세 시간이나 지나서야 자백을 했고 또 그와 동시에 어머니가 걱정이라고 말했다고 되어 있다. 이 두 가지 기술이 서로 모순된다는 사실도 지적해야겠지만 여기서 그보다 중요한 것은 『니혼케이자이 신문』기사가 은연중에 암시하듯이 경찰이 피의자에게 가족(특히 어머니)의 강제송환을 내비쳐 자백을 강요한 혐의가 있다는 점이다. 재일조선인이라는 피의자의 약점을 이용해 "어머니가 송환당하지 않게 하고 싶으면 불어!" 하고 몰아세웠을 거라는 추론이다. 1994년 출간된 『이진우 노

트』(李珍宇ノオト)의 저자 노자키 로쿠스케(野崎六助)는 이러한 의혹을 제기하면서, 기사는 경찰의 상투적인 수단을 반영하고 있으며 그 내용 자체가 경찰의 정보에 의거한 작문이라고 주장한다.

한 가지 예를 더 들면, '수상록' 표지에 써넣은 "구름도 달도 별도 ……"라는 글에 대해서, 『요미우리 신문』은 "감상적인 문구"라 하고 있는데, 같은 부분에 대해 『니혼케이자이 신문』도 "감상적으로 휘갈겨 쓴 것"이라고 표현하고 있다. 다른 신문의 두 기자가 따로따로 취재한 결과, 우연히도 완전히 똑같은 인상을 받은 것일까? 그럴 리는 없다. 기자들이 자기 생각과 자기 감성으로 받아들이기를 포기했을 뿐 아니라 매사를 "느끼는 방식"에 이르기까지 경찰 발표를 앵무새처럼 되풀이하고 있음을 알 수 있다. 애당초 피의자가 놓여 있는 역사적·사회적 상황을 염두에 두고 그 글을 찬찬히 읽어본다면, 과연 이것을 안이하게 '감상적'이라고 치부할 수 있을까?

다나카 세쓰코 사건

그런데 피의자는 8월 21일에 일어난 오타 요시에 살인사건 뿐만 아니라 그 4개월 전에 일어난 다나카 세쓰코 살인사건의 혐의도 받고 있다. 혐의라기보다 『요미우리 신문』 기사에 의하면 한 사건의 용의자로 체포되고 나서 겨우 몇 시간 뒤에 또다른 사건의 "범인으로 단정"되고 있는 것이다. 게다가 그렇게 단정한 이유는 사건 현장이 피의자의 자택에서 겨우 10여 미터밖에 떨어지지 않았다는 것이다. 하지만 다나카 세쓰코를 살해하려면 "적어도 30분" 정도의 시간이 필요한데, 피의자는 당시 "5, 6분 집을 비웠을" 뿐이라는 모순은 고스란히 남는다. '조선인 부락' 근처에서 일어난 사건이니 결국 '조선인'

의 소행일 것이다. 하나를 했으니까 다른 것도 한 게 틀림없다는 예단을 가지고, 범인 불명의 미해결 사건을 해당 '조선인 부락'의 주민인 피의자에게 덮어씌운 게 아닌가 하는 의심이 든다. 약자 입장의 피의자에게 성가신 미해결 사건의 범인 역할까지 뒤집어씌우는 수법은 경찰의 상투적인 수단이며 억울한 누명들의 온상이기도 하다.

게다가 이 경우 "최초의 세쓰코 씨 살해에서 자신감을 얻었던" 피의자가 "그것만으로는 시시해져서", "병적인 영웅 심리"에 사로잡혀 오타 요시에 사건을 일으켰다면서, 다나카 세쓰코 사건을 오타 요시에 사건의 동기를 설명하는 논거로 이용하고 있다. 오타 요시에 사건을 자백한 피의자를, 해결하기 어려운 다나카 세쓰코 사건의 범인으로 "단정"해놓은 다음에, 다나카 사건으로부터 오타 사건의 동기를 설명한다는 것은, 전적으로 자의적인 순환논법일 뿐이다.

여기서 주의해야 할 점은, 이 시점의 경찰 발표에서는 두 사건 모두 '살인사건'이었지 '강간·살인사건'은 아니었다는 점이다. 『요미우리 신문』은 굳이 "요시에 씨는 성폭행당하지 않았지만"이라고 쓰고 있다. 오타 요시에의 경우도, 다나카 세쓰코의 경우도 부검 등의 수사 소견에서는 성적 폭행의 증거를 얻지 못했다. 그리고 성폭력 같은 것을 범행의 동기로 들 수 없게 되자, 사건이 해명하기 어렵게 꼬이기 시작했다. 바꿔 말해 사법 당국으로서는 '알기 쉬운 동기'가 필요했던 셈이다.

고마쓰가와 사건

강간의 유무

가정재판소의 '도쿄 지검 송치결정서'(1958년 10월 14일자)는 취조 중의 자백에 근거해 부녀폭행살인 및 부녀폭행치사를 범죄사실로 인정하고 있다. 그러나 피고인 이진우는 법정에서 오타 요시에에 대한 강간 사실을 부정했다. 취조할 때 애초에는 부정했지만 검찰관으로부터 "그랬지!"라는 말을 듣고 결국 인정해버렸다고 진술한 것이다. 제1심 판결은 '강간' 사실을 인정하여 사형을 선고했는데, 이에 대해 변호인은 '항소이유서'에서 사실 오인이며, "다나카 세쓰코 및 오타 요시에의 시체를 해부해 감정한 바에 따르면 성교의 사실은 절대로 없다는 것이 과학적인 결론이다"라고 주장하고 있다. 또 변호인 측은 피의자 취조 중 몇몇 조사관들이 "동기가 없으면 동네에 풀어놓은 호랑이 꼴이 되어 죄가 무거워지지만, 강간한 점을 인정하면 죄가 가벼워진다"고 몰아세웠으므로, '강간'을 자백한 것은 검찰 측 유도 때문이라고 '상고이유서'에서 주장했다.

이에 대한 반론으로 제1심의 사형을 지지한 항소심 판결이 채택한 것은 다음과 같은 논리다. "(변호인 측) 주장은 사정(射精)하지 않았기 때문에 강간이 아니라는 것이지만, 강간죄의 기수(旣遂)는 교접작용, 즉 음경의 삽입으로 성립하는 것이므로 생식작용, 즉 사정이 반드시 필요한 것은 아니다."

그러나 이는 변호인 측의 주장을 심각하게 왜곡한 것이다. "변호인은 '사정하지 않았기 때문에 강간이 아니'라고 주장하고 있는 게 아니다. 원 판결은 '음경의 삽입'이 마치 부정할 수 없는 사실인 듯이 전제하고 있다. 변호인은 사정은 없었고 음경의 삽입만 있었다는 피고인의 자백 그 자체의 신빙성을 따지고, 더 나아가서 음경의 삽입 사실 그 자체를 따지고 있는 것이다."('상고

1958년 9월 1일	수사본부에서 고마쓰가와 고등학교 정시제 1학년 가네코 지즈오, 곧 이진우를 체포.
9월 22일	구류 만기. 도쿄 가정재판소로 이송됨. 정신감정 등의 조사를 받음.
10월 14일	가정재판소에서 이진우를 형사처벌 대상자라고 판결한 후 도쿄 지검으로 송치.
11월 15일	도쿄 지방재판소에서 첫 공판.
1959년 2월 12일	사형 판결. 3개월도 안 되는 고속 심리로 진행.
2월 18일	항소
12월 28일	항소 기각
1960년 1월 10일	상고. 상고 기한 마감일에 때마침 면회하러 왔던 한국 유학생 박창희가 상고 수속이 되어 있지 않음을 알게 되어, 자기 은사인 역사학자 하타다 다카시(旗田巍)에게 이를 알림. 하타다의 노력에 의해 기한 마감 한 시간 전에 상고 수속이 받아들여지고, 이때부터 구명운동이 시작됨.
1961년 8월 17일	상고 기각, 사형 확정.
1962년 8월 30일	처형장인 미야기 구치소로 이송됨.
11월 16일	오전 10시 교수형 집행. 사형 확정으로부터 1년 3개월이라는 이례적인 고속 집행.

이유서'의 주장)

하지만 이러한 주장은 상고심에서도 받아들여지지 않았다. 상고심 판결은 이렇게 말한다. "사정도 하지 않고 성교만 했다는 피고인의 자백이 반드시 경험칙(經驗則)에 반하거나 나아가 그 진실성이 의심스럽다고 말할 수는 없으며, 또 이러한 자백이 의심스럽다고 해서 강간 사실이 없었다고 단정지을 수는 없다."

한 사람의 생명을 좌우하는 기술치고는, 너무나 엉터리에다 비논리적이다. 이 기술의 뒷부분을 "강간 사실이 있었다고 단정지을 수는 없다"고 180도로 바꿔도 똑같이 말이 된다는 것은, 노자키 로쿠스케가 언급한 바와 같다.

정신감정

재판이 개시되기에 앞서서 피의자의 책임능력이 문제가 되었다. 도쿄 소년정신감별소의 감별 결과에서 지능지수가 '종합 IQ 135'로 나오자, 언론은 "천 명 중 한 명 나오는 수재"라는 등 요란스레 떠들어댔다(『요미우리 신문』 1958년 11월 14일자 석간).

가정재판소 조사관의 보고는 다음과 같이 서술하고 있다. 피의자 소년은 가난과 민족차별 때문에 원하는 직장에 취업할 수 없었던 점 등으로 "열등감"을 안고 "문학의 세계로 도피"했지만, "육체의 세계에도 마음이 이끌려" 일요일에는 "자위를 하는 것이 보통"이었다. 소년의 성격은 "자폐적"이고 "고집스럽고" "탐닉적"이며, "정서불안과 내적 갈등과 공격성이 마음 깊숙이 잠재해 있어", "사소한 계기로 이상행동을 야기하기 쉬운 성격"이었다.

조사관의 보고는 이렇게 서술한 다음, 그럼에도 불구하고 "두 사건 모두에 대해 의도도 행동도 잘 자각하고 의식하고 있어서 책임능력에 결함은 인정되지 않는다"고 단언하고 있다.

출생 및 성장 환경

가정재판소의 '감찰관 송치결정서'에서 이진우의 출생 및 성장 환경에 대한 기술 부분을 인용해보면 아래와 같다.

> 소년은 1940년 2월 28일 도쿄도 ○○구 ××초 △초메 △△△번지에서 아버지 E 어머니 B의 사이에 3남 3녀 중 차남이자 둘째로 출생했다. 가정은 극도로 가난하고, 부모 모두 배우지 못하고 교양이 없다. 아버지는 절도 전과 6범의 주정뱅이고, 삼촌 D도 전과 9범으로 현재 후추(府中) 형무소에서 복역 중이며, 할아버지는 도박상습범으로 술고래였다. 할아버지, 아버지 모두 이웃과 교류가 없고 성격이 비뚤어진 사람이다. 어머니 B는 벙어리이며, 그 오빠와 남동생 둘 다 벙어리라는 것말고는 가계를 잘 알 수 없다. 1945년 3월 9일 소년이 다섯 살 때 전화(戰火)로 집이 불타버리고 현주소에 다다미 여덟 첩과 네 첩 반짜리 허술한 판잣집을 두 칸 지어서 이사했다. 고이와의 번화가에서 멀리 떨어져 통칭 시시보네 가도(街道)에 면한 농가 사이에 집들이 산재해 있는 이 부락은 총 27호로 이루어져 있는데, 그 가운데 4세대가 범죄가정이고, 5세대는 생활부조를 받으며, 거의 전부가 빈곤가정이다.

여기에 묘사된 가족상은 당시의 재일조선인들에게 이례적인 것이 아니었다.

가슴이 메는 기술이다. 특히 "오빠와 남동생 둘 다 벙어리라는 것말고는 가계를 잘 알 수 없다"는 어머니에 대한 기술이 그렇다. 대체 어디에서 온 누구인지조차 불분명하다는 것이다. 이렇게 이름 없는, 이렇게 궁지에 빠진 인간상이 또 있을까? 그런 어머니를 강제송환하겠다는 위협이 소년의 눈앞에 아른거렸던 것이다.

게다가 소년이 감옥에 들어간 뒤, 소년의 어머니는 그의 동생이 되는 아들 하나를 더 낳는다. 낳게 되었다고 해야 할지도 모르겠다. 사람이 이런 환경에서 태어났을 때, '범죄자'가 되지 않는 것은 얼마나 힘들까? 소년은 중학교 때 "밥을 먹지 못해서" 100일 가까이 학교를 쉬었다. 자전거 절도 경력 2회, 여섯 군데 도서관에서의 서적 절도 전력이 있지만, "훔친 자전거를 팔아치운 돈으로 놀러다닌 것이 아니라, 그저 책만 샀다. 또 훔친 책도 집에 쌓아놓고 공장의 점심시간에는 물론 틈만 나면 탐독했다." 중학교 졸업 때 히타치(日立) 제작소와 세이코샤(精工舍, 현 SEIKO)에 취직을 희망했지만, 성적이 우수했음에도 불구하고 민족차별 때문에 채용되지 못하고, 직공으로 동네 소공장을 전전했다.

소년은 그 일본인에게 어머니를 범하도록 권했던 청년과 자신이 '같은 조선인'이라는 것을 무서울 정도로 정확히 알고 있었다. 또 소년은 취직을 거부당함으로써 자신이 '조선인'임을 뼈저리게 느끼고 있었다. 그 '조선인'이라는 자신은 숨기지 않으면 안 될 존재였다. 그래서 정시제 고등학교에서는 학급위원으로 선출될 만큼 인기가 있었는데도 "동급생들 가운데 '이진우'라는 조선이름을 알고 있는 사람이 아무도 없었고, 모두 일본인이라고 믿고 있었던" 것이다.

"문학의 세계로 도피"했던 이 소년은 수상록에 이런 말을 한 줄 써놓았다.

구름도 달도 별도 모두 주시하고 있다. 보라, 이 위대한 힘, 훌륭한 승리, 빛나는 눈동자, 상기된 얼굴.

아무에게도 주목받지 못하고, 그 어떤 위대함, 그 어떤 승리로부터도 외면당했던 소년이 한 가족 여덟 명이 기거하는 판자집의 한구석에서 이런 말을 썼던 것이다. 그것을 일본인 경관이 살인 후에 감정이 격앙된 것을 기록한 증거품이라고 여겼을 뿐만 아니라, '감상적'이라고 평했다. 일본인 신문기자가 그 경찰관의 감상을 그대로 베끼듯 보도하고, 대다수 일본인 독자는 그 해석에 대해 납득했던 것이다. 이것은 모욕이다. 이 천박함은 인간이라는 존재 자체에 대한 참을 수 없는 모욕이다. 그렇지 않은가?

사실 이 「수상록」의 기술은 오타 요시에 사건 직후에 쓰여진 것이 아니라 졸업식 무렵, 즉 사건이 일어나기 약 반 년 전에 쓰여진 것이라고, 후에 한 동급생이 진술했다.

정상
가정재판소의 검찰송치결정서는 피의자의 정상(情狀)에 관한 기술의 결론 부분에서 이렇게 쓰고 있다.

(8) 본 소년은 그 지능과 체격 면에서 오히려 우수하여 성인 이상의 발육을 보이고, 본 사건 범행 당시의 정신 상태도 아무런 이상이 없었다는 것

등 그 밖의 제반 정상을 종합해 감안할 때, 소년이 본 사건에서 한 행위들은 어떤 점에서 보더라도 하늘도 사람도 용납할 수 없는 흉악무도한 것이다.

이 결정에 의해 열여덟 살이던 이진우는 성인 수준의 재판을 받게 되었고, 이례적으로 사형선고도 가능해졌다. 체격이 좋고 지능지수가 높았던 것이 오히려 그의 생명을 빼앗아도 좋은 이유가 되었던 것이다.

실제로 사형 판결을 내린 제1심의 판결서(1959년 2월 29일자) 가운데서 정황에 관련된 부분에는 다음과 같은 기술이 있다.

피고인이 가난한 가정에서 자라났고 부모가 조선인이라는 것을 생각할 때 사회적·민족적 편견을 가지고 있었던 게 아닌가 하는 점이 염려된다.

분명히 못박건대, 가난하고 차별을 받은 피고에 대해서 사회가 '편견'을 가졌다고 말하고 있는 게 아니다. 그 반대다. 피고가 사회에 대해 '편견'을 가지고 있다는 것이다. '편견'이라는 단어는 권력에 의해서 이렇게 사용된다. 예를 들어 전전(戰前, 식민지시대)의 '조선 독립운동'에 관련된 치안유지법 위반 사건의 판결문들을 보면, "팔굉일우(八紘一宇)[5]나 대동아 공영권의 숭고한 이념을 이해하지 못한 채 부질없이 편협한 민족주의적 편견에 사로잡혀" 운운하는 기술을 도처에서 발견할 수 있다.

---

5) 『일본서기』(日本書紀)에 따르면 일본의 제1대 천황인 신무천황이 야마토에 도읍을 정하면서 '육합(六合)을 겸하여 도를 개하고 팔굉(八紘)을 병하여 우(宇)로 한다'는 내용의 조칙을 내렸다고 한다. 6대양 8대주를 병합하여 한 집으로 한다는 뜻이다. 그후 1940년에 고노에 내각이 기본국책 요강에서 대동아 신질서 건설을 위해 '황국의 국시는 팔굉을 일우로 하는 건국정신에 근거한다'고 밝혔는데 이때부터 공식적으로 자주 인용되기 시작했다 ― 옮긴이.

꿈속

이진우가 범했다고 하는 범죄행위의 유무를 자세히 조사하고 입증하자는 것이 이 글의 목적은 아니다. 이런 논점에 대해서는 츠키야마 도시아키(築山俊昭)의 『무죄! 이진우』(無實! 李珍宇), 오가사와라 가즈히코(小笠原和彦)의 『이진우의 수수께끼』(李珍宇の謎) 등을 참조하기 바란다. 이 글의 목적은 '고마쓰가와 사건'이라는 '표상'을 구성하는 데 민족차별이, 다시 말해 아직도 끝나지 않은 식민주의가 어떻게 관철되고 있었는지를 살펴보는 것이었다.

그렇기는 해도, 실제로 이진우는 무엇을 했고 무엇을 하지 않았을까? 진상은 짙은 안개 속에 있어서 쉽사리 규명할 수 없다. 이진우는 제1심 법정에서 왜 사건의 2, 3일 후에 요미우리 신문사에 자기가 범인이라고 전화를 했는가 묻는 변호인의 심문에 이렇게 답하고 있다.

(사건 후) 그렇게 2, 3일이 지나간 뒤에 저도 스스로가 한 건지 아닌지 의심스러워졌습니다. 자신의 행위는 꿈이 아니었던가 생각했기 때문입니다. 그럼 거기(현장)에 가보면 좋았겠지만, 꿈속에서 한 것 같아서 제 자신도 그 굴로는 들어가고 싶지 않았습니다. 그래서 제 생각을 밝힐 의도로 신문사에 전화를 걸었던 겁니다.

여기에 '진실'이 있다. '사실'이 어떠한지는 일단 차치하고, 이진우가 그것을 '꿈속'에서 일어난 일로 받아들이고 있었던 것은 '진실'이다. 꿈을 꾸고 있는 듯이 생각하면서 현실에서 뭔가를 한 것일지도 모르고, 꿈속에서의 행위를 현실에서 한 것이라고 믿었을지도 모른다. 어떤 경우든 그것은 꿈속의 일이었다. 그것이 그에게 유일한 '진실'이며, 바로 그랬기 때문에 법정에서도 그것을 있는 그대로 진술했던 것이다. 하지만 재판관은 그런 태도를 '개전(改悛)의 정(情)'이 부족하다고 해석한 것이다.

이진우의 옥중서간에 이런 결정적인 글이 있다(박수남에게 보낸 1962년 8월 7일자 편지).

내가 그것을 한 거다. 그렇게 생각하는 내가 그것을 한 나이다. 그런데도 그녀들이 내게 살해당했다는 생각이 어째서 이렇게 베일을 통해서밖에 느껴지지 않는 것일까?

이제 여기서는 실제로 무엇을 했는지는 문제가 아니다. 지금 여기에 있는 자신과 범죄행위를 했다고 하는 자신 사이의 단절감, 자신이 자신 이외의 존재이기도 하다는 분열, 성욕과잉에다 극악무도한 '조선인'인 자신과 또 한 사람의 진짜 자신과의 분열의 감각, 진짜 자신이란 대체 어디에 있는 누구인가하는 의문. 식민지배가 피지배자에게 야기하는 이런 자기분열의 감각이야말로 '진실'인 것이다.

식민주의는 타자의 계통적 부정이며 타자에 대해 인류의 어떤 속성도 거부하려는 포악한 결의이기 때문에, 그것은 피지배민족을 막다른 지경까지 몰아넣고, 그들로 하여금 끊임없이 '나는 진정 누구인가' 묻게 만든다.[6]

---

6) Frantz Fanon, 앞의 책.

권력에게 가장 용납할 수 없는 일은, 스스로 이해하기 힘든 행위('동기 없는 범죄')이다. 권력은 자기가 전능하며 그래서 인간성이라는 것의 구석구석까지 해석할 권한을 가지고 있다고 믿는다. 권력은 피지배자에 대해 속속들이 다 알고 있고, 따라서 피지배자 위에 군림할 수 있다. 이해하기 힘든 피지배자의 행위는 그렇게 굳게 믿고 있는 권력을 불안에 빠트린다. 권력은 자신의 불안을 해소하기 위해 피지배자의 행위를 자기 해석의 수로(水路)로 억지로 끌어들인다.

제1심 판결문은 "(피고가 법정에서) 강간의 의지 및 강간의 사실을 부인하고 동기 없는 범죄인 듯 변명을 하여 전혀 개전의 정을 인정할 수가 없다"고 단언하고, "본 건은 극악무도한 범죄로서 피고인에게서 어떤 정상참작도 할 수 없기 때문에 극형에 처하는 것이 타당하다고 인정했다"고 판결을 내렸다. 이 판결은 항소심과 상고심에서도 지지를 받아, 사형이 확정되었다.

노자키 로쿠스케는 "두 건의 강간·살인에서, 한 건은 강간 및 살인 모두에 대해, 또 한 건은 강간에 대해 각각 무죄가 확실하다. 한 건의 살인에 대해서만 확신하기 어렵다"[7]고 진술하고 있다. 결국 이진우의 소행이라는 합리적인 의심이 남는 것은 오타 요시에에 대한 살인뿐이라는 말이다. 만일 그렇다고 한다면, 피의자가 18세의 소년이었다는 점을 감안할 때, 사형은 내려질 수 없었을 것이다.

여기서 간파할 수 있는 것은, 과잉성욕을 주체하지 못하는 괴물이 강간을 목적으로 두 명이나 죽였다는 알기 쉬운 스토리에 뭐든지 끼워맞추면서,

---

7) 野崎六助, 『李珍宇ノオト』, 三一書房, 1994.

번거로워지지 않는 한도 내에서 빨리빨리 정리해버리려는 권력의 강고한 의지다. 그 괴물이 '조선인 부락'에서 나타난 '조선인'이며, 희생자가 젊은 일본인 여성일 때, 이 스토리는 대다수 일본인 다수자에게 아무런 의심도 없이 받아들여질 수 있을 것이다.

너무도 엉성한 졸속 심리가 한 사람의 생명을 빼앗아갔다. 그로 인해 기본적인 사실관계조차 모호한 상태가 되고 말았다. 어째서 이렇게 되어버렸을까? 그 이유는 바로 피의자가 '조선인'이었기 때문이다. "어쨌든 그놈은 조선인이니까……." 그것만으로 암묵적으로 모든 불합리와 부조리를 설명해버린 것이다.

귀국운동

'고마쓰가와 사건'이 세간의 이목을 집중시키고 있던 바로 그때, 한편에서는 재일조선인의 북한으로의 귀국운동이 전개되고 있었다. 당시 신문기사에서 이 사건을 추적하다 보면, 같은 지면에 귀국운동에 관한 기사가 많이 보인다.

1953년에 일본 국적을 박탈당한 재일조선인은, 당시 전체의 약 80퍼센트가 실업·반(半)실업 상태였다. 게다가 1956년도에는 재일조선인에 대한 생활보호 지급이 대량으로 중단되었다. 조선인 기업은 금융기관에서 융자도 받지 못하고, 학생은 대부분 민족차별로 인해 원하는 직장에 취직할 수 없었다. 이러한 상황에서 '사회주의 조국'의 건설에 참여하고 싶다고 희망하는 사람도 나왔고, 그렇게 해서 북한으로 귀국하겠다는 사회적 요구가 높아갔다.

1958년 8월 가와사키시에 사는 재일조선인이 북한으로의 귀국운동을 시작하고 북한 정부도 이를 환영하며 새로운 생활을 영위하기 위한 모든 조건을 보장하겠다고 표명했기 때문에, 귀국운동은 전국의 재일조선인에게로 확산되고 있었다.

일본 측에서도 전 총리 하토야마 이치로(鳩山一郎)를 포함한 초당파 발기인에 의한 '재일조선인 귀국협력회'가 결성되고(1958년 11월 17일자), 283개의 지방자치체가 귀국운동 지지를 결의했다. 이리하여 1959년 2월 13일, 일본 정부—기시 노부스케(岸信介) 내각—는 "누구나 자국을 포함한 어떤 나라로부터도 출국할 수 있고, 또 자국으로 돌아올 권리가 있다"는 '세계인권선언'의 조항을 확인하면서, 재일조선인의 '북한 귀국 실현'을 추진하기로 내각회의에서 결정했다. 한국 정부 및 민단 측은 이를 '북송'(北送)이라고 하여 반대했지만, 재일본조선인총연합(이하 조총련으로 줄임) 측은 운동을 더욱 강력히 추진했다.

적십자사의 중재로 제네바에서 북·일 적십자회담이 열리고, 1959년 8월 13일 인도의 캘커타에서 '귀국협정'이 조인되었다. 같은 해 12월 14일, 제1차 귀국선이 975명을 태우고 니가타항을 떠났다. 1967년까지 8만 8,000여 명, 1984년까지 약 9만 3,000명이 귀국했다고 한다. 이상이 귀국운동의 간략한 경과다.[8]

이상의 경과에다 '고마쓰가와 사건'의 경과를 겹쳐놓아보자. 가와사키시에서 귀국운동이 시작되었을 때, 오타 요시에 살인사건이 일어났다. '재일조선인 귀국협력회'가 결성된 것은 이진우의 첫 공판 직후다. 기시 내각이 내각회의에서 지지를 결정한 것은 제1심 사형판결의 다음날이었고, 최초의 귀국

---

8) 朴慶植, 『解放後在日朝鮮人運動史』, 三一書房, 1989 참조.

선이 출항한 지 2주 만에 항소심 사형판결이 내려졌다.

이러한 동시성만으로 귀국운동과 '고마쓰가와 사건'을 직결시키는 것은 지나치게 성급한 일이리라. 그러나 귀국운동이 전개되고 있을 때, 이 운동에 연관된 일본인이나 조선인에게는 '고마쓰가와 사건'이, 정확히 말해서 그 '표상'이, 저마다 짙은 그림자를 드리우고 있었다고 말하는 것은 가능하다.

『무죄! 이진우』의 저자 츠키야마 도시아키는, '고마쓰가와 사건'이 "귀국운동에 찬물을 끼얹으려는 정치적 의도"에서 날조된 것은 아닐까 추론하고 있다. 사건 당시에도 그런 추론이 나온 적은 있었겠지만, 이러한 시각은 지금 보면 너무 순진하다고 할 수밖에 없다. 실상은 오히려 츠키야마의 추리와는 정반대다. 일본 정부는 귀국운동에 찬물을 끼얹기는커녕 귀찮은 재일조선인을 국외로 내쫓는 데 부심하고 있었던 것이다. '고마쓰가와 사건'이 일본 정부의 의도를 실현하기 위해 날조된 사건이라고 하기에는 무리가 있지만, 사건의 '표상'이 한편으로는 귀국운동에, 또 한편으로는 이진우의 재판에 보이지 않는 영향을 주었음을 상상하기는 어렵지 않다.

이러한 심증을 굳혀주는 연구가, 최근 테사 모리스 스즈키(Tessa Morris Suzuki)에 의해 발표되었다. 이 연구에 따르면, 조총련이 주도하는 귀국운동이 개시되기 거의 3년 전부터 일본 정부와 일본 적십자사는 재일조선인들을 대량 귀환시키기 위해 적십자 국제위원회에 손을 쓰고 있었다. 1956년 단계에서 6만 명이 귀환 가능하다는 안이 일본 정부와 일본 적십자사 사이에서 검토되었다. 당시의 일본 적십자사 외사부장 이노우에 마스타로(井上益太郎)의 편지에 의하면, 그러한 시도의 주요 동기는 "(재일조선인은) 성격이 난폭하고 생활수준이 낮으며 무지몽매"하여, 일본의 치안과 복지에 마이너스의 요인이 된다는 판단이었다.

스즈키에 따르면, 1956년경부터 후생성의 주도로 재일조선인에 대한 복지(생활보호) 삭감 캠페인이 시행되었던 것도 이 재일조선인 귀환 계획과 연동되었을 가능성이 있다. 앞에서 언급한 이노우에 외사부장은, 재일조선인에 대한 복지 삭감은 그들이 북한에서 일자리를 찾으려는 동기가 될 것이라고 국제위원회에 써보냈다고 한다(이상 「조선인 '귀국' 사업에 관한 새로운 자료: 추궁당하는 일본 정부의 책임」, 『아사히 신문』, 2004년 9월 21일자 석간 참조).

일본 정부가 '인도적 판단'을 가장하여 시행했던 귀국사업이, 사실은 얼마나 위선적인 것이었는지를 생각해야 한다. 재일조선인이 일본 국내에서 생활하게 된 것은, 일본이 조선을 식민지배하고 조선인에게 일본 국적을 강제하여 신민으로 삼았기 때문이다. 패전 후 일본은 재빨리 재일조선인의 각종 권리를 억압했고, 샌프란시스코 강화조약 발효와 함께 일찍이 자신들이 강제했던 일본 국적을 박탈하여 재일조선인을 난민으로 만들었다. 권리 없는 난민이 된 재일조선인은 복지 삭감에 따라 더더욱 가난에 시달리게 되었다. 이리하여 일본 국내에 남게 된 구식민지 출신자, 곧 일본 스스로 행한 식민지배의 마이너스 유산을, 일본 정부는 '인도'를 가장하며 국외로 추방했던 것이다. 결과론적인 이야기기는 하지만, 북한 정부와 조총련이 추진한 귀국운동은 이러한 일본 정부의 의도에 아주 잘 들어맞는 것이었다.

바로 이 시점에, '조선인 부락'에서 이진우라는 이해 불가능하고 순화도 불가능한 괴물이 나타난 것이다. 이 괴물에 직면한 일본인 절대다수의 심리는, 자기 국가가 행했던 식민지배에 대한 반성, 전후처리 과정에서 재일조선인에게 가해진 불공정한 권리박탈에 대한 비판으로 나가기보다, 귀찮은 자들을 내쫓아버리는 방향으로 나갔다. 이진우는 '저세상'으로 다수의 재일조선인은 교류가 없는 북한으로, 그럴 듯한 구실을 붙여 추방했던 것이다. 그것도

'정의'나 '인도'라는 명분을 내걸고 말이다. 이런 위선은 그뒤로도 오랫동안 이어진 일본인 다수자의 자기기만에 한 가지 원인을 제공했다.

대다수 재일조선인들도 '고마쓰가와 사건'에서 눈을 돌렸다. 단적으로 말해 그 이유는, 재일조선인의 부정적 속성을 온몸에 휘감았던(그렇게끔 표상되었던) 그 '괴물'과 자신을 동일시하고 싶지 않다는 심리 외에 아무것도 아니었다. 한 걸음 더 들어가보면 그 심리란 차별을 당하는 사람에게 특유한 심리, 즉 차별을 두려워하는 심리 바로 그것이었다. 박수남은 보기 드문 예외였다. 그녀는 민족 조직으로부터 고립되었고 마침내 추방당했다.

2002년 9월 17일에 있었던 고이즈미 준이치로(小泉純一郎) 총리의 방북 이후, 일본인 납치 문제가 공론화됨에 따라 일본 국내에서 북한에 대한 비난 여론이 높아졌다. 이 여론 중에는 낙원의 꿈을 찾아 북한으로 귀국했다가 꿈이 깨진 재일조선인을 연민하는 듯한 논의도 다수 눈에 띈다. 하지만 자국 식민지배 역사를 깊이 반성하는 시각도, 전후 재일조선인에 대한 억압 및 추방 정책에 대한 자각도 전적으로 결여되어 있다. 위선만이 반복되고 증폭될 뿐이다. 이러한 위선의 연쇄를 끊어버리기 위해서라도, 지금, '고마쓰가와 사건'을 기억하지 않으면 안 된다.

같은 조선인

대다수 재일조선인들이 이진우의 기억을 마음 속 깊이 억누르고 있을 때, 다시 말해 이진우라는 '괴물'과의 동일화가 두려워서 그 짙은 그림자로부터 도피하려 하고 있을 때, 이진우와 자신을 '같은 조선인'이라고 직감했던 사람이 적어도 두 명 존재했다.

나는 이런 나라에서 태어나고 싶지는 않았다. 아무리 가난하다 해도 조국 조선에서 태어나고 싶었다.

어릴 때부터, 철이 들고 나서부터, 주위 일본인들의 차가운 눈초리는 나에게 적의와 증오에 멍든 인격을 형성시켰다. (……) 부모는 고심 끝에 이 나라의 시민권을 취득했다. 우리는 법적으로는 일본인이 된 것이다. 그러나 본질적 평등은 그저 법에 의해 보장되는 것이 아니다.

내가 아홉 살 난 소년이 아니었다면 귀화를 거부했을 것이다. (……) 편안히 쉴 곳은 그 어디에도 없는 것일까? (……) 교수형. 약으로 잠들 수 없다면, 교수형이다. 보기 흉하고 비참한 교수형, 그건 내게 어울린다……. 나도 한 사람의 ʻRʼ이니까…….[9]

『야마무라 마사아키 유고집: 이 목숨, 다 타버려도』(山村政明遺稿集 いのち燃え盡きるとも)에서 인용한 것이다.

야마무라 마사아키(山村政明)의 본명은 양정명(梁政明). 1970년 10월 6일 새벽, 와세다 대학 문학부 앞의 아나야하타 신사 경내에서 이 대학 제2문학부 학생이었던 그가 분신자살을 했다. 자살 현장에는 ʻ항의·탄원서ʼ가 남겨져 있었다. 그 말미에 열거된 슬로건 중에는, 캠퍼스를 폭력적으로 지배하는 학생운동의 한 분파에 대한 항의와 함께, 다음과 같은 항목도 발견되었다. ʻ남·북조선의 자주적·평화적 통일 실현!ʼ, ʻ재일조선인의 민주적·민족적 권리에 대한 탄압을 용납하지 말자!ʼ, ʻ김희로(金嬉老) 동포의 법정투쟁을 단호

---

9) 山村政明, 『山村政明遺稿集 いのち燃え盡きるとも』, 大和書房, 1971.

히 지지한다!'

　양정명은 조선인 소작농의 아들로 야마구치현에서 태어났다. 7남매 중 3
남이었다. 가족은 빈곤과 차별에서 벗어나기 위해 일본 국적으로 귀화했다.
양정명은 고등학교 졸업 후 일단 취직했지만, 러시아문학에 대한 동경을 억
누르지 못해 고학을 각오하고 1964년 상경했다. 영업사원, 페인트 가게 점원,
트럭 조수, 창고 직원, 신문배달부, 야경꾼, 토목공사 인부 같은 아르바이트에
날이 새고 저물었다. 조선 민족이라는 출신을 털어놓았다가 매몰차게 실연을
당하기도 했다. 두번째 수험에서 와세다 대학에 합격했지만, 수업료 부담을
견디지 못해 제2문학부(야간)로 옮겼다. 학급위원에 선출되어 학생운동에 가
담하게 되지만, 대립하는 정파 때문에 "자유롭게 캠퍼스를 걸을 수도 없는"
입장에 몰리게 된다. 양정명은 재일조선인 학생 그룹에도 접근했지만, '귀화
한 자'로서 느낄 수밖에 없는 고독감과 함께 그 그룹에서도 소원해갔다.

　그의 유고에서 'R'이라고 한 것은 바로 이진우를 가리킨다. 고마쓰가와
사건을 소재로 한 오시마 나기사의 영화 〈교수형〉은 1968년에 개봉되었다.
이 작품에서, 등장인물인 이진우는 처음부터 끝까지 'R'이라는 기호로 표현
되고 있다. 아마 양정명은 이 작품을 보았을 것이다. 그리고 제작자의 의도를
훨씬 넘어선 통절한 메시지를 거기서 받았던 게 틀림없다. 그 메시지란 자기
도 한 사람의 R이라는 것, 바꿔 말해 설령 자신의 국적이 일본일지라도 자신
과 이진우는 '같은 조선인'이라고 하는 번개와도 같은 직감이다. 이진우로부
터 눈을 돌리고 자신의 고뇌를 받아들일 수 없었던 당시의 재일조선인 학생
들(나 자신도 그들 중 한 사람이었다)보다도 훨씬 더, 그는 '조선인'이라는 존재
가 무엇인가를 정확히 직감하고 있었던 것이다.

재일교포(재일조선인)는 식민지시기에 식민통치하의 본국에서 고초를 겪고, 강제적·반강제적으로 일본으로 연행되어 온갖 고생 끝에 해방을 맞았습니다. 해방 후에도 일본에서 그 사회적 상황으로 인해 민족적 멸시하에서 수많은 차별과 고통을 받아왔습니다.

재일교포 사회에서 이러한 배경이 빚은 큰 사건으로 김희로 사건이나 이진우 사건(고마쓰가와 사건)을 들 수 있습니다. (……) 이들은 한국뿐만 아니라 일본인을 비롯한 수많은 사람들의 관심을 모았습니다. 그것은 다름 아니라 이들의 경우가 재일교포 사회의 생활 또는 실태의 모순점을 드러내는 하나의 집약된 표현이었기 때문입니다.

왜 이런 일이 일어났는가 하면, 한편으로는 일본에서 (한국인들이 겪는) 곤란한 생활조건 탓이라고도 할 수 있지만, 또 한편으로는 자기 민족에 대한 자부심을 가질 수 없었던 탓이라고도 생각할 수 있습니다. (……) 나는 재일교포 2세로서 이런 사회에서 태어나 김희로 사건이나 이진우 사건을 체험했습니다. 이런 문제를 해결하지 않으면 안 된다, 어떻게 해서든 60만 재일교포의 미래를 행복하게 만들지 않으면 안 된다, 어떻게든 거기에 기여하지 않으면 안 된다고 생각하면서, 이러한 의도에서 적극적 민족주의를 역사적으로 자랑하기에 충분한 민족주의로 정립할 필요가 있었습니다.[10]

이상의 인용은 서승이 1972년 11월 23일 서울의 고등법원에서 했던 최후진술의 일부다.

---

10) 徐勝, 『獄中 19年: 韓國政治犯のたたかい』, 岩波書店, 1994.

교토에서 태어난 재일조선인 2세 서승은 도쿄쿄이쿠 대학을 졸업한 뒤 1968년에 한국으로 '모국 유학'을 갔다. 1971년 4월, 그와 그의 동생 서준식은 '학원에 침투한 북한의 간첩'이라고 하여 육군 보안사령부에 체포되었다. 체포 직후, 서승은 심한 고문을 받았다. 너무 고통스러운 나머지, 허위 자백으로 친구·지인 등에게 피해를 입힐까봐 분신자살을 기도했지만, 목숨은 건졌다. 제1심 판결은 사형. 앞서 인용한 최후진술은 항소심에서 사형을 구형받은 직후의 진술이다.

그후 대법원에서 서승은 무기징역, 서준식은 징역 7년형이 확정되었다. 서준식은 형기가 1978년에 만료되었지만 '비전향'이라는 이유로 1988년까지 구속되었다. 서승은 1990년, 김영삼 문민정권의 등장과 함께 19년 만에 가석방되었다.

이진우는 1940년 도쿄에서 태어났고 양정명과 서승은 1945년생이다. '고마쓰가와 사건'이 일어났을 때, 양정명과 서승은 13세였다. 이진우가 처형되고 박수남과의 서간집이 간행되고 각종 문학이나 영상작품을 통해 사건이 거듭해서 표상되고 있을 때, 그들은 사춘기에서 청년기로 자기형성을 하고 있었다. '고마쓰가와 사건'을 어떻게 받아들일 것인가, 그것은 무의식 속에서도 그들 두 사람에게 매우 중요한 과제였을 것이다.

양정명과 서승은 때때로 대비되곤 한다. 예컨대 박수남은 1978년이라는 시점에 다음과 같은 평가를 내렸다.

우리는 '또 한 사람의 R'인 플러스의 전형(典型) 중 한 사람으로서, 지금 한국의 옥중에서 싸우고 있는 서승 형제를 낳았다.

2004년이라는 현 시점에서, 나는 이 '플러스의 전형'이라는 평가에 대해서는 신중해야 한다고 생각한다(그 이유를 말하려면 별도의 긴 글이 필요할 것이다).

다만 여기서 다음과 같은 점은 확인해두고 싶다. '귀화자'의 고뇌를 토로하며 자살했던 양정명. '간첩'으로 또 '비전향 정치범'으로 19년의 옥고를 치른 서승. 이 두 재일조선인 2세의 삶의 궤적은 전혀 동떨어진 듯하지만, '강간 살인범'으로 처형된 이진우를 사이에 두고 서로 이어진다. 양정명과 서승은 이진우와 자신이 '같은 조선인'이라는 직감을 공유하고 있었고, 그런 의미에서 두 사람은 명백하게 '같은 조선인'이었기 때문이다.

앞서 언급했듯이 '고마쓰가와 사건'이라는 표상은 1950년대부터 1960년대에 이르기까지 정치적으로 매우 큰 효과를 지녔다. 그뒤로 그 기억은 억압되어서 이제 새삼스레 이 사건을 문제 삼는 사람은 거의 없다. 그러나 '조선인'이라는 '괴물'의 어렴풋한 모습은, 그 표상이 어떻게 만들어지고 어떤 효과를 지녔었는지에 대한 기억이 상실된 채 사람들 심리의 밑바닥에 맺혀 있다가 때때로 불쑥 되살아난다. 그것은 까닭 모를 두려움 같은 감정으로 계속 남는다. 일찍이 그런 사건이 있었다는 기록을 되풀이하는 것만으로는 이런 억압된 기억과 표상의 정치성을 진정으로 문제화할 수 없다.

2003년 2월, 서울의 숙명여자대학에서 있었던 워크숍 '포스트 식민주의 상황 속의 재일조선인'에서 내가 이 글 첫머리의 사진을 내걸면서 이진우에 대해 발표했던 것은 이런 의도에서였다. 더 고백하자면 '같은 조선인'이라는 이 감각이, 젊은 세대의 재일조선인이나 특히 한국 국내의 사람들에게 어떤 반응을 불러일으킬까? 공감할까, 반발할까? 그 점에 관심이 있었다. '조선인'이란 무엇인가, '민족'이란 무엇인가 하는 논의가 자신의 실존과는 동떨어진 불모의 지적 게임으로 빠지지 않도록 하기 위해서라도 그런 일이 필요하다고 여겼다.

결론적인 인상을 말하자면 나의 시도는 실패로 끝났다. 나는 '이진우'라는 표상을 사이에 둠으로써, 한국의 본국인과 재일조선인 사이에 '같은 조선인'이라는 번개 같은 직감이 공유되는 순간을 은근히 꿈꾸었는지도 모르겠다. 하지만 그건 달콤한 꿈이었다. 잊혀진 기억은, 그것이 잊혀졌다고 하는 망연한 자각 아래 길고도 어려운 과정을 밟아나가며 거듭 문제 삼는 수밖에 없을 듯하다. _2004년 9월 30일 씀

새 로 운   민 족 관 을   찾 아 서[1]

어느 재일조선인의 꿈

우리 민족이 일제의 사슬에서 해방되어 반세기가 지나고, 제국주의 열강에 의한 식민지배와 세계대전으로 얼룩진 20세기도 얼마 남지 않았다. 그러나 우리들은 이 가혹한 시대에 입은 깊은 상처를 치료하지 못한 채 21세기를 맞이하려 하고 있다. 첫째 문제는 물론 민족분단이라는 상황이 지금까지 계속되고 있는 것이지만, 민족 성원이 세계적 규모로 이산하게 된 것도 이 시대가 우리에게 강요한 또 하나의 고난이다. 이러한 문제가 극복되지 않는 한, 우리 민족의 탈식민화는 진정한 의미에서 완성되었다고 말할 수 없다.

　　박정희 이래 한국의 역대 정권은 곧잘 "재일동포는 언젠가 일본인으로

---

1) 이 글은 김경자가 1996년 『역사비평』 여름호에 번역해 실은 것을 김경자의 동의를 구해 재수록했으며 책의 전체적인 통일 등을 위해 일부를 수정했다. 「'재일조선인'의 위기와 기로에 놓인 민족관」, 『역사비평』, 역사비평사, 1996년 여름호 참조.

동화 흡수될 운명이다"라며 속마음을 드러내곤 했다. 그러나 이러한 기민(棄民)정책을 본국동포 중에서 몇 명이나 본질적으로 비판할 수 있을까? 나는 본국동포에게서조차 "당신은 왜 일본인이 되지 않는가?"라든가 "당신과 일본인은 어디가 다른가?" 하는 말을 듣는다.

내 경험으로는 본국동포가 재일동포에게 품는 이미지는 '잘 먹고 풍요롭게 생활하는 사람들', '우리말도 못하고 민족사에 대한 기본 지식도 없는, 민족성을 상실한 사람들' 정도의 것이 많았다. 이는 물론 어느 정도 사실을 반영하고 있다. 그렇지만 표면적이고 틀에 박힌 인상만 가지고 재일조선인의 현실을 판단한다면, 재일조선인에 대한 멸시 혹은 그 반대편에서의 연민은 생기겠지만, 참된 이해는 자라나지 않는다. 하물며 그러한 막연한 인상 때문에 재일조선인을 민족공동체의 일원에서 제외한다면, 그것은 재일조선인을 비롯한 재외 동포의 제문제를, 민족분단의 극복과 탈식민화의 완성이라는 우리 민족 전체 과제의 일부로 파악하지 않는 태도다. 이런 협소한 견해는 무엇보다 본국동포 자신의 해방에도 이롭지 않다.

재일조선인이 일본 사회에서 경험하고 있는 차별이나 인간소외의 문제는 일본의 문제이기도 하지만, 그 이상으로 우리 민족 전체의 문제이기도 하다. 재일동포의 인간적 해방은 우리 민족 성원 전체의 인간적 해방이라는 과제의 일부인 것이다. 나는 이하에서 재일동포의 역사와 현재, 그들이 직면한 제문제를 서술하면서 문제의 해결 방향이 오도되지 않도록 경종을 울리고자 한다.

재일조선인이란 누구인가?

나는 '재일동포'라는 말 대신 '재일조선인'이라는 명칭을 사용한다. 재일조선인이란 일본에 사는 조총련계 동포를 가리키는 말이 아니다. 원래 재일조선인을 조총련계와 민단계로 구별하는 견해는, 민족분단을 기정사실로 용인해버릴 뿐만 아니라 재일조선인의 역사와 현실을 전혀 반영하지 못한 것이다.

1910년 병합에 의해 우리 민족 성원 모두는 강제적으로 '일본 신민'으로 편입되었다. 그렇다고 해서 우리 '반도인'에게 '내지인'(일본인)과 대등한 권리가 주어진 것은 아니다. 해방 후에도 조선인의 국적은 애매한 채로 방치되다가, 1952년 샌프란시스코 강화조약의 발효에 따라 일본 정부에 의해 일본 국적을 일방적으로 박탈당했고, 일반 외국인과 같은 지위가 되었다. 국적을 부여할 때도 박탈할 때도, 당사자인 조선인의 의향은 문제가 되지 않았다. 조선인은 모두 새로 외국인으로 등록해야 했다. 오늘부터 너는 외국인이니까 '국적'을 등록하라는 것이었다. 게다가 그 시점에 조국 땅은 남북으로 분단되어 있었다. 자신이 과연 어느 국가에 속하는 것일까? 대부분의 조선인들이 신청서 '국적란'에 어떻게 기입해야 할지 당혹스러워한 것도 당연하다. 이렇게 해서 대부분의 조선인이 거기에 '조선'이라고 기입했다. 남북 어느 쪽의 '국가'에 속한다는 뜻이 아니라 조선반도 출신이다, 조선 민족의 일원이라는 의미였다.

그후 분단이 고착되면서 특히 1965년의 한·일 국교정상화 이후 재일조선인 중 국적란을 한국으로 고친 사람도 많아, 현재 한국 국적과 조선적의 비율은 약 3대 1로 나타난다. 1993년 현재 일본 법무성 외국인등록 통계로는 한국 국적과 조선적을 합한 수가 68만 2,276명이다. 일본 국적으로 귀화한 사람도 많다(1992년까지 약 17만 명). 그러나 이것이 재일조선인들이 조선인,

한국인, 일본인이라는 세 집단으로 분리되어 있다는 의미일까?

국적이라는 국가 측의 척도만으로 재일조선인의 실정을 파악할 수는 없다. 조선적을 가진 사람 모두가 북한에 충성을 다하는 것도 아니며, 한국 국적을 가진 사람 모두가 대한민국에 애착을 느끼는 것도 아니다. 일본에 귀화한 사람도 기본적으로는 차별에서 벗어나기 위해 그런 시도를 한 것이며, 이는 거꾸로 그들이 무엇보다도 차별에 직면한 조선인임을 말해준다. 따라서 나는 이들 전부를 묶어서 '재일조선인'이라고 부른다. 재일조선인은 현재(1995년) 약 85만~90만 명 정도라고 한다.

민족분단이라는 현실 속에서 우리는 그야말로 이 기정사실에 떠밀리지 않기 위해 스스로를 항상 하나의 총칭으로 불러야 한다. 나 자신은 한국 국적이지만 이러한 입장에서 민족의 총칭은 '조선'이 타당하다고 생각한다. 물론 후에 민족적인 합의가 원만하게 형성된다면 '한'이건 '고려'건 어떤 호칭이라도 상관없다. 다만 '한국인'이란 것은 한국이라는 국가의 국민을 가리킬 뿐이므로 여러 국가와 지역에 걸쳐 생활하고 있는 우리 민족의 총칭이 될 수 없다는 것이다.

일본 사회에서는 요즈음 '재일한국·조선인'이란 기묘한 호칭이 정착해가고 있다. 이야말로 바로 민족분단의 상황을 반영하는 것인데, 당사자인 재일조선인들이 이러한 호칭을 아무런 의문도 없이 받아들이고 있는 현실이 개탄스럽다. 지구상에 조선인과 한국인이라는 두 개의 다른 민족이 존재하고 있는 것은 아니다.

또 하나 기묘한 것은 단순한 '재일'이라는 호칭이다. 이것은 '일본에 살고 있는'이라는 상태를 기술하는 것에 지나지 않는다. 그러한 애매함이 우리 민족과 일본 사이에 역사적으로 또 현재적으로 존재하는 여러 가지 답답한 문제들을 덮어버리기 때문인지, 이 말도 최근 빈번히 사용되고 있다. 그러나 재일조선인은 일제 식민지배를 받은 조선인의 일원이며, 재일 '미국인'이나 재일 '이란인' 등의 외국인과는 다른 이유로 일본에 거주하고 있는 것이다. 그리고 바로 여기에 재일조선인 정체성의 근거가 있다는 것이 내 생각이다.

'한국'과 '조선'을 대립적인 이미지로 파악하고, 후자가 전자보다 열등한 것처럼 말하는 경우를 최근에 자주 보게 되었다. 심한 경우 같은 동포이면서도 "조선인입니까?"라고 물으면 분연히 "아뇨, 한국인이에요!"라고 부정하기도 한다. 그런 사람들의 마음속에는 일본 사회에 만연한 '북조선'(북한)에 대한 적의나 차별에서 벗어나고 싶다는 무의식적인 바람이 숨어 있는 것 같다. 그러나 일본 사회의 편견이나 차별은 북조선이란 국가를 향한 것이기보다는 조선 민족 전체를 향한 뿌리 깊은 것이기 때문에 본질적으로 차별당하는 존재라는 점은 달라지지 않는다.

미에현의 우에노라는 작은 도시에서 태어나 자란 이정자(李正子) 씨는 일본어로 일본의 전통 단시(短詩)인 와카(和歌)를 짓는 시인이다. 최근 그의 와카가 재일조선인 작품으로서는 처음으로 일본 고등학교 교과서에 실렸다. 그 대표작은 「민족과 처음으로 만난 것은 조센진이라 놀림받은 여섯 살의 봄이었다」(民族を出會いそめしはチョーセン人とはやされし春六歳なりき)로, 소학교에 입학한 여섯 살 때 동급생에게 업신여김을 당하면서 처음으로 자신이 '조센진'인 것을 알고, 자신의 민족과 만났다는 내용이다. '조센진'이란 일본인이 조선인을 멸시해서 부를 때 붙이는 특수한 억양이다.

그는 1947년생이니까 나와 같은 세대다. 그런 경험은 많건 적건 우리 세대의 재일조선인에게 공통적인 것이다. 중요한 것은 그가 의식적으로 '조센진'이란 말을 사용한다는 점이다. 일본 사회에서 '조센진'으로서 차별당해온 우리들은 그 부당함에 저항하고 자기 자신과 민족의 존엄을 되찾기 위해서라도 스스로 '조선인'이라고 불러야 하지 않을까? 이것이 내가 '재일조선인'이라는 총칭을 사용하는 또다른 이유다.

'국적'이란 당사자인 민중의 의지를 무시하고 국가가 자의적으로 강요하거나 박탈하는 것이다. 그것을 재일조선인은 경험을 통해 누구보다도 잘 알고 있다. 중요한 것은 자신이 어느 국가에 속하는가가 아니라 어떤 사람의 집단에 속하는가 하는 것이다. 식민지배, 고향상실과 이산, 민족분단, 차별과 소외. 근대 역사를 통해 우리나라 민중이 공유하게 된 이 고난의 경험이야말로 우리를 하나의 '민족'으로 묶어주는 것이다.

재일조선인 형성사

나는 왜 자신의 나라가 아닌 일본에서 태어났는가? 재일조선인이라면 누구든 인생의 어느 장면에서 한번쯤 이렇게 되뇌어본 적이 있을 것이다.

나는 1951년 일본 교토시에서 태어났다. 1928년에 충청남도 청양군의 농민이었던 할아버지가 몰락해 토지를 잃고, 아직 어렸던 아버지와 함께 일본으로 건너오셨기 때문이다. 할아버지는 처음에는 철도공사 노동자가 되었다가, 그후에는 폐품수집 등 일본 사회의 밑바닥 노동에 종사하셨다. 아버지는 심한 빈곤과 차별 속에서 겨우 소학교만 마치고 졸업하자마자 도제노동을 하며 가계를 지탱했다. 외할아버지도 1920년대에 일본으로 건너와 부농의 허드렛일을 했다. 어머니는 소학교에도 가보지 못한 채 교토 전통산업인 직물업에 종사하게 되었다. 이런 우리집 내력은 결코 특별한 것이 아니며 많은 재일조선인에게 공통된 것이다.

재일조선인이 일제시대 초부터 많았던 것은 아니다. 가령 1915년 통계로는 재조선일본인 30만 명, 재일조선인은 3만 명이었다. 재일조선인의 수가 현저하게 증가한 것은 1917년경 이후부터다. 이 시기 조선 농민은 일제의 '토지조사사업'(1910~1918)에 의해 토지를 수탈당하고, 이어서 '산미증산계획'에 의해 궁핍에 몰렸다. 농민층이 분해되면서 농민들은 살기 위해 고향을 버렸다. 이상화가 1925년에 지은 시 「가장 비통한 기욕(祈慾) ― 간도 이민을 보고」에는 북쪽으로 향하는 굶주린 농민들의 비참한 모습이 묘사되고 있다.

아, 가도다, 가도다, 쫓겨가도다

잊음 속에 있는 간도와 요동벌로
주린 목숨 움켜쥐고, 쫓겨가도다

(······)

사람을 만든 검아, 하루 일찍
차라리 취한 목숨, 죽여버려라

마찬가지로 굶주린 농민은 남쪽, 즉 일본으로도 흘러들어왔던 것이다. 나의 할아버지도 그들 중 하나였다. 오늘날 중국 연변조선족자치주에는 함경도 출신의 자손이 많고, 재일조선인 중에는 경상도나 제주도 출신이 많은 것은 이러한 사정 때문이다. 재일조선인은 1920년대 10년간 약 27만 명이 증가해 1930년에는 약 30만 명에 달했다.

일제는 1931년부터 만주사변을 시초로 중국 침략을 본격화했는데, 이때 조선은 일제 침략전쟁의 병참기지가 되어 자원과 '노동력'을 수탈당했다. 그 결과 일본으로 흘러드는 조선인도 격증해서, 1931년부터 1938년까지 재일 조선인 수는 약 50만 명이 늘어났고 1938년에는 총수가 약 80만 명이 되었다. 이들은 허드렛일, 토목공사, 폐품회수 등 밑바닥 노동에 종사하며, 일본인의 약 2분의1이라는 극단적인 차별적 임금을 받았다. 1939년부터 1945년까지 일제가 패전에 이르는 시기에는, 중국침략전쟁이 장기화하고 태평양전쟁이 시작되어 일본인 노동자층이 대량으로 전선에 동원되었기 때문에, 노동력을 보충하기 위해 100만 명 이상이나 되는 조선인이 일본에 강제연행되었다. 그들은 탄광, 금속광산, 군수공장, 공사현장 등에 보내져 문자 그대로 노예로 혹사당했다. 그 결과 8·15해방 때는 230만 명 이상의 조선인이 일본에 있었다.

일제의 식민지배와 침략전쟁의 결과 일본·중국·소련 극동지방에 유출된 조선인 총수는 해방 당시 약 400만 명에 달했는데, 이는 고국 조선반도에 거주하고 있는 조선인 인구의 약 6분의1에 해당한다. 전지구적 규모로 이산되어버린 그들의 존재는 그 자체가 우리 민족사의 비극임과 동시에 일제가 저지른 죄업의 산 증인이라고 할 수 있다.

8·15해방 이후의 재일조선인

내 아버지는 교토부의 작은 마을에서 해방을 맞았다. 일본인 지주의 소작농으로 많은 가족을 부양하고 있던 아버지는 밭일을 하다 미군이 뿌린 '삐라'를 보고 해방된 것을 알아, 그 자리에서 무릎을 꿇고 환희의 눈물을 흘렸다고 한다. 재일조선인 대부분이 같은 기분이었으리라.

해방 직후 대부분의 재일조선인은 제 힘으로 고국에 귀환했다. 일본 후생성 조사로는 그 수가 1946년 3월까지 150만 명에 달했다. 이 시점에서 일본에 남은 재일조선인의 80퍼센트가 고국으로 돌아가기를 희망했지만, 약 60만 명은 일본에 남을 수밖에 없었다. 고국의 분단 상황이 심각해지고 정세가 험악했던 점, 생계에 대한 전망이 불투명했던 점 등이 그 이유다. 가령 나의 할아버지는 해방 직후 가족과 함께 귀환했는데 17년의 세월이 지나버린 그곳에는 경작할 토지가 없었다. 어떻게 살아가면 좋은가? 아버지가 일본에 남은 것은 고국으로 돌아간 가족들의 생활을 돕기 위해서였다. 그후 아버지는 귀향의 기회를 놓쳐버리셨고 나는 일본에서 태어났다.

일본 정부는 패전 후에도 조선인은 모두 일본 국적을 갖는다는 입장을 취했는데, 이는 일본인과 동등한 권리를 보장한다는 의미가 아니었다. '해방국민'으로 간주하지 않으니 계속해서 일본 국적보유자의 의무를 따르라는 의미였다. 일본 정부는 재일조선인의 참정권을 부정했고, 1947년 5월 발포된 '외국인등록령'에서 재일조선인을 "당분간 외국인으로 간주한다"고 규정, 관리와 억압을 강화했다.

1952년 4월 샌프란시스코 강화조약이 발효되었지만, 회의에는 한국 대표도 북한 대표도 초청되지 않았다. 일본 전후처리의 윤곽이 그 최대 희생자인 우리 민족을 무시한 채 결정된 것이다. 조약 발효에 따라 일본 정부는 한조각의 통지서로 '조선인 및 대만인'의 '일본 국적 상실'을 선언, 재일조선인은 모두 일반 외국인과 같은 처우를 받게 되었다. 물론 재일조선인이 '일본인이 되게 해달라'고 버텼던 것은 아니다. 문제는 일본 정부가 재일조선인이 자국에 거주하게 된 특수한 역사적 경위를 묵살하고 일반 외국인처럼 제멋대로 체류를 허가하거나 퇴거시킬 수 있도록 규정한 것이다. 이는 재일조선인의 생존권에 대한 억압일 뿐 아니라 식민지배와 침략전쟁의 역사적 책임을 부인한 것이기도 했다. 해방 이후에도 식민지 종주국에 남겨진 재일조선인은 민족으로서도 인간으로서도 해방되지 않았던 것이다.

한일기본조약과 재일조선인

1960년 4·19혁명을 짓밟고 등장한 박정희 정권은 예비회담을 개시한 후 14년 만인 1965년 6월에 한일기본조약을 조인했는데, 이 조약의 최대 문제점은 일본 식민지배의 책임을 애매하게 한 것이다. 한일기본조약 제2조에는 1910년 '병합' 조약에 이르기까지 일제가 우리 민족에게 강요한 여러 불평등 조약은 "이미 무효"라고 적혀 있다. 이 조문의 의미에 대해 한국 측은 한국 국회에서 구조약은 체결 때부터 무효이며 따라서 일본의 식민지배는 불법이라는 의미라고 설명했다. 그러나 일본 측은 일본 국회에서 총리 답변 형태로, 구조약은 현재로는 무효가 되었지만 "양자의 완전한 의사, 평등한 입장에서 체결되었다"고 설명했다. 역사적 책임을 부정하는 이러한 일본 정부의 공식 견해가 현재도 기본적으로 변하지 않은 채 이어지고 있는 것은 올해(1995년) 와타나베 미치오(渡邊智雄) 전 외무장관이나 무라야마 도미이치(村山富市) 총리의 망언[2]을 보아도 명확하다.

---

2) 와타나베 미치오가 1995년 6월 자민당 토치기현 연합회의 대외인사와 그후 기자회견에서 한 말은 다음과 같다. "일본은 한국을 통치한 적은 있지만, 식민지배라는 말은 샌프란시스코 강화조약 등 공문서에는 어디에도 쓰여 있지 않다 (……) 한일병합조약은 원만히 체결된 것으로, 무력으로 이루어진 것이 아니다. (……) 식민지배, 침략전쟁이라고 하게 되면 여러 가지 문제가 생긴다." 또 그해 10

한일기본조약 '청구권협정'에 따라 일본이 한국에 무상공여 3억 달러, 정부차관 2억 달러를 주게 되었는데, 일본은 이 자금이 배상이나 보상이 아니라 어디까지나 '독립축하금'이란 명목의 '경제협력금'이라고 주장했다. 그럼에도 불구하고 박정희 정권은 이 돈과의 교환으로 모든 대일청구권을 방기해버렸다. 이를 구실로 일본 정부는 지금까지 위안부 문제를 비롯해 여러 피해자에 대한 보상을 거부하고 있으며 강제노동 부역자들의 미지불임금 청구에조차 응하지 않고 있다. 오늘날 많은 일본인은 정부 각료에서 서민에 이르기까지 이구동성으로 식민지배의 피해자에 대한 정당한 보상은 한일기본조약으로 다 해결되었다고 주장한다. 사태를 이렇게 만든 주범은 물론 일본 정부지만 반대 목소리를 탄압하고 한일기본조약 체결을 강행한 박정희 정권은 물론, 역대 한국 정부도 공범이라는 비판을 벗어날 수 없다.

이 조약은 재일조선인의 법적지위에도 큰 영향을 주었다. 한일기본조약의 '법적지위 협정'은 재일조선인 가운데 한국 국적을 가진 사람에게만 '협정영주권'을 주기로 결정했다. 일본 정부의 계속적인 추방 압력 아래서 끊임없이 생존권을 위협받아온 재일조선인에게 이것은 일종의 '후미에'(踏繪)[3]가 되었다. 일본 정부에게는 조선적, 한국 국적의 구별없이 모든 재일조선인의 거주권을 무조건 보장해야 할 책임이 있다. 그럼에도 불구하고 이 협정으로

월 무라야마 도미이치는 참의원 본회의 질의응답에서 "한국병합조약은 당시 국제관계 등의 역사적 사정 속에서 법적으로 유효하게 체결되고 실시된 것으로 인식하고 있습니다."라고 했다가 국내외 비판에 부딪혔다. 그러자 "당시 상황을 생각할 때 결코 평등한 입장에서 체결된 것이 아님을 상상할 수는 있다"고 수정하기도 했다 - 옮긴이.

3) 그림을 밟는다는 의미로, 에도 시대에 기독교인들에게 성화를 밟고 지나가게 하여 신자인지 아닌지를 판명한 것인데, 지금은 사상이나 입장을 강권적으로 조사하는 수단을 일컫는 것을 비유하여 쓴다 - 옮긴이.

한국 국적과 조선적을 갖는 사람의 지위에 큰 차별이 생겼다. 간신히 1991년 '입관특례법'에 따라 한국 국적도 조선적도 '특별영주'가 허가되었지만, 그때까지 실로 25년간이나 조선적 동포는 한국 국적 동포보다 더 불안정한 지위에 놓여 있었다.

해방 후 불행히도 고국은 분단되었지만, 일본에서 살고 있는 재일조선인들 사이에 지리적인 군사경계선을 긋는 것은 애당초 불가능했다. 실제로 재일조선인들치고 친척 중에 조선적, 한국 국적, 일본 국적이 섞여 있지 않은 경우는 드물다. 이것이 아직 분단되지 않은 재일조선인의 자연스러운 모습이다. 그러나 냉전 이데올로기에 빌붙어 한일기본조약을 강행한 박정희 정권은 일본 정부와 공모해 재일조선인 사회를 군사경계선으로 갈라놓으려 했던 것이다.

1980년대 들어 외국인등록증에 지문날인을 강제하지 말라는 투쟁이 재일조선인 사이에 확대되었다. 이 제도는 재일조선인에 대한 차별과 억압의 상징이었다. 전두환 정권은 처음에는 지문날인 거부운동을 성원하는 척하다가 결국 이 문제를 일본 측으로부터 인권탄압 비판과 되바꾸기 위한 외교 카드로 이용해, 전례에 따라 경제협력금을 받고는 유야무야시켜버렸다. 1984년 일본을 방문한 전두환은 한국 '원수'로서는 처음으로 식민지배의 최고책임자인 일본 천황 히로히토와 회견했다. "금세기의 한 시기에 양국 사이에 불행한 과거가 존재한 것은 정말 유감"이라며 애매한 말로 책임을 덮어버린 히로히토에 대해서, 전두환은 "비 온 뒤에 땅 굳는다" 따위로 답하며 허구의 화해극을 연기해 보였다.

군사력으로 권력을 탈취해 부정하게 축재해온 역대 한국 권력자들은 그 도덕적 결함과 냉전 이데올로기 때문에 정당하게 대일교섭을 벌일 수가 없었다. 그런 그들에게 재일조선인의 민족적 존엄이나 인간적 권리를 진정으로 옹호하는 역할은 기대할 수도 없었다.

재일조선인을 둘러싼 차별

오랫동안 재일조선인의 존엄을 훼손해온 외국인등록 지문날인제도는 1992년이 되어 겨우 영주자에 한해 폐지되었다. 그러나 그 대신에 '서명'과 '가족사항'의 등록이 의무화되었고, 외국인등록증은 전과 같이 상시 휴대할 것이 의무화되어 위반할 경우 처벌받는다. 곧 재일조선인을 치안방해의 대상으로 보고 그 동향을 상시 감시하려는 일본 정부의 자세에는 기본적으로 변함이 없는 것이다.

재일조선인의 공무원임용 문제가 요즈음 화제가 되고 있다. 일본의 도도부현(都道府縣)이나 정령지정도시(政令指定都市)[4] 공무원 채용시험에는 '일본 국적을 갖고 있지 않은 자'는 응시할 수 없다. 즉 일본 국적이 없는 재일조선인은 납세 등 주민으로서의 의무는 일반 일본인과 똑같이 져야 함에도 불구하고 원칙적으로 공무원이 될 수 없는 것이다(의사나 기술자 등은 예외다). 작년(1994년) 고치현 지사가 직원채용시험에서 '국적 조항'을 폐지할 방침을 천명하여 주목을 받았다. 오사카나 가와사키 등 재일조선인이 다수 거주하고 있는 도시에서도 같은 움직임이 있었다. 그리하여 4월 말 가와사키시 시장은 국적 조항 폐기방침을 밝혔지만, 고치켄과 오사카시에서는 자민당 등 보수 세

---

4) 전자는 한국 행정구역의 도(道)에 해당, 후자는 한국의 직할시에 해당한다 — 옮긴이.

력과 정부의 반대로 진전이 없다. 이같은 반대에는 법적 근거가 없지만 일본 정부는 1953년 이후 '공권력의 행사 또는 국가의사(國家意思)의 형성'에 관계하는 공무원이 되려면 일본 국적이 필요하다는 견해를 고집하고 있는 것이다.

이 국적 조항 때문에 재일조선인은 공립학교의 정식 교원이 될 수도 없다. 1991년의 각서[5]에 따라 일본 정부는 재일조선인을 상근 강사로 채용할 수 있다고 인정했다. 그러나 상근 강사는 학교 운영방침 결정에 관계할 자격이 없다. 학교 교육을 '공권력의 행사', '국가의사의 형성'으로 파악하는 일본 정부의 국가주의적 교육관이 여기서 분명해진다. 일본 정부는 침략전쟁의 기치였던 일장기나 천황제를 찬미하는 노래인 '기미가요'를 학교 교육에 강제하고 있는데 이에 대해 교직원조합조차도 최근에는 저항을 방기하고 있다. 결국 교육 현장에서 재일조선인을 받아들이지 않을 수가 없다 하더라도 그 발언권만은 제거하려는 저의가 훤히 들여다보이는 것이다.

일본에는 재일조선인을 위한 민족학교가 있다. 해방 직후에 결성된 재일조선인연맹(이하 조련으로 줄임)이 일제 시기에 빼앗긴 민족어와 민족문화를 스스로 되찾기 위해 1946년부터 건설에 착수했던 조선인학교가 그 효시다. 그러나 일본을 점령한 미국군과 일본 정부는 재일조선인의 자주권을 부정했고, 1948년에는 재일조선인의 거센 저항을 탄압한 채 조선인학교를 폐쇄하기에 이르렀다. 1953년부터 민족학교가 재건되어 현재 일본에는 조총련계 조선학교가 대학교 한 개를 포함해 153개, 민단계 한국학교가 열두 개 있다.

---

5) 1991년 1월 10일 한·일외무장관회담에서 지문날인제도 폐지 등 '재일 한국인의 법적지위와 처우에 관한 각서'에 서명했다 ─ 옮긴이.

그러나 일본 문부성의 교과과정을 받아들이고 있는 한국계 두 학교를 제외한 모든 학교는 학교교육법에 의해 정식 학교로 인정받지 못하고 있다. 그 때문에 졸업해도 일본 학교 입학자격을 갖지 못하고, 대학수험자격은 일부의 공립학교와 사립학교에 한해 인정될 뿐이다. 또 일반 사립학교와 달리 교육조성금도 주지 않기 때문에 학부모들은 교육비를 부담스러워한다. 이러한 불리한 조건 때문에 현재 재일조선인 학생의 85~90퍼센트는 민족학교가 아닌 일본 학교에 다닌다. 거기서는 조선어나 조선문화를 가르치기는커녕 역사의 진실을 은폐하는 일본중심적 역사교육을 시행하고 있다.

일본 사회의 재일조선인 차별은 이렇게 제도적인 면에 그치는 것이 아니다. 오히려 제도로 나타나지 않는 차별이야말로 더욱 심각하다. 나는 도쿄의 한 사립대학에서 강의하고 있는데, 매년 재일조선인 학생들의 우울한 모습을 보게 된다. 먼저 지방에서 상경한 학생은 하숙을 찾는 일부터 고생하지 않으면 안 된다. 대다수의 일본인 집주인이나 아파트 경영자는 재일조선인에게 방을 빌려주기를 꺼리기 때문이다. 졸업 후 취직도 어려운 문제다. 공무원이나 교직원에 대해서는 앞에서도 지적했지만, 민간기업도 재일조선인을 채용하지 않는 경우가 많다. 민족이 다르다는 이유로 채용을 거부하는 것은 표면상 금지하고 있는데, 이를 알고 있는 기업 측은 다른 이유를 붙여 비난을 피하는 방법을 터득하고 있다. 그 밖에도 일상의 작은 부분에서 말할 수 없는 굴욕을 맛볼 때가 많다. 원칙적으로는 그러한 차별에 대해 소송을 일으켜서라도 싸워야 하지만 실제로 매일같이 경험하는 자잘한 차별마다 소송을 제기할 수는 없는 일이다. 그래서 이들은 일본이름을 쓰고 일본인인 체하며 살아가게 된다.

재일조선인 학생들의 이런 우울함은 사실 25년 전에 내가 경험한 것과 다르지 않다. 일본 사회는 이런 면에서 결코 변하지 않았다. 물론 학생들만 우울한 것은 아니다. 모든 재일조선인이 이런 모멸감 속에서 살고 있다. 학생들보다 오히려 일본 사회 구석에서 숨죽이고 살고 있는 동포들의 상황이 더 심각함에 틀림없다.

일찍이 일본인의 대부분은 재일조선인에 대해서 '뒤떨어진다', '냄새난다', '더럽다'는 편견을 품고 있었다. 이는 일제시대에 식민지배를 관철하기 위해 심어진 차별의식에, 해방 직후부터 1960년대경까지의 재일조선인의 가난한 생활상에 대한 멸시가 더해진 것이라고 할 수 있다. 최근 일본의 젊은이들 사이에서 이런 편견은 완전히 사라지지는 않았어도 줄어든 것이 사실이다. 그러나 내가 대학에서 일본인 학생과 접하며 느낀 것은 '무섭다', '감정적이다', '과거에 대한 집착이 강하다', '집념이 강하다', '일본의 과거를 추궁하는 것은 사실 돈이 목적이다' 등 새로운 형태의 편견이 자라고 있다는 사실이다. 이런 경향은 최근 양 민족 간의 관계를 반영하고 있다. 위안부 문제를 비롯해 역사의 진실을 감추고 책임을 은폐하려는 일본 정부에 대해, 한국도 북한도 다 신랄한 비판을 거듭해왔는데, 이로 인해 일본 사회에서 축적된 도리에 맞지 않는 짜증이 젊은이들 입에서 나오는 것으로 보아야 한다. 이런 풍조는 물론 젊은이들의 독창적인 발상이 아니다. 오히려 그들은 "도대체 언제까지 사죄하면 좋은가?"(시마무라 요시노부〔島村由信〕1995년 당시 문부성 장관), "일본은 식민지시기에 조선에 좋은 일도 했다"(에토 다카미〔江藤隆美〕1995년 당시 총무청 장관) 따위 정치인들의 망언으로 상징되는 일본 사회의 분위기를 정직하게 대변하고 있을 뿐이다.

1993년 일본인들이 통학 중이던 조선학교 여학생의 교복인 치마저고리를 찢은 사건이 160건 이상 줄지어 일어났는데, 최근 또 같은 사건이 보고되었다. 올해(1995년) 4월 25일자 『아사히 신문』에는 조선학교의 남학생이 도쿄 이케부쿠로역에서 괴한에게 폭행당해 턱과 팔뼈가 부러지는 중상을 입었다는 기사가 실려 있었다. 이런 폭행을 가할 때 많은 경우 범인은 "조선인 주제에 건방지다"라든가 "조선으로 돌아가라"며 폭언을 퍼붓는 것이 보통이다. 조선학교에는 "일본 우익을 얕보지 말라"든가 "조선인 전부 죽여버리겠다"는 전화가 걸려온다고 한다. 이런 사건의 범인이 검거되었다는 얘기는 들은 적이 없다. 차별에 대항해 스스로 민족을 감추지 않고 살려는 재일조선인 어린이들이 이런 일을 당하지 않을까 걱정스럽다.

이런 상황에서 고립무원인 채 던져진 재일조선인 젊은이들은, 많은 경우 자신이 왜 일본에 태어났는가 하는 역사를 배울 기회도 없이, 조선어와 조선 문화와의 접점도 없이, 원래의 이름을 쓰는 일도 없이, 자신이 조선인인 것을 숨긴 채 살아야 한다. '문화적 대학살'이라고 불러야 할 이러한 사태는 일제시대의 '민족말살정책'(황민화정책)이 재일조선인에게는 현재까지도 계속되고 있음을 말해준다. "먼저 자신의 소외를 의식하지 않는 한 결연히 전진할 수 없다." 알제리 독립투쟁의 사상적 지도자였던 프란츠 파농의 말이다. 재일조선인 젊은이들은 일본 사회에서 차별과 소외로 고통받으면서 그 원인이나 이유를 인식할 기회조차 빼앗기고 있다. 이런 현실에서는 최근 언급되는 일본의 '국제화'라든가 '다문화공생사회'라는 구호는 지극히 공허하게 들릴 뿐 아니라, 오히려 악질스런 기만으로조차 느껴진다.

공생론과 시민사회적 재일론의 문제점

최근 몇 년 동안 일본에서는 '공생'(共生)이란 말이 크게 유행이다. 문화적 다원주의를 교과서적으로 해설하면, 어떤 사회 속에서 소수집단 고유의 문화나 민족적(ethnic) 정체성을 인정하고 존중하는 대등한 공생을 추구하는 것이라고 할 수 있다. '공생'이란 말이 일본에서 빈번하게 사용된 것은 1980년대 이후 일본 자본주의가 국제적으로 전개되고 일본 기업의 다국적화가 진행됨에 따라 일본 사회에 '뉴 커머'(new comer)라고 불리는 다수의 외국인 노동자가 유입된 상황을 반영하고 있다. 그들 대부분은 일반 일본인이 좋아하지 않는 육체노동이나 저임금노동에 종사하며 일본 자본주의를 밑에서 지탱하는 역할을 담당하고 있다. 따라서 일본 사회와 그들 사이에 일어나는 문화 간의 충돌이나 마찰에 대처하는 일은 일본 자본주의를 위한 요청이기도 했다. 폐쇄적이고 자민족중심적인 일본 사회를 다문화적 열린 사회로 바꾸어가는 것은 차별로 고통받아온 재일조선인이 희망하는 바이기도 하며, 그런 의미에서는 공생 그 자체를 비난할 이유가 없다.

그러나 내가 우려하는 바는 그 이념이 끊임없이 속론으로 왜곡되어, 오히려 일본과 조선, 일본 사회와 재일조선인의 관계에 대한 올바른 인식을 방해하는 하나의 수사로 작용한다는 점이다.

일제는 1943년 소위 '대동아회의'를 열어 아시아 제국의 괴뢰 정치인들을 불러모아 침략전쟁을 구미열강으로부터의 해방투쟁인 양 연출한 적이 있는데, 작년 도쿄에서 대대적으로 열린 '아시아 공생의 제전'은 마치 '대동아회의'의 망령이 나타난 듯한 인상을 주었다. 과거에는 '대동아 공영', 현재에는 '아시아 공생'이다. 그러나 그런 명백한 침략의 정당화나 자화자찬의 움직임보다 훨씬 더 경계해야 할 것은 '양심적'이라고 생각되는 일본 사회의 일각에서 나오는 속류의 '공생론'이다.

예를 들면 1995년 1월 28일자 『아사히 신문』의 칼럼에서는 고베대지진

후 히가시고베 조선학교에 약 100명의 일본인이 피난한 사건과 관련해 평상시에는 사귐이 없었는데도 친구같이 도와줘 감사하다는 뜻을 전하며 이렇게 썼다. "천재는 모든 사람에게 동등하게 덮친다. 어떤 격의도 없이 사람들이 서로 돕는 이야기에 마음이 편안해진다." "관동대지진[6] 때 헛소문에 의해 많은 조선인이 살해당한 사건이 생각난다. 격세지감을 느낀다." 공생의 미담을 소개할 의도였겠지만 이건 이상하지 않은가? 이야기가 거꾸로 된 것 아닌가? 1923년 관동대지진 때 일본 관민에게 학살당한 조선인은 6,000명 이상이지만, 일본 정부는 현재까지 이 학살에 대해 사죄는커녕 조사조차 하지 않고 있다. 조선인은 지금까지 일본인을 집단학살한 적이 없다. '격세지감'이란 어떤 의미인가? 이번에 조선인이 일본인에게 인정을 발휘한 것이 일찍이 일본인의 죄업, 그리고 그것을 70년 이상이나 방치하고도 부끄러워할 줄 모르는 죄업을 씻어주었다고 말하고 싶었던 것일까?

이 기사가 진정한 공생을 추구한다면, 이를 기회로 관동대지진의 조선인 학살에 대한 진상규명과 사죄, 관계자 보상의 필요성에 대해 써야 했다. "어떤 격의도 없이"라지만, 일제시대에도 현재도 일본인과 조선인 사이를 가로막아온 것은 일본 사회의 차별이지 그 반대는 아니다. 덧붙여 말하면, 일본인 주민을 도와준 조선학교에 지급된 부흥보조금은 정식 학교가 아니라는 이유

---

6) 1923년 9월 1일 일본 간토(關東) 지방에서 발생한 이 대지진으로 인해 며칠 동안 대화재가 발생하고 일본 중심부가 대혼란에 빠졌다. 당시 일본 정부는 지진이 일어난 직후부터 비상경비에 들어갔던 육군에 정식으로 출병을 요청했고 도쿄 시내 일부와 주변 5개 군(郡)에 부분 계엄령을 내렸다. 그 후 들어선 2차 야마모토 곤베에(山本權兵衛) 내각은 계엄령을 더욱 확대하고 사태가 수습된 후까지도 풀지 않았다. 시민들의 정치적 자유는 심각하게 침해받았고 이 와중에 조선인 폭동설이 조작·유포되어 6,000명 이상의 조선인들과 수많은 일본인 사회주의자들이 무차별 학살당했다 — 옮긴이.

로 일반 학교보다 적었다. 지진으로 집을 잃은 재일조선인이 집을 빌리려고 해도 거절당한 경우가 많았다. 천재를 당한 사람에게조차 차별은 엄연히 존재하고 있는 것이다. 이런 달콤한 '공생론'은 역사의 진실을 흐리고 현실의 모순을 가린다. 오늘의 일본에서 그런 예는 일일이 열거할 수 없을 정도로 많다.

더욱이 문제인 것은 재일조선인 지식인의 일부까지 이런 '공생론'을 합창하고 있는 현실이다. 가령 원래 조총련계 문필가였던 김찬정(金贊汀)은 『재일이라는 감동』(在日という感動)에서 관동대지진 때의 조선인 학살이 반복되지 않기 위해 조선인이 공생의 노력을 하지 않으면 안 된다고 말하고 있다. 재일조선인 1세나 2세는 차별 경험을 가지고 있는 만큼 일본 사회와의 공생을 믿을 수가 없지만, 3세, 4세의 젊은 세대는 일본에서 자라 사회에 융합하고 있는 만큼 '거부반응'이 없다는 것이다. 그러면 그 학살은 조선인이 공생의 노력을 게을리했기 때문에 일어났다는 것인가? 나는 이런 견해를 받아들일 수가 없다. 그 학살은 당시 일본 사회의 상층부부터 서민에까지 침투한 침략주의 이데올로기와 조선인 멸시감이 가져온 것이다.

중국·미국·구소련에 살고 있는 조선 민족의 현지를 찾아 인터뷰를 했다는 김찬정은 각 지역의 동포들은 분명 "이주국에서의 정주를 확고한 사실로 하고 재주국 사람들과의 공생을 모색하는 방향에 있다"며, 현실을 무시하고 일상의 감각과 동떨어진 "관념적 조국지향"이 재일조선인 사회의 미래상을 불투명하게 만들고 "일본 사회와의 공생을 방해해온 것"[7]은 아닌가 묻고 있다. 그러나 진정한 의미에서 공생을 방해해온 것은 누구인가? 재일조선인(특

---

7) 金贊汀, 『在日という感動』, 三五飯, 1994.

히 김찬정 씨와 같은 조선적 사람들)의 재권리를 계속 압박해온 것은 일본 사회·국가 측이 아닌가? 일본은 중국·구소련·미국 등과 같은 나라가 아니다. 이미 서술한 것처럼, 조선인이 일본으로 이주한 이유는 거의가 강제적인 것이었다. 일본은 조선을 식민지배한 구종주국이다. 게다가 그 과거를 극복하기는커녕 제대로 인정하려고도 하지 않는다. 따라서 재일조선인 해방의 문제는 다른 이문화집단들 사이의 공생의 문제이기 이전에 무엇보다도 먼저 '제국주의·식민주의의 극복'이라는 문제이다.

이런 '공생론'과 공명하는 형태로 최근 '시민사회론적 재일론'이라고도 부를 수 있는 견해가 나타나고 있다. 정장연(鄭章淵)의 적확한 표현을 빌리면 이 입장의 특징은 "'민족'을 대신할 재일 사회의 새로운 통합이념으로서 '시민'에 주목하여, 시민사회의 일원이라는 공통된 입장에서 일본인과의 공생을 호소하는"[8] 것이다.

'시민사회론적 재일론'의 대표적 논자인 문경수(文京洙)는 「재일조선인에 있어서의 국민국가」라는 논문에서 다음과 같은 주장을 펼친다. 1950년대 중반부터 1970년대 초에 이르는 일본의 '고도성장'은 재일조선인 사회에도 커다란 변화를 가져왔다. "'민족'이라는 집단의식의 확실한 배양기"였던 조선인 부락은 해체되고 재일조선인의 주거환경이나 생활수준이 개선되자, 재일조선인의 의식은 '신중산층'화하여 사생활을 중시하게 되고 '조국'이나 '민족'이라는 추상적인 대의는 신통력을 잃어버렸다. 이런 변화는 재일조선인의 "민족과 연관된 역사감각 및 가치관"을 해체하고 풍화시켰다. 나아가 문경수

---

8) 鄭章淵, 「〈パックス・エコノミカ〉時代の到來と在日社會」, 『季刊·靑丘』 24號, 靑丘文化社, 1995년 겨울호.

는 재일조선인 구세대의 민족관이나 조국관을 관념적이라고 비판함과 동시에 이런 당위로서의 민족관과 무관하게 새로운 세대가 '시민(혹은 주민)'으로서의 역사감각을 지니게 된 것을 "국민국가의 틀을 날카롭게 묻는 것"[9]이라 상찬한다.

이런 주장은 재일조선인 사회가 직면하고 있는 현실의 한 측면을 반영하고 있다. 또 기성세대와 민족단체의 경직화에 대한 비판으로 귀 기울여야 할 부분이 없는 것도 아니지만, 그 이상으로 다음과 같은 커다란 문제를 안고 있다. 먼저 이런 견해에 공통되는 점은 1세 고유의 민족관이나 조국관이 젊은 세대가 실감하는 현실과 어긋나게 되었다는 주장인데, 실제로는 구세대의 민족관에 대한 비판이라기보다 재일조선인과 민족의 연결 일반을 부정하는 결과가 되어버린 듯하다. 재일조선인은 차별받고 있다고는 해도 일본 사회의 주민임에 틀림없지만, 동시에 그들은 원칙적으로 조선 민족의 일원이다. 고도성장 이후 재일조선인은 그 점을 실감할 수 없게 되었다고 말하지만, '실감'에 대해 말한다면 '지역 주민으로서의 참정권' 등의 문제에 있어 전혀 변화의 조짐이 없는 일본 사회의 배타성이야말로 내가 실감하는 바다.

재일조선인 젊은이들과 대화해보면, '민족이라든가 조국이란 말을 들어도 자신들은 실감이 안 난다'고 말하는 것이 사실이다. 그러나 과연 그 실감에 의거해 재일조선인 사회의 미래상을 논해도 좋을까? 그들의 '실감'이란 원래 일본 국가의 체계적인 민족말살정책(계속되는 황민화정책)이 가져온 것은 아닐까? '시민사회론적 재일론'의 논자들은 이 점을 인식하지 않은 채 제 좁

---

9) 文京洙, 「在日朝鮮人にとっての '國民國家'」, 歷史學硏究會 編, 『國民國家を問う』, 靑木書店, 1994. 이상에서 문경수의 인용은 모두 이 책에서 한 것이다.

은 시야에 들어오는 것만을 실감이라 주장한다. 그러나 시간적으로도 공간적으로도 실감을 초월한 현실이 우리들의 삶을 규정하고 구속하고 있다. 그 현실에 다가가려고 한다면 '실감'에 매몰되기보다 오히려 그것을 비판적으로 검토해야 하지 않을까?

둘째로, '시민사회론적 재일론'에는 일본 사회에 대한 비판이 부족하다. 문경수는 일본의 고도성장이 가져온 변화를 강조하는데, 바로 이 기간에 정치의 우익화, 환경파괴, 가족과 교육의 황폐, 그리고 '안락전체주의'(후지타 쇼조〔藤田省三〕의 개념)의 침투 등이 진행된 것은 많은 논자들이 지적하는 바다. 문경수는 1960년대 이후 일본 사회의 변화를 '시민혁명'이라고까지 부르는데, 오늘날 일본 사회에 자립적 시민이 형성되어 있다고 할 수 있을까? 오히려 시민의 자립성이 착실히 붕괴되어온 것은 아닐까? 시민혁명이란 미국의 독립전쟁이나 프랑스 혁명에 필적하는 변혁을 의미한다. 그러기 위해서 일본은 먼저 현행 헌법의 상징천황제를 폐지하고, 기본적 인권보장을 위해 국적 조항(제11조)을 파기해야 한다. 이런 목표를 위해서 싸우는 자립적 시민이 일본 어디에 존재하는가? 노마 필드(Norma Field)는 "일본은 전후에 인권에 대한 감성이 자라나지 않는 사회, 그런 자본주의를 키워온 것이 아닐까"(『아사히 신문』 1995년 11월 24일자) 묻고 있는데, 여기에 동감하는 이가 나뿐만은 아닐 것이다.

정장연은 "먼저 확인해야 할 것은 재일조선인과 일본인의 공생이 구조적 열세에 놓인 전자와 국가권력을 장악한 후자 사이의 근본적으로 불평등한 공존이라는 점이다"라고 날카롭게 지적하고, 고도성장이 재일조선인의 신중산층화를 촉진시켰다는 문경수의 말을, 재일조선인의 경우 "취업 시 차별이 생존권을 위협하는 기본적 인권 차원의 문제로 제기되는 한, 직장이나 생산현장에서 문제제기는 불가결"하다고 비판한다. 그동안 일본에서는 '회사인간'[10]의 비극이 커다란 사회문제가 되었는데 정장연의 말대로 민족차별 때문에 기업사회에서 배척당하는 재일조선인의 대부분은 "회사인간의 비애 조차도 맛보지 못한 채"[11] 살아가는 것이다.

셋째로, 강조하고 싶은 것은 모든 '시민사회론적 재일론' 및 '공생론'의 시각은 어느 정도로는, 재일조선인의 삶을 규정하는 사회적 모순을 일본 국내의 소수민족으로서의 그것에 한정하고 있다는 점이다. 그러나 현실에서 재일조선인의 삶은 일본뿐만 아니라 (남과 북을 포함해) 본국의 정치 상황에 따라 규정된다.

한일기본조약은 일본 자본주의가 국제적으로 전개되는 시발점이었다고 할 수 있는데, 이 과정에서 이미 서술한 것처럼 재일조선인 사회의 분단이 추진되었다. 조선적의 동포는 오랫동안 무권리 상태를 강요받았으며, 한국 국적의 동포는 한국 군사정권의 관리하에 포섭되었다. 그 시대에 적지 않은 재일조선인이 군사정권에 의해 박해받고 인권과 재산권을 위협받았다. 이는 모두 한국 군사정권과 일본 지배층의 정치적·경제적 동맹 아래 행해진 것이다. 이것이 고도성장과 같은 기간에 진행된 또 하나의 현실이다. 그 현실은 실감할 수 있든 없든 재일조선인의 삶의 조건을 구속하고 있었던 것이다.

말할 것도 없이 전쟁인가 평화인가, 군정인가 민주인가, 종속인가 자주

---

10) 일본 사회에서 전후 1947~1949년에 태어나 서구의 베이비붐 세대에 해당하는 이들을 단카이(團塊) 세대라고 한다. 고도성장과 대량소비를 주도한 이들은 한 회사에 입사해 오직 그 회사만을 위해 살아가는 독특한 전체주의적 감수성을 가지고 있다고 해서 회사인간이라 부르기도 했다. 개인의 가치, 사생활과 가족까지도 회사보다 중요하지 않은 것으로 여기며 긍정적·부정적 관점에서 다양한 분석을 낳기도 했다 ─ 옮긴이.
11) 여기서 정장연 인용은 모두 鄭章淵, 앞의 글.

인가, 분단인가 통일인가, 그런 조선반도의 정치적 현실은 국경을 넘어서 재일조선인의 삶의 조건을 근본적으로 규정한다. 본국에서 어떤 정치가 행해지는가는 재일조선인에게도 사활이 걸린 문제다. 가령 한국 정부가 일제 식민지배의 책임을 얼버무린 한일기본조약에 조인한 일은 재일조선인에 대한 일본 사회의 편견을 바로잡기는커녕, 반대로 편견을 공고히 하고 조장하는 결과를 가져왔다. 그 일이 지금까지 얼마나 재일조선인의 인간적 해방에 방해가 되었는지, 다시 생각해보아야 한다. 재일조선인이 민족과 조국에 관심을 가지고 그 민주적 변혁과 민족통일의 과정에 참가해야 하는 것은, 스스로 운명의 주인이 되고 스스로에게 바람직한 미래를 만들기 위해서다. 김찬정이나 문경수가 주장하는 것 같은 관념적인 '당위'나 '조국지향'을 위해서가 아니다.

재일조선인과 민족

재일조선인은 과연 조선인인가? 그런 물음이 여러 곳에서 제기된다. 실제 거의 대부분의 재일조선인은 조선 민족의 역사에 대해서 일반 일본인과 다르지 않은, 빈약하고 왜곡된 지식밖에 없다. 안중근을 아는 사람은 꽤 있을지 모르지만 김구란 이름을 들은 적이 있다는 사람은 극히 소수이리라. 조선어를 한마디도 못 하는 이들도 많다. 민족학교에서 교육받은 사람들은 조선어를 사용할 수 있지만, 이는 전체의 10퍼센트 정도에 지나지 않고, 그 조선어도 자신의 모어라고 할 수 없다. 젊은이들이 조선의 문화에 대해 알고 있는 것은 김치 등의 음식과 치마저고리 등의 민족의상 정도가 전부다.

재일조선인의 80~90퍼센트는 본명 외에 일본이름을 등록하고, 일상생활에서는 그 이름을 쓰고 있다. 젊은이들의 대부분은 같은 재일조선인보다는 일본인과 결혼한다. 예를 들면 1992년 재일조선인의 혼인 건수가 약 1만 건이었는데, 그 중 일본인과 혼인한 경우가 80퍼센트 이상이었다. 그들 아이의 대부분은 일본 국적을 갖게 될 것이다. 이래도 재일조선인은 조선인, 즉 조선민족의 일원이라고 할 수 있을까?

본국 쪽에서는 이런 사람들은 이미 조선인(한국인)이라고 할 수 없다, 가까운 장래에 일본인이 되어버릴 것이다 하는 주장도 들린다. 재일조선인 사회의 일각에서는 자신들은 이미 '민족'이나 '조국'에 어떤 감정도 없다, 자신이 조선인이라는 데 집착할 생각이 없다는 목소리도 있다. 이런 난문에 간단한 답이란 있을 수 없지만, 무엇보다 이것만은 말해두고 싶다. 앞의 두 주장은 사실 양쪽 다 민족에 관한 고정관념에 묶여 있으며 재일조선인이 역사적으로 강요받아온 기성의 사실 위에서 출발하고 있다고.

"민족이란 언어·지역·경제생활 및 문화의 공통성 속에서 나타나는 심리 상태의 공통성을 기초로 해, 역사적으로 구성된 견고한 공동체다. …… 이들 특징 중 하나라도 부족하면 그만큼 민족은 민족이 아니게 되어버린다." 이것은 민족에 대한 스탈린의 정의이다. 내가 이 정의를 처음으로 접한 것은 1960년대 말 고등학생 때였다. 그때 나는 극히 상반된 느낌에 사로잡혔다.

나는 먼저 이것이 무조건적으로 올바른 정의라고 생각했다. 왜냐하면 조선인은 여기에 열거한 자격조건을 모두 충족시키고 있음에도 불구하고, 일제에 의해 민족으로서 존재하는 것이 부정되어왔으며, 그 결과 자신이 본래 속해 있어야 할 공동체로부터 떨어져 나와 일본에서 재일조선인으로 태어난 것이다. 이런 자격조건을 갖추고 있는 우리 조선인은 누구에게 양보하는 일 없이 당당히 독립을 주장해도 좋을 것이라고 생각했다.

그러나 동시에 나 자신을 도대체 어떻게 규정하면 좋을까 하는 의문도 솟아났다. 나는 민족교육을 받은 적도 없고 모어는 유감스럽게도 일본어다. 살고 있는 곳도 일본의 영역이며 경제적으로도 구석구석까지 일본의 국민경제권 안에 포섭되어 있다. 문화는 어떤가? 나에게 그런 것이 있다고 말할 수 있을까? 그래서 나는 조선인의 민족으로서의 자격을 주장하면 할수록, 스스로는 민족의 틀에서 떨어져나가는 모순에 찢겨졌다. 내가 생각하기에, 이러한 모순은 의식하건 의식하지 않건, 많은 재일조선인 2세에게 공통된 것이다.

이런 모순에 직면했을 때 일반적으로 나타나는 심리적 반응은 두 가지다. 하나는 열심히 '자격'을 갖추려는 방향, 곧 조선어나 조선 문화 등 소위 '민족적 소양'을 익혀 '완전한 조선인'에 한 발자국이라도 가까이 가려는 방향이다. 또 하나는 스스로 자격이 없다는 것을 인정해 자신은 이미 조선인이 아니며 조선인이 될 수도 없다고 생각하고, 민족으로부터 이탈을 모색하는 방향이다.

이 두 가지 심리적 반응이 재일조선인 사회에서 곧잘 일컬어지는 '조국지향'과 '재일지향'의 기저에 놓인 듯하다. 그러나 이들은 서로 대립하는 듯하면서도 실은 하나의 고정관념에 의해 지배되고 있다. 이는 모두가 고정적인 민족을 전제로 놓고 자격의 유무를 따지는 사고방식에 묶여 있는 것이다.

생각해보면, 20세기라는 시대는 제국주의와 식민지배가 지구상의 무수한 사람들을 그들이 본래 속해 있던 자기 공동체로부터 떼어낸 시대였다. 재일조선인이 경험한 모순은 사실 재일조선인뿐만 아니라 '선진 자본주의국'(많은 경우 옛 식민지 종주국)에 사는 '제3세계인'(구식민지인)에게 공통되는 보편적 경험이라고 할 수 있다. 토지(따라서 공동체)·언어·문화, 이런 모든 자격을 박탈당한 후에도, 이들은 계속해서 '우리'다. 그것이 민족의 일반적 정의와 일치하는지 아닌지는 그들의 문제가 아니다. 하나의 집단은 '민족'의 '자격'

이 있기 때문에 저항하는 것이 아니다. 그런 것이 있든 없든 억압당하고 소외당한 현실 때문에 싸우는 것이다. 그리고 그 과정에서 '민족'으로 형성되는 것이다.

우리 재일조선인은 일제 식민지배 때문에 일본에 살게 되었고 고국이 해방을 맞이한 후에도 구종주국에 남겨졌다. 오늘날까지 계속해서 문화적 대학살을 겪고 있었기 때문에, 민족의 일원으로서 갖춰야 할 자격을 상실했다. 그런 우리들이 조선인이 아니란 말인가?

이 모든 문제는 우리들이 다름 아닌 조선인이기 때문에 일어난 것이다. 이 모든 아픔이야말로 우리들이 조선인이라는 증거다. 나는 이렇게 생각한다. 식민화라는 비극적인 형태로 근대를 경험한 우리, 냉전에 의한 분단체제에 끌려 억지로 갈린 우리, 그 때문에 조선반도의 남북과 일본을 비롯한 세계 각국에 이산해 있는 우리. 이런 '우리'야말로 그 공통의 역사적 경험 때문에 같은 조선인인 것이다.

재일조선인의 경험은 조선인 전체의 역사적 경험을 이루는 중요한 한 부분이다. 재일조선인이 스스로 경험한 차별이나 소외의 원인을 깊이 파악하여 그에 저항하는 과정 속에서 자기를 표명해간다면, 그 투쟁은 탈식민화와 분단의 극복이라는 과정 속에서 투쟁해온, 본국이나 다른 지역의 동포들과 서로 연결될 것이다. 왜냐하면 그것은 제국주의와 식민주의가 우리들에게 희생을 강요한, 이 근대라는 시대를 통째로 극복하려는 공동의 투쟁이기 때문이다. 이러한 커다란 공동의 투쟁을 추진해가는 과정에서, 우리는 순혈(純血)주의·복고주의·배외주의·대민족주의 등 민족관의 여러 고정관념으로부터 스스로를 해방시키고, 그 대안으로 우리 자신의 신선한 민족관을 만들어내지 않으면 안 된다. 그렇지 않으면 우리들을 몇 개의 단편으로 분열시키려는 힘에 대항할 수 없다.

어느 재일조선인의 꿈

지면이 다 찼기 때문에, 내 꿈을 소개하는 것으로 맺음말을 대신하고자 한다.
1984년 전두환이 일본에 와서 천황 히로히토와 회견했을 때, 그 광경을 텔레
비전으로 본 재일조선인 소년이 일본 신문에 투고를 했다. 자신이 조선인임
을 학교 친구들에게도 숨기고 위축되어 살고 있던 소년은 전두환의 "당당한
모습"을 보고, 자기도 당당하게 살아갈 용기를 얻었다는 내용이었다. 그 투서
를 읽고 나는 복잡한 마음에 한숨을 쉬었다.

　일본 사회는 그 재일조선인 소년의 모든 존재를 부정하는 시스템이라고
할 수 있다. 그 시스템 속에서 고립되어 있던 열두 살 소년이 처음으로 자기긍
정의 계기를 갖게 된 것이다. 그러나 어쩌면 당연히도, 소년은 전두환이 어떤
인물인지 몰랐다. 소년은 전두환에 의해 대표되는 사람들에 속해 있는 것이
아니라, 그들에 의해 구타당하고 투옥되고 죽임당한 사람들에 속해 있다. 그
것이 조선인인 것이다. 그러나 이를 인식하는 것은 간단하지 않다. 그 소년은
그후 어떻게 살고 있을까? 당당하게 살고 있을까?

　그 소년이 부산에서 신의주까지 무전여행을 하고 백두산과 지리산을 오
르고 자유롭게 마음가는 대로 선조의 땅을 걸어다닐 수 있는 날, 총이나 탱크
가 제거되어 야생 새들의 낙원이 된 옛 군사경계선에서 본국에서 자란 사촌
형제들과 함께 야영을 즐기는 날, 길고 길었던 억압과 분단의 시대에 인간으
로서의 존엄을 관철하여 투쟁한 삼촌과 이모의 얘기에 귀를 기울이는 날…….
이것이 그때 내 가슴에 떠오른 꿈이다. 그로부터 12년이 지났다. 우리들은 조

금이라도 이 꿈에 가까이 갔다고 말할 수 있을까?

꿈은 누군가가 부여해주거나 실현시켜주는 것이 아니다. 스스로 그 실현을 향해서 조금씩 나아가는 것이다. 그러기 위해서 재일조선인은 무엇을 할 수 있을까?

재일조선인은 8·15 해방 이전은 물론 해방 후에도 단 한번도 스스로 제 운명의 주인이 된 적이 없었다. 일본에서 참정권을 갖지 못하는 것은 이미 서술한 바와 같고, 본국에서의 참정권도 없는 실정이다. 반세기 동안 모든 의견 표명과 정치 참여의 길이 막힌 채 살고 있는 민족 집단도 많지는 않을 것이다. 일본에서 참정권을 요구하는 움직임은 재일조선인의 '동화'(나는 '일본국민화'라고 부른다)를 촉진할 위험이 있다고 경계하는 목소리가 있는데, 설령 그렇다 하더라도, 그렇다고 해서 의견 표명과 정치 참여에 대한 요구를 품어서는 안 된다는 주장은 설득력이 없다.

내가 이 글에서 강조해온 점은 재일조선인의 운명은 본국 동포를 비롯한 조선인 전체의 운명과 연결되어 있다는 것이다. 본국에 자주와 독립, 평화와 민주주의가 확립되지 않으면 재일조선인의 인간적 해방도 바랄 수 없다. 그렇다면 재일조선인이 자기 운명의 주인이 되기 위해서는, 본국에 대한 의견 표명과 정치 참여의 길을 열어야 하는 것은 당연하며, 이는 일본에서 참정권을 획득하는 것보다도 중요하다고 생각한다. 국제법상 어려운 문제가 있을지라도 기본적으로 일본과 본국 양쪽의 참정권을 획득해가는 것이 정당하다는 것이 내 입장이다. 그런 의미에서 한국에서 '재일국민의 참정권을 회복하기 위한 시민연대 준비위원회'가 결성되었다는 뉴스(『한겨레21』, 1996년 2월 15일자)는 주목할 가치가 있다.

그러나 여기에도 문제가 없을 수 없다. 징병이나 납세 등 '국민의 의무'

관계를 어떻게 조정하는가의 문제도 어렵지만, 더 본질적인 문제는 현상태에서 본국 참정권은 한국 국적 보유를 전제로 하는 재일조선인의 '한국민화'를 의미한다는 것이다. 이미 서술한 것처럼 재일조선인은 한국 국적, 조선적, 일본 국적으로 나눌 수 없다. 그렇게 나누어서도 안 된다. 이 문제가 해결되지 않는다면 본국 참정권의 시도는 재일조선인 사회를 또다시 분단하게 될 것이다.

여기서 우리는 또 민족분단의 현실에 직면하여 그것이 얼마나 심각하게 우리들 한 사람 한 사람의 해방을 저해하고 있는지 뼈저리게 느끼게 된다. 우리 재일조선인은 '분단모순'(백낙청의 개념)에 의해 존재를 규정당한다. 결국 분단을 극복하고 민족 성원 대다수의 희망과 이익에 대응하는 형태로 민족통일을 실현하는 과정에 주체적이며 공공연하고 광범위하게 참여함으로써, 그렇게 함으로써만 재일조선인은 자기를 해방시킬 수 있을 것이다.

여기서 나의 가슴에는 또 하나의 꿈이 떠오른다.

예를 들면 팔레스타인민족평의회(Palestine National Council)같이 세계 곳곳으로 이산한 조선인들의 대표가 한 자리에서 만나는 최고의결기관에 대한 꿈은 어떨까? 그 기관은 모든 조선인의 존엄과 이해에 관계되는 가장 중요한 사항을 의결한다. 대의원은 각 지역에서 민주적으로 선출된다. 의석의 반수는 여성에게 보장한다. 세계의 여러 지역으로부터 여러 국적의 여권을 가진 대의원들이 모인다. 조선어는 물론 일본어·중국어·러시아어·영어도 공식 의사진행 언어로 인정한다. 곧 여기서는 인종이나 혈통은 물론 국적·언어·문화에 관계없이 조선 민족의 고난의 역사를 공유하고 거기서 스스로의 정체성을 갖고 스스로 조선인임을 인정하는 사람이 모두 대등한 자격으로 새로운 우리나라의 건설에 참여할 수 있다. 곧 여기서는 가장 민족적인 것이 동시에 가장 다문화적이며, 가장 다문화적인 것이 가장 민족적이라는 관계가 성립하는 것이다. 그때쯤 청년이 되었을 그 재일조선인 소년은, 전두환 같은 이가 아닌 진정한 민족대표를 선출하기 위해 그의 조부모와 부모에게는 마지막까지 인연이 없었던 투표권을 처음으로 행사하게 될 테다. 그때 비로소 그는 우리나라의 당당한 일원이 되는 것이다.

　이것은 한 재일조선인이 꾸는 꿈이다. 그 멀고 먼 꿈을 향해 조금씩 조금씩 다가갈 작정이다._1995년 12월 발표

에스닉 마이너리티인가 네이션인가

국민국가와 민족주의 비판을 넘어서

나는 처음부터 '일본의 소수자'라는 주제로 보고하는 데 저항감을 갖고 있었다. 그것은 도대체 누가 누구를 어떤 장소에서 '정의'내릴 것인가 하는 문제, 말하자면 '자기-정의의 권리'와 관련된 저항감이었다고 할 수 있을 것이다. "타자를 일방적으로 분류·규정하는 행위는 분류하는 쪽에 '보편'·'권위'·'정당성'의 위치를 부여하여 권력을 장악하게끔 만든다"[1]고 생각하기 때문이다.

이와 관련해서 최근 매우 우려되는 것은 '다시 생각하는 제국(帝國)'이라는 담론의 흐름이 일본 학계에 모습을 드러냈다는 점이다.

오늘날만큼, 민족자결의 이념과 이데올로기가 무질서하게 신봉되는 나머지,

---

1) 鄭暎惠,「アイデンティティを越えて」,『差別と共生の社會學: 岩波講座·現代社會學 15』, 岩波書店, 1996.

국민국가가 우후죽순으로 생겨나 새로운 국제환경이나 질서의 청사진을 그려내기 어려운 시대도 없다. 그래서 (⋯⋯) '제국'의 경험과 시행착오를 되돌아보는 데 의미가 있다.[2]

이러한 어조는 구조적으로 발언자 자신을 아무런 의심 없이 '보편'·'권위'·'질서'의 위치에 놓는 것이며, '제국'의 멍에로부터 해방되어 스스로를 '주권자＝국민'으로 형성하고자 하는 사람들을 무질서한 '야만족'이라고 '정의' 내리는 것이다. 온갖 민족 분쟁에는 제각기 고유한 역사적 문맥이 있고, 분쟁의 해결 과정에서는 무엇보다도 당사자의 주도권이 존중되어야 한다. '민족자결의 이념' 일반에 대해서 세계평화나 국제질서를 교란시키는 악역을 떠맡기려는 듯한 자세는 염려스럽다.

또한 위의 논자는 어떤 대담에서 "제국이라고 하면, 바로 지배계급과 지배민족, 민족과 계급이 대응되는 듯 생각하기 쉽습니다만, 결코 그렇지 않습니다. 오히려 그것을 넘어서는 장치를 갖고 있죠. (⋯⋯) 일본에 대해서도 마찬가지로 말할 수 있습니다. 대일본제국이 조선을 병합했다고 하는, 비판받아야 할 문제는 별도로 논의해야겠지만 말입니다"[3]라고 말한다. 그가 말하는 장치란 "제국이 갖고 있던 민족성을 초월한 듯한, 일종의 능력본위주의 혹은 업적주의"를 가리킨다. 그러나 지배민족이 자기에게 유익한 한도 내에서 피지배민족의 일부를 등용하는 장치는 차별구조를 넘어서는 것이 아니라 그것

---

2) 山內昌之, 「結び 帝國ふたたび」, 山內昌之·增田一夫·村田雄二郎 編, 『帝國とは何か』, 岩波書店, 1997.
3) 山內昌之·大澤眞幸 對談, 「世界帝國と民族幻想」, 『大航海』 15號, 新書館, 1997년 4월호.

을 더욱 교묘하게 다듬는 장치와 다름없지 않을까?

'대일본제국'의 지배 아래서 '에스니시티'(ethnicity)로서의 조선인이 어떤 지위에 놓여졌던가에 대해서는 새삼 부연할 필요조차 없을 것이다. 한 가지 사례만 들자면, 조선총독부가 간행한 『새로운 조선』(新しき朝鮮)이라는 소책자는 이렇게 말하고 있다.

'야마토(大和) 민족'과 함께 '대동아(大東亞)의 중핵(中核)'이 될 '영광스러운 자격과 지위'는 "하루아침에 모두에게 부여될 그런 값싸고 손쉬운 것이 아님을 조선 동포는 명심해두어야 한다. (……) 그러면 2,800만 조선 동포는 언제 야마토 민족과 동일해질 것인가? 한마디로 조선 동포 스스로가 완전히 황국신민(皇國臣民)이 될 때, 바로 그때다. 지금이 그러기에 가장 좋은 때다. 즉 이 대동아전쟁을 어떻게 끝까지 싸워내 모든 것을 천황과 국가[君國]에 바칠 것이냐가 시금석이다."[4]

'대일본제국'은 대외적으로 일본 국적에 의해 조선인을 '일본 신민'의 지위에 묶어놓으면서도, 대내적으로는 조선 호적에 의해 내지의 일본인, 즉 '야마토 민족'과의 차별을 관철시켰다. 어떤 이는 이 간지(奸智)로 가득 찬 구속과 배척의 시스템을 가리켜 적절하게도 "'일본인'이라는 감옥"[5]이라 표현한다.

재일조선인 문제에 관한 한, 구종주국인인 일본인 또한 역사적·현재적으로 당사자이다. 그런 만큼 일본인은 더더욱 '말하는 위치의 정치학'[6]에 민감

---

4) 朝鮮總督府情報課, 『新しき朝鮮』, 1944년 4월호.
5) 小熊英二, 「'日本人'という牢獄」, 『情況』, 1997년 4월호.
6) 일본의 아랍어문학자 오카 마리(岡眞理)의 개념이다.

해야 할 것이다.

재일조선인의 현재

1945년 8월 15일, 일본의 패전을 맞아 조선인의 압도적 다수가 "'일본인' 이라는 감옥"으로부터 해방된 것을 기뻐하며 스스로 경영할 독립국가를 수립하여 그 주권자가 되기를 바란 것은 너무도 당연했다. 그런데 조선반도의 남북분단이라는 사태, 이른바 '분단체제'[7]의 출현이 조선인의 이러한 지향을 크게 제한하고 왜곡했던 것은 말할 필요도 없을 것이다.

　나는 재일조선인을, '일제 식민지배의 역사적 결과로 구종주국인 일본에 거주하게 된 조선인과 그 자손이라고 규정한다. 재일조선인이 ① '에스니시티' 일반과는 달리, 본국을 가진 정주(定住)외국인이라는 점, ② '이민과 그 자손' 일반과는 달리, 그 정주지(定住地)가 다름 아닌 구종주국이라는 점, 이 두 가지를 명확히 하기 위해서 이렇게 규정지은 것이다. 덧붙여 재일조선인은 ③ 본국이 남북으로 분단되어 있고, ④그 본국(특히 북한)과 일본이 분단되어 있는, 횡적으로도 종적으로도 분단된 존재이며, 그러한 분단선(分斷線)을 개개인의 내부에까지 보듬어 안아야 했던 존재라고 할 수 있을 것이다.

---

7) 백낙청, 『분단체제 변혁의 공부길』, 창작과비평사, 1994; 『흔들리는 분단체제』, 창작과비평사, 1998 참조.

소멸해가는(?) 재일조선인: 생활과 의식

1995년 말 현재, 일본 내에 외국인등록을 하고 있는 외국인은 136만 2,317명인데, 그 중 '한국 국적·조선적' 외국인은 66만 6,376명(48.9퍼센트)이다. 일본 국적으로 귀화하는 한국 국적·조선적 외국인 수는 90년대에 들어 급증하고 있으며, 1995년에는 처음으로 연간 1만 명을 넘어 1만 327명에 이르렀다. 귀화 제도가 시작된 1952년부터 지금까지의 귀화자는 모두 20만 명 정도다. 더욱이 1985년부터 일본 국적법이 부모 양계주의(兩系主義)로 개정된 결과, 한국 국적·조선적 외국인의 아버지와 일본인 어머니 사이에 출생한 자식들이 일본 국적을 취득하게 되었다. 이런 사정 때문에 한국 국적·조선적 외국인 인구는 연평균 5,500명씩 감소해 가고 있다.[8] 10년 후의 한국 국적·조선적 외국인 수는 48만 4,300명으로, 20년 후에는 30만 6,000명으로 감소하리라는 추정치도 나와 있다.

이처럼 한국 국적·조선적 외국인 수가 감소 경향을 보이고 있는 게 사실이지만, 이런 경향을 만들어낸 원인인 일본과 본국의 정치적·사회적 상황이 앞으로도 달라지지 말라는 법은 없다. 또 약간 차원이 다른 이야기겠지만, 설령 최후의 한국 국적·조선적 외국인이 죽어버린 뒤일지라도 일본 사회에서 재일조선인은 살아남을 수 있을 것이다. 왜냐하면 재일조선인은 근대 일본의 출생의 비밀과 관련된 존재, 곧 일본이라는 '네이션'(nation) 자체의 그림자이기 때문이다. 그렇다면 일본이라는 네이션이 최종적으로 해체되지 않는 한, 재일조선인은—그 내실이야 다양하게 변용된다 할지라도—끊임없이 만

---

8) 金敬得, 『在日コリアンのアイデンティティと法的地位』, 明石書店, 1995 참조.

들어지고 스스로 태어나기도 할 것이다.

재일조선인의 생활 실태와 그 의식에 관한 조사가 충분히 이루어졌다고
는 말할 수 없다. 그래서 여러 가지 유보조건을 달 필요가 있는, 매우 제한된
조사를 토대로 해서 억측(臆測)을 덧붙인 논의가 오가는 실정이다. 여기서는
비교적 최근에 이루어진 두 가지 조사부터 간단히 소개하겠다.

우선 1991년에 교토·오사카·고베를 중심으로 실시되었던 취업실태조사
부터 보자.[9] 취업 가능 연령자 2,000명을 대상으로 한 설문에 365명이 응답
을 보내왔다고 한다. 거기에 따르면 '자영'과 '피고용'의 비율은 거의 4대6인
데, 1985년도 인구조사에서 오사카부의 자영 비율이 13.7퍼센트인 것을 감
안할 때, 자영업의 비율이 현격히 높다는 것을 알 수 있다. 또 취직 때 차별을
당한 경험이 있다고 응답한 사람이 40퍼센트. 취직한 사람 중에서 이른바 연
고(緣故) 취직이 55.6퍼센트, 학교 등의 소개로 취직한 경우는 14.9퍼센트에
불과하고, 약 반수는 같은 재일조선인이 경영하는 기업에서 일하고 있다.

다음은 1993년에 실시된 조사[10]인데, 모집단을 18∼30세의 일본 태생
한국 국적자로 제한하고 재일한국청년회(민단의 산하단체)가 보유한 명부를
토대로 무작위 추출한 것이다. 조사대상자 수는 1,723명, 응답자 수는 800명
이다. 이 조사에서도 아버지의 직업 중 70퍼센트 이상이 영세 기업이나 자영
업이고 일반 기업 종업자는 20퍼센트 미만으로 나와, 아버지 세대의 "일본 노
동시장의 압도적인 폐쇄성"을 지적하고 있다. 조사대상자 본인의 직업은 일

9) 在日高麗勞働者連盟, 『在日朝鮮人の就勞實態調査─大阪を中心に』, 新幹社, 1992. (재일고려노동
   자연맹은 오사카 지역 재일교포 노동자의 노동조건과 민족적 권리의 개선을 위해 1983년에 결성된
   조직으로, 재일동포노동문제연구회(1979년 창립)를 그 전신으로 한다─옮긴이.)
10) 福岡安則·金明秀, 『在日韓國人靑年の生活と意識』, 東京大學出版會 1997.

반 기업 종업자가 60퍼센트를 넘어, "부모 세대의 극단적으로 억압된 상황에 비하면 개선된 방향"으로 나아가고 있지만, 이 중 약 25퍼센트가 재일동포 기업에 근무한다는 사실에 주의해야 한다.

위의 두 조사를 종합할 때 드러나는 것은, 다소 개선되었다고는 해도 여전히 잔존하는, 재일조선인에 대한 일본 사회의 견고한 차별구조라고 할 수 있다.

그런데 두번째 조사에 의하면, 민족학교 등에서 민족교육을 받은 적이 있는 사람은 10퍼센트 이하, 모국어를 전혀 읽지 못하는 사람이 약 70퍼센트, 민족차별을 당한 적이 있다고 응답한 사람은 약 40퍼센트, 과거에 민족적 열등감을 느낀 적이 있다고 응답한 사람은 약 60퍼센트, 일상생활에서 일본식 이름을 사용하고 있는 사람은 약 80퍼센트이다. 또 '애착'을 느끼는 대상으로서 일본을 든 사람이 약 70퍼센트, 재일동포 사회를 든 사람이 약 50퍼센트, 한국은 약 40퍼센트, 통일된 조국이 20퍼센트, 북한이 10퍼센트 미만으로 나타난다.

이러한 조사 결과에 근거해 조사자들은 "전체적인 경향으로서 모국·조국에 대한 애착이 희박해지고 일본 사회에 대한 애착이 널리 공유되기에 이르렀다. (······) 서로의 차이를 긍정적으로 인정하는 접촉 관계를 원리로 공생 관계를 구축하는 것이 바람직하다"[11]고 결론내리고 있다.

이 조사가 귀중한 노작(勞作)이자 부분적으로나마 재일조선인이 처한 현실을 반영한 것임을 인정하면서, 몇 가지 의문점에 대해 언급하고자 한다. 우

---

11) 福岡安則·金明秀, 앞의 책.

선 '차별'에 대해서인데, 피차별자가 자신의 피차별 체험을 표명하는 것은 쉬운일이 아니라는 문제가 있다. 피차별자에게는 자기가 당한 차별을 차별로 자각하는 것조차 회피하려는 심리가 작용한다. 왜냐하면 일본 사회에서는 차별이 도덕적으로 악(惡)하다는 판단과는 다른 차원에서, 피차별자는 약자이고 패자라는 가치관이 피차별자 자신에게까지 침투해 있기 때문이다. 그렇기 때문에 피차별자는 최대한의 자기방어로서 피차별 체험을 의식으로부터 지워버리려 한다. 그러한 심리에까지 파고들어가려면 이런 식의 사회학적 조사로는 한계가 있을 수밖에 없다.

'애착'을 느끼는 대상이 '일본'이라는 조사결과도 정말 믿을 수 있는 것일까? 누구나 자기가 태어나고 자란 지역이나 입에 맞는 음식, 친근한 벗에 어느 정도 애착을 품을 테지만, 그것이 과연 '일본'에 대한 애착일까? 민족교육을 받을 기회가 없는 압도적 다수의 재일조선인 청년에게 본국의 이미지는 일반 일본인 청년에게와 마찬가지로 막연할 뿐만 아니라 종종 잘못된 것들이다. 그들을 그런 현실에 얽어매는 조건들을 고려하지 않은 채 "모국·조국에 대한 애착이 희박해지고 일본 사회에 대한 애착이 널리 공유되기에 이르고 있다"고 결론 내려, 재일조선인이 일본 국가의 틀 속에서 에스닉 마이너리티가 되어가는 추세를 마치 필연적이고 자연스런 일인 듯 묘사하는 것은 너무도 단순화된 논의다.

재일조선인은 어떻게 '우리'라는 의식을 보존하고 재생산해갈 수 있을까? 거기에는 적어도 다음과 같은 요인들이 복합적으로 작용하고 있을 것이다. 즉 ① 역사의 긴 그림자, ② 파편화된 채로 아직 조금 남아 있는 '문화', ③ 본국(한국, 북한)과의 교류, ④ 본국에 의한 구속, ⑤ 거주국(일본)의 동화(同化) 및 배제 압력, ⑥ 본국-거주국 관계의 영향 등이 그것이다.

여기서 ①과 ②는 대개 '과거'의 투영이라고 할 수 있다. 그래도 통상 이야기하는 것보다는 훨씬 긴 그림자를 드리울 것이라는 게 내 생각이지만 말이다. 한편 ③부터 ⑥까지의 요인은 현재적인 것으로, 지금 이 순간에도 시시각각 재일조선인의 생활과 의식을 규정하는 요소들이다. 그런데 많은 논자들은 ①과 ②에만 주목할 뿐, ③부터 ⑥까지의 요인은 간과하거나 무시하는 경우가 많다. 그러한 사고구조, 즉 재일조선인을 일본이라는 한 국가의 틀 속에서 정태적으로 파악하는 사고구조가 '재일조선인＝에스닉 마이너리티' 론의 공통점이라고 여겨진다.

뒤얽힌 정체성

식민지배에서 해방된 지 50년도 더 지난 오늘날, 재일조선인의 정체성은 점점 뒤얽히고 있는 것이 사실이다(**그림 1** 참조). 재일조선인 가운데 **그림 1**의 A(본국지향)에서 C(일본지향), 혹은 A에서 B(재일지향), B에서 C의 방향을 지향하는 경향이 서서히 증대하고 있음은 부정할 수 없다.

하지만 그런 경향은 여러 조건들, 즉 ①본국의 분단, ②본국과 재일의 분단, ③일본 사회의 동화 및 배제 압력, 나아가 ④본국과 일본의 경제 상태, ⑤본국 사회의 민주화 정도, 그리고 ⑥ '사는 보람'이나 '마음의 평안'이라는 도저히 계량화할 수 없는 정신적인 요소까지도 포함하는 조건들이 복합적으로 구성하는 전체적인 구조에 의해 만들어지는 것이지, 원칙적으로 필연적인 일도 불가피한 일도 아닐 것이다.

일반적으로 보더라도, 나치에 의해 시민권을 박탈당하고 추방된 독일의 동화 유대인 같은 사례가 있고, 반대로 명말청초(明末清初) 이래 십몇 세대에

그림 1　재일조선인의 뒤얽힌 정체성

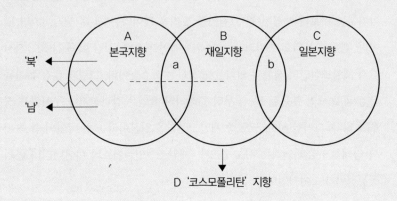

A: 본국지향(네이션을 지향)

　단 에스니시티(통일조선)를 지향하는 층과 네이션을 지향하는 층이 중층적으로 혼재

　네이션 지향은 조선민주주의인민공화국과 대한민국으로 대상이 분열

a: 재일조선인 공동체(민족학교, 민족단체, 민족계 기업 등)를 향한 귀속의식이 중심

B: 재일지향(에스니시티를 지향)

　한국 국적·조선적을 포기하지 않지만, 일본 사회의 시민이나 지역주민을 지향

b: 일본 국적을 취득, 조선계 일본인을 지향

C: 일본지향(반대 방향에서 네이션을 지향)

　일본 국적 취득자. 귀화를 통해 일본 국민화를 지향.

　단, 자신의 의사와는 관계 없이 일본 국적에 편입된 사람들(귀화자의 자손이나, 국적법 개정 이후에 부모 중 한 명만이 조선인인 가정에서 출생해 태어나면서부터 일본 국적을 가진 사람들)은 이 그룹에 넣을 수 없다.

| 주의할 점 |

1. 이 그림에는 성차(性差, gender)나 계급 등 재일조선인의 정체성 형성에 작용하는 다른 요인은 반영시키지 못했다.

2. 이 그림을 고정적으로 파악해서는 안 된다. 집단으로서만이 아니라 개개인의 내면에 있어서도 A에서 D에 이르는 지향성이 중층화하여 갈등을 빚고 있으며, 또 이는 정치적·사회적 조건들의 변화에 대응하여 크게 달라질 수 있다.

걸쳐 숨죽여 살면서 본래의 언어나 풍습을 거의 다 상실했으면서도, 중국의 소수 민족 우대정책을 접하자 스스로 '조선족'이라고 이름 붙인 중국 허페이성 사람들 같은 사례도 있다. 1950년대 말 북한으로의 귀국운동이나, 1960년대 말 이후의, 친족 방문·유학·취직 등 여러 동기에서 이루어진 대한민국으로의 귀국 동향도, 이러한 정체성 형성의 '하부구조'를 이루는 조건들에 의해 규정되고 있었다고 생각된다.

만일 본국이 분단되지 않았더라면, 재일조선인과 본국의 자유롭고 광범위한 왕래와 교류가 가능했다면, 또 일본 사회에서 '민족교육'을 비롯한 권리들이 보장되어 있었더라면, 재일조선인의 생활과 의식이 오늘날 같지는 않았을 것이다. 따라서 오늘날 재일조선인의 정체성이 뒤얽힌 것을 마치 고정된 사실인 양, 또는 한 방향으로만 움직이게 마련인 양 파악해서는 안 된다. 오히려 재일조선인 스스로 자신의 인간적인 해방을 위해 바람직한 방향을 모색하고 이를 위해 조건들을 변혁하는 데 주체적으로 동참할 수 있으리라.

에스닉 마이너리티인가 네이션인가

'에스니시티'와 '네이션'에 관해 무수한 논의가 거듭 확대재생산되고 있음에도 불구하고 그 개념 규정은 결코 명확하지 않다. 여기서 나는 우선 다음과 같은 정의를 염두에 두고 논의를 진전시키고자 한다.

'네이션'과 '에스닉 그룹'은 전자가 그 자신의 '국민국가'를 가지거나 그 획득을 목표로 한 독립운동에 관여하는 데 반해, 후자는 기존 국민국가 속에서 운동하고 이익을 추구하는 점에서 다르다. (……) '에스니시티'는 19세기 국민국가를 상대화하는 움직임으로서 논의되는 경우가 있다. 그러나 (……)
에스니시티와 국민국가는 대립할 뿐만 아니라 병립하기도 하고 때로는 공모
(共謀)하는 관계에 있다.[12]

재일론 비판

1970년대 후반 이후, 재일조선인들 사이에서 '본국 귀국을 전제로 한 조국지
향'을 부정하고, '일본 정주를 전제로 한 재일지향'을 주장하는 논조가 여러
형태로 거론되었다. 이런 논의를 통틀어 '재일론'(在日論)이라고 하는데, 이들
은 대개 재일조선인의 미래상을 '네이션'이 아니라 '에스니시티'로 묘사해내
려 한다. 그러나 이런 논의에는 에스니시티 개념 자체를 비판적으로 검토하
는 시각이 부족하다는 것이 내 생각이다.

'재일론'은 대부분 문화적 다원주의 이론을 빌려서, 일본 사회에서 재일
조선인과 일본인의 공생을 강조한다. '공생'이라는 말이 일본에서 빈번히 사
용된 것은 1980년대 중반 이후일 것이다. 이 사실은 일본 기업의 다국적화가
진행되어 일본 기업이 해외(특히 아시아)에서 활동 거점을 늘리는 동시에, 일
본 사회로 다수의 외국인 노동자가 유입되게 된 시대 상황을 반영하고 있다.
다른 문화와의 충돌이나 마찰에 대처하는 것은 일본 자본주의 자신을 위한
요청이기도 했다.

1985년 '국제화'를 제창한 나카소네 야스히로(中曾根康弘) 총리는, 그와

---

12) 佐藤成基, 「ネーション・ナショナリズム・エスニシティ」, 『思想』, 岩波書店, 1995년 8월호.

동시에 "국민국가는 오욕(汚辱)을 버리고 영광을 찾아나간다"고 발언했는데, 이 두 가지 노선은 그에게 결코 모순되는 것이 아니었다. 이는 오히려 자본과 정보의 국제화라는 문맥을 따라 '외압'과 자본의 요청에 부응하여, 종래의 단일민족국가 이데올로기에 최소한도로 수정을 가하면서 다문화주의적으로 디자인한 새로운 국가주의를 수립하려 한 노선이며, 오자와 이치로(小澤一郎)식의 '보통국가' 론과도 연결되는 것이라고 볼 수 있다. 비유하자면 전후 40년이 지난 일본은 다시 과거의 '다민족 제국'의 기억을 불러일으키기 시작했다고 할 것이다. 이리하여 '공생'이라는 용어는 마치 동상이몽(同床異夢)처럼 시민 측도 국가·정부 측도 빈번히 사용하는 말이 되었다. 전후 50년에 해당하는 1995년 일본 정부가 주최해 대대적인 '아시아 공생의 제전'이 열렸는데, 이를 두고 아시아 각국에서 1943년 '대동아회의' 의 재연이라고 비판하는 여론이 높았던 것은 매우 상징적이다.

이른바 '시민사회적 재일론' 은 " '민족' 을 대신할 재일 사회의 새로운 통합이념으로서 '시민'에 주목하여, 시민사회의 일원이라는 공통된 입장에서 일본인과의 공생을 호소하는"[13] 것이다. 이 재일론의 대표적인 주장은 대략 다음과 같은 논지로 되어 있다.

1950년대 중반부터 70년대 초에 걸친 일본 사회의 '고도성장'은 재일조선인 사회에도 거대한 변화를 가져왔다. " '민족' 이라는 집단의식의 확실한 배양기"였던 조선인 부락은 해체되고 주거환경이나 생활수준이 개선되자, 재일조선인의 의식은 신중산층화하여 '조국' 이나 '민족'이라는 '추상적인 대의

---

13) 鄭章淵, 앞의 글. 이 책 135쪽 참조.

는 신통력을 잃어버렸다. 이러한 변화는 재일조선인의 "민족과 연관된 역사감각 및 가치관"을 해체하고 풍화시켰다. 이리하여 재일조선인 구세대의 관념적인 '당위'로서의 민족관과 무관한 새로운 세대의 '시민(혹은 주민)'으로서의 역사감각이 대두하고 있다. 이는 "국민국가의 틀을 날카롭게 묻는" 것이다.[14]

이러한 논지의 주장에 대해서 나는 이미 나름의 비판을 가한 적이 있는데,[15] 여기서는 그 요점만 간단히 언급하겠다.

첫째로 이 재일론은 "한 세대의 민족관이나 조국관"이 젊은 세대가 '실감'하는 바와 맞지 않는다고 주장하는데, 바로 그 '실감'의 유래를 검증하여 비판적으로 검토하지 않으면, 그런 주장은 단순한 현상의 추인(追認)에 불과하다. 둘째로 이 주장에서 역설하는 고도성장이 재일조선인에게 초래한 변화에 대해 언급하자면, 고도성장에 대한 비판적 관점이 너무 취약해 보인다. 과연 고도성장으로 일본 사회에 자립적인 시민이 착실하게 형성되어왔다고 말할 수 있을까? 오히려 노동자 계급이 기업으로 포섭되면서 시민의 자립성은 착실히 붕괴되어왔다고 할 수 있지 않을까? 그러므로 "먼저 확인해야 할 것은 재일조선인과 일본인의 공생이 바로 구조적 열세에 놓인 전자와 국가권력을 장악한 후자 사이의 근본적으로 불평등한 공존이라는 점이다. (……) 대다수 재일조선인은 '회사인간'의 비애마저도 맛보지 못한 채 살아가는 것이다"[16]라는 비판이 더 설득력이 있다.

---

14) 文京洙, 앞의 글.
15) 徐京植, 『分斷を生きる』, 影書房, 1997. 이 책 136~139쪽 참조.
16) 鄭章淵, 앞의 글. 이 책 137~138쪽 참조.

아래 글은 '시민사회적 재일론'이 말하는 '실감'과는 차이를 보이는, 영세한 가내공업에 묶인 어느 재일조선인 여성의 실감을 전해준다.

재일동포가 경영하는 헵번 샌들,[17] 가죽·고무 가공, 철공 등의 영세 가내공장에서 일하는 여성은 충분히 보호받고 있을까? 하루종일 기계를 돌리지 않으면 일이 안 되고 총동원된 가족 중 누군가 쉬면 다른 가족이 그만큼 노동해야 하는 노동조건 아래서는, 누가 고용주이고 누가 피고용자인가는 문제가 안 된다. (……) 사무직 여성이 된 동창이 번듯하게 차려입고 출근하는 모습을 먼발치에서 바라보며 신나와 고무 냄새로 가득 찬 공장에서 기름투성이, 먼지투성이가 되어 선반이나 미싱을 돌릴 때, 젊은 딸은 자신은 그런 회사에 취직할 수 없다는 민족적 차별과, 가족이 돕지 않으면 제대로 굴러가지도 않는 재일의 노동상황을 몸으로 터득한다. 이런 사태의 원인이 봉건적 가부장제에 있다고 주장하며 그 정신적 기반인 유교를 부정하는 것만으로 이 문제를 해결하겠다고 하면 도대체 누가 믿을 수 있겠는가?[18]

본국이라는 요인

셋째로 가장 중요한 비판의 지점은 '시민사회적 재일론'이 재일조선인의 삶을 규정하는 사회적 모순 관계로부터 '본국'이라는 요인, 그리고 '본국-거주국 관계'라는 요인을 제외시키고 있다는 것이다. 현실적으로 재일조선인의

17) 여배우 오드리 헵번이 유행시킨, 구두와 샌들을 겸한 신발—옮긴이.
18) 金伊佐子, 「在日女性と解放運動」, 『リブとフェミニズム』, 岩波書店, 1994.

삶은 상당 부분 남·북을 포함하여 본국의 정치·경제·사회라는 요인에 의해서도 규정된다.

예컨대 재일조선인 사회는 1965년 한일기본조약에 의해 분단되기 시작해 조선적자는 오랫동안(1992년까지) 한국 국적자에 비해 불평등하고 불안정한 무권리 상태를 강요당했다. 한편 한국 국적자는 일본에서 생활하면서도 한국 군사정권에 의한 관리·억압의 그물망에 포섭되어 상당수 사람들이 군사정권에 의해 인권이나 재산권을 위협받아왔다. 이런 사태는 일본의 고도성장과 같은 시기에 진행되고 있던 또 하나의 현실이며, 그 현실은 실감할 수 있느냐 없느냐와 무관하게 재일조선인의 삶의 조건을 구속해왔고 지금도 구속하고 있다. 한국의 박정희 정권이 국내외 반대운동을 탄압하고 재일조선인의 의향을 묻지도 않은 채 식민지배에 대한 일본의 책임을 애매하게 처리한 협정에 조인한 것은, 재일조선인에 대한 일본 사회의 편견과 차별을 시정하기는커녕 거꾸로 공고히 하고 조장하는 결과를 낳았다. 이는 오늘날까지도 재일조선인의 인간적인 해방을 가로막고 있다.

재일론이 출현하고 있던 같은 시기에 한국 국적 재일조선인들은 친지 방문·성묘·유학·무역·취직 등의 형태로 한국과 왕래가 잦아져 본국과의 연관을 체득해내고 있었다. 그런 상황 속에서 1970년대에는 많은 모국 유학생이 어떤 형태로든 민주화투쟁이나 통일운동에 관여했고 결국 군사정권에 의해 탄압받는 일련의 사건들도 일어났다. 그 수는 무시해도 좋을 만큼 적은 게 아니다. 과연 그들은 '조국지향'이라고 하는 '당위'에 사로잡혀 분별 없는 비약을 시도했던 것일까? 적어도 그들 또한 일본에서 태어난 재일조선인으로서 현실에서 출발해 자기-해방의 길을 모색하는 과정에서 그런 경험에 맞닥뜨렸다는 것, 달리 말해 그들의 경험도 재일조선인의 삶을 규정하는 현실의 일부라는 점을 우리는 인정해야 한다. 그러나 대다수의 재일론은 이러한 경험에 대한 고찰이 부족하다. 아니, 오히려 이 경험은 오늘날까지도 그 역사적 의미가 정면으로 거론되지 못하고 있다.

여기서 한 일본인 조선사 연구자가 지적한 다음의 통찰은 기억해둘 만한 귀중한 것이리라.

> 재일조선인이 일본에 정주하면서도 일본 국가에 대한 귀속을 부인할 때, 그 반대편에 있는 관념은 (……) 국가에 대한 귀속의식이라기보다는 전체로서의 민족에 대한 귀속의식, 또 남북과 재일을 불문하고 고난과 싸우는 민중과의 일체감에 대한 희구(希求)라 표현하는 편이 적절할 것이다. 강력한 모국의 보호를 받으며 그에 의존해 살아가겠다는 것이 아니다. 민족의 일원으로서 실존을 의식화하면 할수록, 고난을 극복해나가려는 모국 민중의 과제에 주체적으로 참여하고자 하는 의식에 도달할 수밖에 없는 것이다.[19]

양자택일론을 넘어서

1955년 조직이 결성된 이래 조총련은 재일조선인이 북한의 '재외공민'(在外公民)이라는 공식적 입장을 고수하여, 재일조선인이 일본 국내에서 시민운동이나 지역운동에 관여하는 것은 '내정간섭'이라는 식의 형식논리로부터 벗어나지 못하고 있다. 이렇게 경직된 내정간섭론을 극복하고 재일조선인 역시

---

19) 梶村秀樹, 「定住外國人としての在日朝鮮人」, 『思想』, 岩波書店, 1985년 8월호.

자신의 시민적 권리를 획득하기 위해 적극적으로 투쟁해야 한다는 점에서는, 나 역시 '시민사회적 재일론'에 동감한다. 그러나 아마도 재일론의 문제는 그들이 부정하려는 형식논리를 그대로 뒤집기만 한 것, 즉 스스로도 '귀국인가 정주인가', '조국이냐 재일이냐'라는 양자택일적 사고의 틀에 사로잡혔다는 데 있지 않을까?

조총련이든 민단이든 기존 민족단체는 분단체제를 전제로 조선반도의 북쪽 또는 남쪽에 현존하는 국가로의 귀속의식을 강조하지만, 재일조선인 측에서 보면 그 귀속의식의 대상은 분단된 어느 한쪽의 국가가 아니라 전체로서의 민족이며, 아직 실현되지 못한, 자기-해방의 과제로 남아 있는 '통일된 조선'일 테다. 그러나 재일론 역시 이러한 시각을 결여하고 있고, 현존하는 이러저러한 국가로의 귀속의식과 함께 장래의 과제인 '통일된 조선'으로의 귀속의식마저도 부인하려는 경향을 갖고 있는 듯하다.

기존 민족단체라는 소규모 네이션으로부터 이탈하더라도, 그 앞에 가로놓인 것은 이미 보편적 가치가 실현된 초월적인 시민적 공간이 아니라 상징천황제(象徵天皇制)를 내세운 구체적인 일본이라는 국가 공간이다. 결국 재일론의 앞길에는 시민적 요구를 회수하면서 재형성된 새로운 '다민족 제국'이라는 '감옥'이 기다리고 있는 것은 아닐까? 재일조선인이라는 존재 그 자체가 기존 "국민국가의 틀을 날카롭게 묻는" 것임은 두말할 나위가 없다. 그러나 과연 지금의 재일론이 자신을 옭아매고 있는 일본이라는 '국민국가' 자체를 '날카롭게' 물은 결과인지에 대해서는 의심의 여지가 많다.

앞의 일본인 조선사 연구자는 1920년대 이후 일본의 식민지배로 말미암아 "국경을 넘어선" 농민층 분해가 일어나고, 일본과 조선의 "국경을 넘어선 생활권 내지 생활의식공간"이 재일조선인에게 형성되었으나, 해방 이후 조선반도가 분단되고 또 조선반도와 일본이 단절되어버린 결과, 이 생활권이 분단된 것이라 지적한 바 있다.[20] 이렇게 생각하면 '이제는 귀국할 수 없다. 그러니까 정주다'라는 편협한 논리는 '귀국이냐 정주냐'를 성급히 강요하는 양자택일론의 연장선상에서 나온 것이며, 그야말로 재일조선인의 자연스런 생활에 반(反)하는 것이라 하겠다. 재일조선인은 역사적 경위에서나 보편적 인권의 측면에서나 '국경을 넘어선 생활권'을 확보하고 주권자(네이션)로서 본국과 왕래하면서도 일본에서 정주외국인으로서의 권리들을 보장받아 마땅한 존재다.

원격지 내셔널리즘론

『상상의 공동체』(*Imagined Community*)의 저자 베네딕트 앤더슨(Benedict Anderson)은 20세기 후반 전지구적 거대시장의 형성과 교통·정보·통신수단의 비약적인 발전 등에 의해 이른바 무국경(borderless)화가 급속히 진행되고 있음에도 불구하고, "내셔널리즘이 시대착오적인 것이 되었다고는 도저히 말할 수 없다"고 지적한다. 이제 "기억이나 관습, 신념이나 식생활 습관, 음악이나 성욕을 계속 유지한 채 세계를 방랑하는 사람들"[21]에 의해서 새로운 형태의 내셔널리즘, 즉 '원격지(遠隔地) 내셔널리즘'이 생겨나고 있다는 것이다.

매우 흥미로운 견해다. 내셔널리즘이 그렇게 간단히 없어지는 것은 아니라고 하는 점에서는 나도 찬성이다. 그러나 그것이 간단히 없어지지 않는 이

---

20) 梶村秀樹, 앞의 글.
21) ベネディクト・アンダーソン,「遠隔地ナショナリズムの出現」,『世界』1993년 9월호; 원출전은 Benedict Anderson, "The New World Disorder," *New Left Review* No. 193, 1992 May/June.

유를 "기억이나 관습, 신념이나 식생활 습관, 음악이나 성욕", 즉 넓은 의미의 문화에서 찾는 견해는 일종의 문화 환원주의가 아닐까? 오히려 눈을 돌려야 할 것은 문화 그 자체의 견고함이 아니라 원격지에 있으면서도 그러한 문화 아래 사람들을 결집시키는 것, 바꿔 말해 우리 의식의 하부구조, 바로 그것이 아닐까?

어떤 에스닉 그룹이 본국에서 경험하고 있는 정치적 현실이 국경을 초월해 타국(원격지)에 있는 같은 민족 집단의 삶을 규정하고 조건짓는 현상은 광범하게 존재한다. 재일조선인이 바로 그 경우에 해당하지만, 예컨대 팔레스타인인이나 쿠르드인 등의 사례를 보더라도 이러한 상황은 오히려 제국주의와 식민지배 이후의 현대 세계에서는 보편적인 현상이라고 할 수 있을 것이다. 앤더슨의 주장과는 반대로, 그들에게 있어서 본국의 정치적 현실은 상상으로가 아니라 현실로서 거주국에서의 삶을 규정하는 조건인 것이다. 재일조선인은 '상상의 고향'(imagined Heimat)으로서의 조선반도에 향수나 애착을 갖기 때문이 아니라, 오히려 '상상'으로는 귀속의식을 지니는 것이 거의 불가능함에도 불구하고 조선반도의 정치적 현실에 의해 일상의 삶을 구속받고 있기 때문에 자기-해방의 조건에서 본국이라는 요인을 제외시킬 수는 없는 것이다.

국제적인 인구이동을 둘러싼 논의는 대개 받아들이는 나라(=거주국)에서의 '이민 문제'라는 관점에서만 다루어져, 내보내는 나라(=본국)라는 요인, 혹은 역사적·현재적인 본국-거주국 관계라는 요인을 총체적으로 시야에 넣은 분석은 드문 것 같다. 앤더슨도 예외가 아니다. 오늘날 요구되고 있는 것은 당사자인 정주외국인(본국에서 보면 '재외 국민')의 시점에 서서 에스니시티인가 네이션인가 하는 고정된 틀을 뛰어넘는 새로운 이론적 틀일 것이다.

재일조선인의 입장에서 본 네이션 구상

대의제에 의한 참정권이 반드시 유일하고 가장 중요한 정치참여 형태라고는 할 수 없다. 그렇더라도 재일조선인은 일본에서는 물론 본국에서도 참정권을 갖지 못한 채, 식민지배에서 해방된 뒤만 따지더라도 실로 반세기가 넘도록, 자기-운명에 관한 정치적 결정에서 배제당해온 게 사실이다(정확히 말하자면 조총련 최고인민회의에는 재일조선인 대표가 여러 명 선출되고 있지만,[22] 재일조선인 대중이 그 과정에 공개적으로 참여한 것은 아니다. 한편 대한민국의 경우 이론적으로는 재외 국민에게도 국회의원 등의 피선거권을 배제하지 않지만, 영구귀국하지 않는 한 투표권은 없다).

네이션을 근대 국민국가라는 정치공동체의 주권자라고 파악할 경우, 전 지구를 뒤덮고 있는 현재의 국민국가 시스템 속에서 주권으로부터 끊임없이 배제당해온 구식민지인들이 스스로를 주권자로 형성하려는 것은 당연하고도 정당한 요구라 할 수 있다. 이런 요구가 대두하는 것은 결코 문화 본질주의적인 네이션 관념에 사로잡혀 있기 때문이 아니고, 또 민족자결이라는 이데올로기를 맹목적으로 신봉하기 때문도 아니다. 그것은 구식민지 출신자들이 지금도 여전히 차별구조 속에 놓여 있다는 사실 그 자체 때문이다. 한편으로는 본국과 거주국의 이중적인 구속 아래 놓여 있으면서, 또 한편으로는 부단히 양자의 외부로 배제당하고 있는 재일조선인은 독자적 입장에서 자신의 '네이션'을 구상할 필요가 있는 것이다.

그림 2는 현시점에서 재일조선인의 입장에서 본 네이션 구상을 도식화한 것이다.

---

22) 1995년 현재 여덟 명의 대의원이 있다고 한다. 金敬得, 앞의 책 참조—옮긴이.

그림 2   재일조선인의 입장에서 본 '네이션' 구상

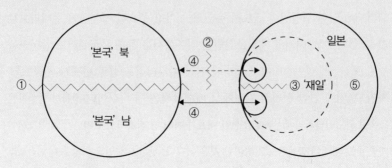

1

① 본국의 남북대립
② 북과 일본의 단절
③ 재일조선인의 분열
④ 재일조선인과 본국 간의 교류 결핍(특히 북과의 단절)
⑤ 재일조선인의 일본에서의 무권리 상태

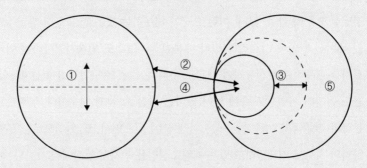

2

① 본국 남북의 대폭적인 긴장완화와 교류
② 북과 일본의 국교·교류
③ 재일조선인의 자주적 '주체' 형성
④ 재일조선인의 본국(남북) '참여' (PNC 모델?)
⑤ 재일조선인의 일본 정주외국인으로서의 권리 증진
* 일본의 '과거의 극복'이 불가결

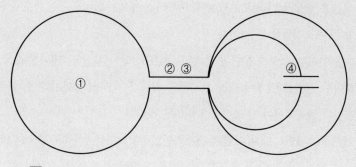

3

① 본국의 통일
② 본국과 일본의 안정적인 우호관계
③ 본국의 재외 국민으로서 재일조선인의 '참여' (본국 참정권?)
④ 일본의 정주외국인으로서 재일조선인의 권리 실현(지방참정권?)

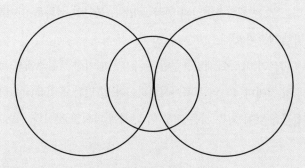

4

① 본국과 일본의 항구적인 평화·우호 관계
② 재일조선인과 본국의 자유롭고 광범한 교류
③ 다원주의적 네이션으로서의 본국, 그 구성원으로서의 재일조선인
④ 다원주의적 네이션으로서의 일본, 그 정주자로서의 재일조선인

① 은 현상을 나타내고 있는데, ①부터 ⑤까지는 현상을 기본적으로 규정하고 있는 조건들을 든 것이다.

② 이하는 그렇게 분단된 존재인 재일조선인이 자신을 '네이션'으로 형성해나갈 진로를 단계에 따라 묘사해본 것이다. ①부터 ⑤까지의 숫자는 각 단계마다 달성되어야 할 조건들을 나타낸 것이다.

② ④의 'PNC 모델'이란 팔레스타인민족평의회를 말한다. 본국의 남북, 그리고 일본·미국·중국·구소련 정주자를 포함한 조선 민족 모두가 평등한 자격으로 구성할 최고의사결정기관과 같은 것을 상상하고 있다.

③ 의 단계에서 본국 참정권 문제와 일본에서의 지방참정권 문제가 부상하는데, 재일조선인은 두 가지를 다 보유해야 한다는 견해[23]에 나도 큰 틀에서 찬성한다. 다만 본국 참정권을 한국 국적보유자만 대상으로 해서 졸속으로 실시하는 것은 재일조선인의 한국 국민화, 분단의 심화로 이어지리라는 점에 유의할 필요가 있다.

④ 에 이르러 비로소 재일조선인은 국경을 넘어선 생활권에서 걱정 없이 생활하게 될 것이다. EU의 동북아시아판이라 할 만한 유비(analogy)가 다소라도 현실감을 갖게 되는 것은 겨우 이 단계에 와서일 것이다. _1997년 10월 발표

---

23) 金敬得, 앞의 책.

재일조선인은 민중인가

한국 민중신학에 던지는 질문

'재일조선인은 민중인가?' 라는 물음은 이 연구회[1]에 참가하기 훨씬 전부터 마음에 두고 있었다. 조선반도에서는 1970년대 이후 군사독재하의 정치적·경제적·사회적 모순으로부터 스스로를 해방시키기 위해 주체적으로 맞서는 '민중'의 이미지가 집중적으로 조명되어왔다. 우리 재일조선인도 과연 그런 '민중'일 수 있을까? 재일조선인은 어떻게 하면 스스로의 운명을 개척하는 주체가 될 것인가? 이하에서는 기독교인이 아닌 나의 입장에서 몇 가지 질문을 던져보고자 한다.

---

1) 이 글은 오사카 기독교 센터가 주최한 '동아시아에 있어서 선교와 신학' 연구회에서의 보고(1998년 7월 11일자)를 토대로 가필한 것이다. 이 연구회는 1995년 한국 민중신학 연구자인 박성준 씨 방일을 계기로, 일본 신학 연구자 및 각종 실천에 관여하는 기독교 신자 몇 명이 참여함으로써 시작되었고, 2001년 1월까지 5년 남짓한 기간 동안 열다섯 차례 연구회를 열었다.

기독교 신자가 아닌 내가 이 연구회에 참가한 것은, 오래 전부터 알고 지내던 박성준 씨가 강력히 권했기 때문이기도 하지만, 이 글에서 언급한 내용을 민중신학에 제기하고, 비판을 받으면서 더 깊이

두 겹의 질문

'재일조선인은 민중인가?'라는 물음은 그 자체가 두 겹의 난문(難問)을 담고 있다.

첫째는 '재일조선인이란 누구인가?'라는 질문이다. 바꿔 말해 재일조선인은 어떻게 자기-정체성을 가질 수 있는가 하는 질문이다. 둘째로 '민중이란 누구인가?'라는 질문이다. 이 두 가지 난문이 교차하는 지점에 '재일조선인은 민중인가?'라는 물음이 자리잡고 있는 것이다.

안병무의 책 『민중신학을 말한다』를 보면, '민중신학은 '민중'을 정의하지 않는다'[2]고 되어 있다. "자신이 민중인가, 민중이 아닌가 라는 질문은 바보 같은 것입니다. (……) '민중은 누구인가?'라고 묻는 사람은, 이미 알고 있으면서 뭔가 도망갈 길을 찾기 위해 묻는 사람이든지, 아무리 알아듣게 말해도 이해하지 못하는 사람이든지 둘 중의 하나겠지요. 민중은 경험할 수 있는 것이지 지식의 대상이 아닙니다. 우리는 분명히 보았습니다. 경험했습니다."

그러나 그동안 일본 땅에서 생활해온 재일조선인은, 도저히 이렇게 확신에 차서 '보았다, 경험했다'고 말할 수 없다. 내 경우에는 저 70년대에, 예컨대 옥중에 있는 형들에게 필요한 것들을 넣어주기 위해 한국과 일본을 왕래

파고들어 생각해보고자 하는 소망을 전부터 품고 있었기 때문이기도 하다. 박성준 씨와의 논의는 유감스럽게도 아직 의견 차를 좁히지 못한 상태지만, 이 연구회가 나에게 귀중한 배움의 장이었다는 점에는 변함이 없다. 특히 1997년 3월에 군용지 특별조치법 반대운동이 고양되고 있던 오키나와에서 연구회에 참가한 것은 잊을 수 없는 체험으로 내 가슴에 남아 있다. 이 연구회의 성과는 『고동치는 동아시아의 기독교: 선교와 신학의 전망』(鼓動する東アジアのキリスト教-宣教と神學の展望)에 담겨 있다.

2) 안병무, 『안병무전집2: 민중신학을 말한다』, 한길사, 1993. 이하에서 안병무 인용은 모두 이 책에서 한 것이다.

한 어머니의 경험을 통해서 아주 간접적으로 민중의 비전을 '본 것 같은, 경험한 것 같은' 느낌이 든다. 그렇지만 그것은 마치 쫓아가면 쫓아갈수록 멀어지는 신기루와도 같다.

안병무는 다시 민중은 "지식층의 권력에 의해 억압당하고 경제적으로 수탈을 당하는 가난한 자, 힘없는 자"이며 "일상적인 착취의 대상"이라고 말한다. "진정한 민중의 현장에는 식민지의 경험이 있습니다. 일상적으로 착취를 당하고 있는 현장은 식민지이고, 오늘날 제3세계라 불리는 곳입니다. 거기에서 민중의 사건이 계속 일어나고 있는 것은 사실입니다."

재일조선인은 그 역사적 출신에서 보자면 제3세계인이자 피식민인이지만, 그 생활의 장은 선진자본주의국인 일본이다. 다른 곳에서 안병무는 "불행히도 일본에는 현장이 없다"고 말한 바 있는데, 그렇다면 재일조선인의 '현장'은 과연 어디인가? 이것이 또다시 난문으로 부상한다.

합류하지 못한 세 분신 사건들

내가 마음속으로 이런 의문을 품게 된 출발점에는 세 분신 사건들이 있다. 한국에서 일어난 전태일의 분신은 1970년 11월 30일의 일이었다. 한국의 민중신학은 이 사건을 '예수 사건'이라 보고 민중신학의 출발점으로 규정하고 있다. 실은 그 한 달 전인 10월 6일, 양정명이 와세다 대학 문학부 앞의 아나하치만 신사에서 분신한 사건이 있었다. 다음날 『아사히 신문』은 이렇게 보도했다.

6일 새벽, 와세다 대학의 학생이 분신자살을 했다. 죽기 직전에 쓴 '항의·탄원서'가 아파트에 남아 있었다. 거기에는 일본으로 귀화한 조선인 2세로서의 고뇌, 제2문학부(야간) 학생으로서의 경제적인 고통, 그리고 분쟁에 휘말려 폭력이 횡행하는 캠퍼스에 대한 분노가 점철되어 있었다. (……) 본인은 귀화는 했지만 어릴 때부터 멸시를 당했던 체험이 지워지지 않았고, 온전한 일본인이 되지 못하는 고뇌를 친한 친구에게 이렇게 말했다고 한다. "내게는 정착할 곳이 없다"고.

내가 보기에, 이 두 건의 분신은 모두 일본에 의한 조선 식민지배·민족이산·민족분단이라는 현실에 기인하는, 역사적으로 동일한 뿌리를 가진 사건이다. 그러나 두 사건은 선명한 대조를 이루고 있다. 양정명의 죽음은 거의 아무도 회고하지 않은 채 남아 있기 때문이다.

그리고 다시 그 반년 뒤인 1971년 4월에, 나의 형 서승이 한국의 육군 보안사령부에서 취조를 받던 중 기회를 틈타 분신을 시도했다가 다행히 목숨을 건졌다. 일본에서 태어나고 자란 그는 한국으로 유학을 가서 한국의 민중·민주화운동에 합류함으로써 자기-해방을 시도했다. 그후 함께 유학 중이던 동생 서준식과 함께 학원에 침투한 간첩으로 몰려 구속되었고, 동료들의 이름을 대라며 고문당했다. 고문에 굴복해 친구를 팔아 넘기고 또 그것이 학생운동에 타격을 주게 될까 우려해 자살을 기도했던 것이다.

1970년부터 1971년에 걸쳐, 한국에서는 박정희 정권이 군사독재를 차츰 강화하며 유신체제를 공고히 하고 있었다. 일본을 비롯한 외국 자본이 밀려와 저임금에 의한 착취나 인권탄압 등 사회적·경제적 모순이 분출되기 시작한 시기였다. 또 당시 일본은 소위 고도성장에서 거품경제로 나가고 있었다. 그러한 시대적 전환점에서 이 세 분신 사건이 연속적으로 일어났던 것이다. 전태일과 양정명을 잇는 위치에 서승이 있었다고도 말할 수 있으리라.

'합류'란 서남동이 쓴 말인데, 예수 시대의 민중적 경험과 당시 한국에서의 민중적 경험이 전태일 분신 이후의 민주화투쟁 과정 속에서 '합류'했다고 하는 의미로 사용되고 있다. 그 말을 본따서 표현한다면, 세 분신 사건은 동일한 역사적 뿌리와 동일한 상황에 의해 야기된 것임에도 불구하고 합류하지 못한 것이다.

양정명의 고뇌

『야마무라 마사아키 유고집: 이 목숨, 다 타버려도』는 1971년 6월에 간행되었다. 이 책에 수록된 '항의·탄원서'는 와세다 대학의 학내 투쟁에 관한 내용도 담고 있지만, "식민지배하에 있던 이민족의 후예로서 이 사회 밑바닥에서 25년간 꿈틀거리며 살아온 사람의, 현대 일본에 대한 자그마한 항의"로 자신의 행위를 자리매김하고 있다. 글의 말미에 열거된 아홉 항목의 요구들 중에는 '남·북조선의 자주적·평화적 통일 실현!', '재일조선인의 민주적·민족적 권리에 대한 탄압을 용납하지 말자!', '김희로 동포의 법정투쟁을 단호히 지지한다!' 같은 항목이 보인다. 그리고 "신이시여, 배교자(背敎者)인 저를 용서해주소서!"라는 말로 글을 맺고 있다. 양정명은 기독교인이었다.

양정명은 1945년 6월, 야마구치현에서 태어났다. 양친은 소작농이며, 7남매 중 3남이다. 일가는 몹시 가난했고, 양정명이 아홉 살 때 가족 모두가 일본으로 귀화했다.

우리들 남매에게만 쏟아지는 비웃음의 말 '조센, 조센', 어렸던 나는 무슨 말인지도 모른 채 그저 슬픔과 분한 눈물로 지샐 뿐이었다. (……) 가난하게 자랄 수밖에 없었던 사람은 이해할 수 있으리라. 다른 집 아이들이 희희낙락 재미있게 놀고 있을 때, 논밭에서 일하거나 나무를 하러 작은 몸을 부리지 않으면 안 되는 슬픔을. (……) 부모는 그 모든 굴욕을 잊으려 했다. 귀국의 전망도 보이지 않는 상태에서 귀화를 결의했던 것이다. 궁핍한 살림살이에도 선물을 마련해 마을 유력자들에게 머리를 조아리고 엎드린 채 살아가는 부모의 모습은, 애처롭기도 하고 화가 나기도 했다.

그는 공업고등학교를 졸업한 후 그 지역 기업인 도요코교(東洋工業)에 취직했지만 "톱니바퀴 같은 생활"에 실망해 반년 만에 퇴사하고, 1964년에 러시아문학을 배우기 위해 고학을 각오하고 상경했다. 영업사원, 페인트 가게 점원, 트럭 조수, 창고 직원, 신문배달부, 우유배달원, 야경꾼, 토목공사 인부 등 아르바이트에 날이 새고 저물어, "10엔짜리 고로케 하나로 식사를 때우거나, 식당에서 된장국만 주문해서 실소(失笑)를 자아낸 적"도 있었다.

양정명이 기독교를 만난 것은, 퇴직한 뒤 상경할 때 수속을 밟아 준 직장의 한 여성(유고에는 'M 자매'라고만 적혀 있다) 때문이었다. 열성적인 기독교인이었던 그녀가 그에게 상경해서 괴로운 일이 있으면 교회를 찾아가보라고 조언한 것이 계기가 되었다. 'M 자매'와는 상경한 뒤에도 계속 편지를 주고받았고, 자신이 조선인이라는 것을 편지에서 고백하고 있다.

그는 처음에는 다이타 교회, 후에는 다카이도 교회에 다녔지만, 그의 수기에는 교회에 나가기 시작한 뒤로도 해결되지 않았던 갈등과 고뇌가 고스란히 묻어나고 있다.

신이 사랑이라면, 어째서 인간이 이토록 비참한 고생 속에 살아야 하는가?

신이 정의와 공평을 속성으로 한다면, 어째서 인간 사회의 사악함과 불공평을 허용하는 것인가?

강자는 약자를 학대하고, 일본인은 조선인을 이유 없이 모욕한다. 신의 존재는 믿을 수 있다. 그렇지만 신이 사랑의 존재라는 것은 믿을 수 없다.

그는 두번째 입시에서 와세다 대학에 합격했다. 하지만 수업료를 버느라 밤을 새워 일하고 또 낮에는 쉬지 못한 채 수업을 듣는 생활이 계속되자 체력이 바닥나 제2문학부(야간)로 옮겼다. 그러고는 다시 입학금을 내야 하는 무자비한 상황에 놓였다. 이 시기, 마음으로 '신앙적인 싸움'을 계속해나간 결과, 그는 '한 가지 결론'에 도달했다.

나는 기독교가 단지 개인의 마음이라는 문제에만 머무르는 점이 불만족스러웠다. 특히 사회나 국가의 책임으로 돌려야 할 문제 때문에 희망 없는 삶을 살아야만 했던 나는, 예수의 복음이 사회와는 동떨어진 것만 얘기하는 데 불만을 품었다. 기독교가 중산층이나 인텔리들의 종교가 되어버린 것에 분노했다.

예수는 사회 밑바닥에서 꿈틀거리는 사람들에게 먼저 복음을 말씀하시지 않았던가? 기독교는 이 사회의 모든 악이나 모순과 담합할 것이 아니라, 초대교회에서 나타나듯 이 땅의 소금, 세상의 빛이 되어 사회문제와 대결해야 하는 게 아닌가? (……) 슬프게도, 현재 많은 교회는 현실과 대결하는 것으로부터 도피하고 있다.

수기의 마지막에는 「빌립보서」 3장 20절 말씀이 적혀 있다.

그러나 우리는 하늘의 시민입니다. 우리는 거기에서 오실 구세주되시는 주 예수 그리스도를 고대하고 있습니다.

양정명은 대학에서 학급위원으로 선출되고, 요요기(代々木, 당시 일본공산 당의 속칭) 계열의 학생운동에 접근한다. 그러나 그는 여기서도 고뇌로부터 벗어나지 못한다. 당시 요요기 계열 젠가쿠렌(全學連)의 슬로건은 '조국과 학 문을 위하여'였다. "나에게 조국이란 무엇인가? 나는 이 일본을 위해 정열을 바칠 수는 없다."

더욱이 당시 요요기 계열은 학생자치회 집행부(가쿠마루(革マル) 계열)와 격심하게 대립하던 중이라, 양정명은 "자유롭게 캠퍼스를 걸어다닐 수도 없 는" 입장이었다.

이때 그는 연애도 하고 있었는데, 자신이 재일조선인임을 밝혔다가 여학 생 어머니가 교제에 반대하는 바람에 실연을 당하고 말았다.

양정명은 당시 와세다 대학에 결성되어 있던 조선문화연구회와 한국문 화연구회라는 두 재일조선인 서클을 찾아갔다. 사실 나 자신은 와세다 대학 에서 그의 1년 후배로, 당시 한국문화연구회에 속해 있었다. 직접 대면할 기 회는 없었지만, 그가 자살한 뒤 그가 같은 민족과의 교제를 원해 우리 서클의 문을 두드린 적이 있었음을 알고 충격을 받았다. 그를 끌어안지 못했다는 괴 로운 생각이 30년이 지난 지금까지도 마음속에서 지워지지 않는다.

배신

양정명은 '항의·탄원서'에서 "자신의 의지로 한 일이 아닐지라도, 민족과 조국을 배신하고 일본 국적으로 귀화했다는 것은 고뇌를 배로 증폭시켰다"고 쓰고 있다. 식민지배와 차별의 희생자인 그가, 왜 스스로를 '배신자'라고 비난해야만 했던 것일까?

나는 왜 이 시대 이 나라에 태어나야만 했던 걸까? 이 나라 사람들에게 고통을 당해온 이민족의 일원, 더욱이 심하게 말하면 그 가난한 민족마저 배신한 가족의 일원. 그 검붉은 숙명의 피가 내 안에서 역류하고 있다. (……) 부모형제는 온전한 일본인이 되려고만 노력한다. 그 서글픈 노력은 나와도 결코 무관하지 않다. 하지만 나는 일본인이 아니라, 오히려 온전한 조선인이 되기 위해 노력하고 싶다. (……) 다른 외국인이라면 몰라도 바로 우리가 이 나라로 귀화하는 것은 용서받을 수 없는 일이 아닐까? 그것은 심지어 범죄나 마찬가지 아닐까? 저 추악한 일제의 후계자인 오늘의 지배계급이 내세운 민족동화라는 반동적 정책만이 그것을 바랄 테니까. (……) 더구나 분단된 조국의 수난은 아직 해결될 기미가 보이지 않는다. 그런 민족의 고뇌로부터 도망쳐서 일본인 대열에 가담하려고 하는 행동이 과연 용납될 수 있는 것인가? (……) 조국으로 돌아간다. 동포들 곁으로 돌아간다. 그것이 내가 걸어야 할 길이다. 하지만 이미 너무도 일본인처럼 되어버린 나.

양정명처럼, 일본에서 태어나 자민족의 언어·문화·역사를 배우지 못한 채 성장하고 생활의 기반도 일본에만 있는 사람들에게, 조국으로 돌아가는 것은 완전히 불가능하지는 않았다 할지라도 무척 곤란한 일이었음에 틀림없다. 하물며 가난 때문에 하루하루 생활에 쫓기지 않으면 안 되는 상황에서는 말이다.

양정명은 양친이 설령 아무리 괴롭고 고생스러웠다고 해도 일본 국적으로 귀화하는 일만은 하지 않았으면 싶었다고 거듭해서 쓰고 있다.

나는 이런 나라에서 태어나고 싶지는 않았다. 아무리 가난해도, 조국 조선에서 태어나고 싶었다. (……) 내가 나는 아홉 살 난 소년이 아니었다면 귀화를 거부했을 것이다.

수기인 「일본의 친구에게」라는 장(章)에서, 그는 이렇게 말한다.

그들(재일조선인)이 이국땅에서의 비참한 삶을 선택한 것은 딱히 좋아서가 아니다. 많은 일본인들이 대수롭지 않게 말한다. 바보 취급 당하기 싫으면 제 나라로 돌아가면 될 것 아니냐고. 하지만 그들은 일본에만 생활 기반이 있고 순수한 민족성도 박탈당해버린 상태다.

그의 자살을 전했던 일본의 신문기사는 "온전히 일본인이 되지 못하는 고뇌"가 원인이었음을 넌지시 암시하고 있다. 하지만 그의 고뇌의 본질은, 식민지배의 피해자인 자신이 자기 의지와 무관하게, 지배하고 차별하는 일본인 측으로 편입된 데 있었다. 피해자이면서 가해자의 죄까지 짊어지게 되었던 것이다. 귀화가 자신의 의지로 이루어진 건 아니었지만 그래도 자기 속으로 헤집고 들어와버린 '일본인'을 처벌하기 위해서, 죄 없는 자신을 처형했던 것일지도 모른다.

양정명과 같은 세대인 박실(朴實)이 쓴 「조선인임을 계속 부정했던 청소년 시대」라는 수기에도 '배신'이라는 단어가 쓰이고 있다.

박실은 교토시 히가시쿠조에서 태어난 재일조선인 2세다. 빈곤과 차별로 인해, 중학교 졸업 후 자신이 조선인임을 숨기고 중소기업에 취직했지만, 그 직장에서는 민족차별적 언어가 아무렇지도 않게 난무하고 있었다. 교회에서 알게 된 일본인 여성과 연애를 해서 결혼하려고 했는데, 여성의 가족이 그 결혼을 받아들이느니 차라리 자살하겠다며 강경히 반대하는 바람에, 급기야는 그렇게 결혼하고 싶다면 귀화하라는 그들의 요구를 받아들였다. 그후 조선의 역사·문화·언어를 배우던 중에 차별의 부당성을 깨닫고, 엄청난 고생을 무릅쓰고 이름을 본명(조선이름)으로 되돌렸다. 박실은 이것을 "자신을 되찾는 싸움"이라 설명한다.

나는 내가 범한 중대한 과오를 깨달았다. (……) 그녀와의 결혼, 그리고 (그녀의) 양친이 자살하지 않을까 그것만 생각하고 있었던 것인데, 그렇다면 내 어머니는 어찌 되는 것인가? 일제에 의해 조국에서 쫓겨나 40대 중반에 남편과 사별하고 일곱 자식을 키워주었는데도, 자식들로부터는 업신여김을 당하고, 자식들은 당신을 괴롭혔던 일본인과 결혼해 '귀화'해버렸다. 어머니는 아무 말도 없이 그저 묵묵히 날품팔이 노동을 계속해오셨다. 그 온화한 얼굴을 보고 어머니의 마음속을 헤아릴 길은 없지만, 아마 말로 다 할 수 없는 한을 품고 계셨으리라. 나는 내 소중한 어머니를 배신했다.[3]

양정명이나 박실에게 '귀화'란 '어머니'로 상징되는, 차별당하고 억압받

---

3) 民族名をとりもど會編, 『民族名をとりもどした在日朝鮮人』, 明石書店, 1990.

는 조선 민족에 대한, 용서받기 힘든 '배신'으로 여겨졌다. 게다가 더 비극적인 것은, '귀화'가 기정사실이 된 뒤에야 그들이 비로소 이런 자각에 이르렀다는 것이다. 그 주요한 원인도 역시 일본 사회에 있다. 교육의 장을 비롯한 일본 사회 전반에 견고한 자민족중심주의가 관철되고 있어서, 재일조선인이 자민족의 역사·문화·언어를 배울 기회조차 빼앗겼기 때문이다.

양정명이나 박실과 같은 세대인 서승은 일본 도쿄쿄이쿠 대학을 졸업한 후, 1968년에 서울대학교 대학원(사회학)으로 '모국 유학'을 갔다. 동생 서준식은 한발 앞서서 이미 1967년에 유학을 가 있었다. 그리고 1971년 봄, 그들은 체포되었다. 취조 중에 분신을 기도했던 서승은 심한 화상으로 문드러진 모습을 하고 법정에 나타났지만, 사형을 구형받은 뒤 최후진술에서 이렇게 말했다.

재일교포(재일조선인)는 식민지시기에 식민통치하의 본국에서 고초를 겪고, 강제적·반강제적으로 일본으로 연행되어 온갖 고생 끝에 해방을 맞았습니다. 해방 후에도 일본에서 그 사회적 상황으로 인해 민족적 멸시하에서 수많은 차별과 고통을 받았습니다.

재일교포 사회에서 이러한 배경이 빚은 큰 사건으로 김희로 사건이나 이진우 사건(고마쓰가와 사건)을 들 수 있습니다. (……) 왜 이런 일이 일어났는가 하면, 한편으로는 일본에서 (한국인들이 겪는) 곤란한 생활조건 탓이라고도 할 수 있지만, 또 한편으로는 자기 민족에 대한 자부심을 가질 수 없었던 탓이라고 볼 수도 있습니다. 이것이 매우 중요한 원인이라고 생각합니다. 일본에 있는 교포는, 한국인으로서의 의식을 갖고 있다 하더라도 어디까지나 초보적인 데 지나지 않고, 차별을 받기 때문에 자신이 한국인임을 느끼고 의식합니다. 뒤집어 말해 적극적 의미에서의 진정한 민족의식을 자각하지 못하

고 있는 것입니다.[4]

서승이 조국인 한국으로 유학을 가서 한국에서 투쟁하는 학생들·민중들과 연대하고자 했던 것은 바로 이런 자각 때문이었다. 양정명이나 박실의 경우와 달리, 서승이 한국에 건너올 수 있었던 것은, 그가 유학을 뒷받침할 만한 경제적 여건을 갖춘 가정에서 태어났기 때문이다. 더욱이 서승의 부모는 민족의식을 잃어버리지 않고 재일조선인 친지나 이웃과 관계를 유지하고 있었다. 서승은 어릴 적부터 조선의 역사나 문화, 재일조선인에게 공통적으로 존재하는 문제를 배워왔으며, 그것을 동포와 함께 의논할 기회도 갖고 있었다. 반면 일본인 사회에서 고립되어 가난에 쫓기고 있던 양정명이나 박실은 그런 행운을 누릴 수 없었다.

결국 양정명이나 박실 쪽이 서승보다 더 곤경에 처하고 더 수탈을 당한 존재였다. 바로 그런 이유로 모국 유학 같은 길을 선택하지 못하고 귀화할 수밖에 없는 지경에 내몰렸다. 바로 이런 상황에서, 조선인으로서의 자신을 발견한 그들은, 자신들 속에서 억울한 '배신자'를 발견했던 것이다.

나는 양정명과 같은 재일조선인이지만, 그보다 많은 혜택을 누렸다. 그래서 양정명과 같은 존재의 고뇌는 오랫동안 시야에 들어오지 않았다. 가장 혜택받지 못한 곳에서 발신되고 있던 그의 목소리에 나는 귀 기울이지 않았다. 그러나 그는 우리를 위해 죽었고, 그의 죽음으로 우리는 재일조선인이 지닌 고뇌의 원형을 보았다. 지금은 이런 생각 때문에 견딜 수가 없다.

---

4) 徐勝, 앞의 책.

그는 '항의·탄원서'의 말미에서 "신이시여, 배교자인 저를 용서해주소서!"라고 절규하고 있다. 그렇지만, 나는 거기서 "신이시여, 신이시여, 어찌 나를 버리시나이까……" 하는 소리를 듣는다.

전태일의 죽음과 양정명의 죽음을 대비시켜, 한쪽은 영광이고 또 한쪽은 암흑이라고 말하고 싶은 것은 아니다. 그러나 허락된다면, 여기서 한 가지 질문을 던져보고 싶다. 박성준은 "전태일은 자살한 것이 아니다. 그것은 자살이 아니라 자신의 모든 증오를 나눠준 것이다"라고 말한 바 있다. 그것은 자살이 아니고, 패배나 좌절도 아니라는 것이다.

그러나 과연 두 사람의 죽음에 차이가 있는 것일까? 전태일의 분신이 '예수 사건', 화산의 대폭발이 된 것은, 특정한 사회적 상황이 있었기 때문이리라. 민중신학은 전태일 분신 이후 사건 현장으로 내달렸지만, 민중신학이 그 사건을 일으킨 것은 아니었다. 즉 신학이 있어서 화산이 폭발한 것이 아니라, 화산이 폭발한 곳으로 신학이 나중에 달려갔던 것이다. 아무도 거기로 달려가지 않았다면, 전태일 사건도 패배와 좌절의 자살로 끝났을 것이다. 마찬가지로 양정명의 자살도, 그 의미를 제대로 받아들여 그곳으로 황급히 달려간 사람이 있었다면, 일종의 예언적인 죽음, 또 하나의 '예수 사건'이 될 수 있었을지 모른다. 양정명 사건이 패배나 좌절의 자살이라면, 그렇게 만든 것은 그가 아니라 그의 부르짖음을 듣지 못하고 그곳으로 달려가지도 않았던 바로 우리들이 아닐까?

재일조선인이란 누구인가?

현재 일본에서 외국인등록을 하고 있는 '한국 국적' 내지 '조선적'의 사람은 합해서 대략 65만 명으로, 재일외국인 전체의 약 50퍼센트 가까이 차지한다. 1990년대에 들어와서부터 귀화자 수가 점점 늘어나고 있고, 지금은 대략 연간 만 명 이상이 귀화를 하고 있다.

1952년 샌프란시스코 강화조약이 발효되면서 일본 정부는 조선이나 대만 등 구식민지 출신자가 갖고 있던 일본 국적을 일방적으로 박탈했다. 재일 조선인의 귀화는 그 시점부터 시작되는데, 90년대까지의 귀화 허가자의 숫자는 모두 20만 명 정도라고 한다.

귀화라는 절차는 '생계요건', 즉 생계를 유지해나갈 재산이나 기능이 있는가 하는 점, '치안요건', 즉 일본의 헌법 체계를 폭력적으로 파괴하려는 단체와 어떤 관계가 없는가 하는 점, 그리고 '동화요건'(同化要件), 즉 일본 사회에 어느 정도 융화되는가, 바꿔 말해 '얼마나 일본인다운가' 하는 점, 이 세 가지 요건을 법무성이 일방적으로 심사해 법무장관의 재량으로 결정하게 되어 있다. 즉 생사여탈권을 법무장관이 가지고 있는 것이다.

일본 사전인 『고지엔』(廣辭苑)을 보면 '귀화'라는 말은 가장 먼저 "먼 지방의 사람이 군주의 덕(德)에 감화되어 복종해오는 것"이라고 풀이된다. 실제로 천황이 존재하고 있는 일본에서는, 이는 천황제에 굴복하는 것을 의미한다. 천황제야말로 조선 식민지배와 침략전쟁에 책임이 있는 제도이며, 현존하는 차별들의 원천인데도 말이다. 양정명이나 박실이 귀화를 '배신'이라고 여긴 근거 중 하나가 바로 여기에 있다.

20~30대의 재일조선인(한국 국적)을 대상으로 한 어느 조사[5]에 의하면,

---

5) 福岡安則·金明秀, 「一九九三年在日韓國人青年意識調查」, 『在日韓國人青年生活意識』, 東京大學出版會, 1997.

부친의 직업은 70퍼센트 이상이 영세 기업이나 자영업으로 일반 기업 종사자는 20퍼센트 미만이다. 부모 세대(즉 나나 양정명의 세대)에 일본 노동시장은 압도적으로 폐쇄적이었음을 알 수 있다. 조사대상 청년들의 경우에는 일반 기업 종사자가 60퍼센트를 넘지만, 사실 그 중 25퍼센트는 재일조선인 기업에서 일하고 있다. 윗 세대만큼은 아니지만, 그들 세대에 대해서도 일본 사회는 여전히 폐쇄적이라는 것을 읽을 수 있다.

그들 재일조선인 청년 중 민족교육을 받은 적이 있는 사람은 10퍼센트 이하이고, 조선어를 전혀 읽지 못하는 사람이 70퍼센트이다. 일본이름을 쓰며 살아가는 사람이 반올림해서 80퍼센트. 민족차별을 받은 적이 있다고 대답한 사람은 약 40퍼센트이다.

최근에는 재일조선인의 국제결혼이 늘어나고 있다. 80퍼센트 가량이 국제결혼, 그것도 일본인과의 결혼이다. 국제결혼에 의해 혼성(hybrid) 가족이 점점 늘어나면 국경이나 국적의 의미가 약화되어 바람직하다고 주장하는 사람도 있지만, 그런 가족 내부에도 당연히 차별과 억압의 구조는 존재한다. 내 강의를 들은 학생의 보고서를 예로 들어보자. 이 학생은 스무 살이 됐을 때 사촌형의 결혼식에 갔다가 한 글자 성(姓)을 가진 낯익은 사람들이 있어서 집에 돌아와 어머니께 물어보았다고 한다. 그러자 어머니는 그제서야 그들이 당신 친척이다, 즉 당신이 조선인이라고 고백하셨다고 한다. 뿐만 아니라 어머니는 이 사실을 결코 남에게 발설하지 말라고 당부했다. 모친이 가족 내에서조차 그것을 자식에게는 숨긴 채 남편에게만 알리고, 또 남편에 대해서 항상 어려워하면서 살고 있다. "그렇게 위축되어 살고 있는 어머니가 정말 불쌍해 보인다." 보고서에는 그렇게 쓰여 있다. 이 보고서와 같은 사례가 현실 속에는 더 많으리라.

재일조선인이란, 일본에 의한 식민지배의 결과 구식민지 종주국인 일본 영토 내에 남겨져 살게 된 조선인과 그 자손들이다. 자유의지에 따른 이민이 아니라 식민지배의 결과라는 것, 그리고 바로 자기 민족을 식민지배했던 구종주국에 살고 있다는 것, 이 두 가지 요건이 중요하다.

재일조선인을 '조국'·'고국'·'모국'이 분열된 존재로 정의하는 것도 가능하다. 언어학자인 다나카 가쓰히코(田中克彦)의 개념에 따르면, '조국'은 조상의 출신지(뿌리), '모국'은 자신이 실제로 국민으로서 소속되어 있는 국가, '고국'은 자신이 태어난 곳(고향)을 의미한다.[6] 이 분류에 근거해 생각하면, 일본인의 압도적 다수는 이 세 가지가 딱 맞아떨어지지만 재일조선인은 그렇지 못하다. 내 경우를 적용해보면 '조국'은 '조선', '모국'은 대한민국, '고국'은 일본이다.

재일조선인이 안고 있는 정체성의 문제는 단순히 '조국'·'모국'·'고국'이 분열되어 있는 상황 때문만은 아니다. '고국'과 '조국'이 가치의 측면에서 대립하는 것이 더 문제인 것이다. '고국'인 일본 사회의 다수파는 천황제를 비롯한 식민주의 이래의 가치관을 바꾸려고 하지 않는다. 오히려 최근에는 '러일전쟁은 정의의 전쟁이었다', '일본의 조선 식민통치는 선정(善政)이었다', '열등한 조선인을 일본인 수준으로 끌어올려주었다' 따위의 추악한 자기중심적 언설까지 대두하고 있다. 그런 가치관은 '조국' 조선의 그것과 정면으로 충돌할 수밖에 없다.

귀화란 국적을 변경함으로써 '모국'과 '고국'을 일치시키고자 하는 행위

---

6) 田中克彦, 『言葉と國家』, 岩波書店, 1981 참조.

라고 할 수 있지만, 그 경우에도 '조국'까지 일치시킬 수는 없다. 따라서 재일조선인은 의식의 내부에서 지배자와 피지배자의 이중성으로부터 벗어날 수가 없다. 이 이중성의 고통을 다소나마 경감시키기 위해서는, 일본 사회가 진정으로 식민지배의 죄를 반성하고 민족차별을 근절시키는 수밖에 없는 것이다.

재일조선인이 특정 '지역'에 집중해서 살고 있는 것은 아니다. 대중매체에서 조명하는 전형적인 재일조선인은 고베의 나가타구라든가, 오사카시 이쿠노구의 통칭 '이카이노'(猪飼野), 또는 가와사키시 등지에 사는 경우가 많지만, 그들보다 더 주목해야 하는 것은 재일조선인 사회의 주변에 있는 사람들, 일본 사회에 모래알 같이 흩어져 있는 사람들이다.

재일조선인을 '계급'적으로 보면 어떨까? 예전에는 재일조선인의 압도적 다수가 프롤레타리아트 혹은 룸펜 프롤레타리아트였다. 그러나 현재, 재일조선인의 직업별 구성은 영세 기업 근무, 자영업, 가내공업이 특히 많고, 업종도 소위 틈새 산업을 채우는 듯한 형태이다. 일본 기업의 저변에서 임노동에 종사하고 있는 사람들은 재일조선인임을 드러내지 않고 쥐 죽은 듯 조용히 살고 있는 게 현실일 것이다. 조총련이나 민단이라는 민족단체의 조직을 재정적으로 뒷받침하고 있는 것은 상공인이며, 이들 민족단체는 상공인들의 이익단체로 기능하는 측면이 있다. 결국 가난하고 무력한 재일조선인은 여기서도 갈 곳이 없다.

그렇다면 '문화'적으로는 어떨까? 일본 사회에서는 1980년대 중반부터 '국제화'라는 슬로건 아래 '다문화주의'라든가 '다문화공생'이라는 말이 자주 들린다. 그러자 재일조선인은 다시 자신의 '문화'란 무엇인지를 묻게 되었다. 그리고 자신에게 민족문화는 이미 상실되었음을 깨달은 것이다. 물론 민족학교에서 혹은 오사카나 가와사키 등 재일조선인 집단거주 지역의 일각에서 조선 민족의 언어·무용·노래 등 소위 '문화'를 배우는 사람들은 있다. 하지만 대다수 재일조선인들에게 그런 기회는 주어지지 않는다.

'조선 문화를 갖추고 있는 자가 조선인이다'라는 공식에 내재된 함정에 대해서도 우리는 민감하지 않으면 안 된다. 완성된 '민족문화'라는 것이 존재하고 그것을 갖추고 있는 사람이 온전한 민족의 성원이며 그렇지 못한 사람은 자격이 부족하다는 관점에서 보면, 재일조선인은 대부분 조선 민족이 아니라는 결론이 나버린다. 이렇게 민족에 대한 귀속을 '문화'로 결정하는 문화본질주의 및 문화환원주의로는 재일조선인의 정체성 문제에 답할 수가 없다. 왜냐하면 재일조선인은 다른 재일 외국인과 달리 일본인과의 문화적 차이로 고뇌하는 게 아니기 때문이다. 오히려 본래 자신이 속해 있던 조선 민족이라는 문화적 공동체로부터 떨어져 온 것이 고뇌의 원인이기 때문이다.

정리해보면, 재일조선인은 조국·모국·고국이 세 가지 조건이 서로 분열되고, 고국(일본)에서 배제의 압력('싫으면 나가라')을 받는 한편, 조국(조선반도)은 분단되어 있는, 종횡으로 찢겨진 존재다. 재일조선인이 경험하고 있는 '분단의 고통'에는 '민족의 분단'과 '민족으로부터의 분단'이라는 이중성이 있다. 그들 대다수는 자기 정체성의 근거가 되는 '지역'도, '계급'도, '문화'도 없이 일본 사회라는 드넓은 바다에 모래알처럼 원자화(原子化)되어 떠다니고 있는 것이다.

민중신학에 던지는 질문

이러한 재일조선인을 민중신학은 '민중'으로 인정할 것인가?

『민중이 시대를 개척한다』에 수록된 송기득의 글에는 다음과 같은 부분이 있다.

한국을 위한 신학을 하는 것이다. 한국을 위한다는 것은 한국인을 위한다는 것이다. 한국인을 위한다는 것은 한국 민족을 위한다는 것이다. 한국 민족을 위한다는 것은 그 실태를 형성하고 있는 한반도의 민중을 위한다는 것이다. 따라서 한국이나 한민족이라고 할 때, 그것은 지배 이데올로기로서의 국가주의나 민족주의를 의미하는 것이 아니라 해방 이데올로기로서의 '민중적 민족주의'를 의미한다. 이 점에서 민중신학과 한국신학은 같은 의미를 지닌 말이 된다.[7]

여기에는 '한국', '한국인', '한국 민족', '한반도의 민중'이 대등하게 이어져 있다. 그러나 내 생각에 실제의 수식(數式)은 훨씬 더 복잡할 수밖에 없을 듯하다. 이 문장에는 주(註)가 붙어 있는데, "한반도 밖에서 생활하고 있는 한국인은 민중이라는 차원에서 서로 연대할 수 있다"고만 기술되어 있다. 본국의 민중과 재외 동포(재일조선인)가 어떻게 '민중이라는 차원에서 서로 연대'할 수 있는가는, 사실 이론적으로도 실천적으로도 매우 어려운 문제다. 그 점을 민중신학은 어떻게 포착하고 있는 것일까? '같은 민중이니까'라고 간단히 말할 수 있을까? 재일조선인은 양정명이 전형적으로 그러했듯이, 자신이 민중의 일원인가 아닌가, 오히려 민중을 배신한 게 아닌가, 어떻게 하면 민중

---

7) 宋基得外, 「民衆神學의正体」, 『民衆가時代를拓く』, 新教出版社, 1990.

과 연결될 수 있을까 하는 문제로 고뇌하고 있으니 말이다.

　박성준의 저서 『민중신학의 형성과 전개』(民衆神學の形成と展開)를 보면, 민중신학의 토착적·공동체적인 입각점이 곳곳에서 강조되고 있다. '한'(恨)이라든지 '굿'(무당이 주재하는 제사), 또는 '이야기'(신세타령이나 민담) 등, 이를테면 전통적 공동체에 입각한 정신문화나 기예 같은 것들에 의해서 면면히 계승되어온 민중적 경험이라는 것이, 어떤 사회적 상황 아래서 마치 화산처럼 분출하는 것이 '예수 사건'이라는 것이다. 그러나 앞서 언급했듯이 재일조선인은 이러한 전통적 공동체로부터 떨어져나간 존재다. 재일조선인 대다수는 한·이야기·민담·굿과 같은 민중문화를 향유하기는커녕 그것을 빼앗겼다고 하는 기억마저도 빼앗긴 것이다.

　민중신학이 전달하는 민중의 이미지는 일종의 이념화된 이미지다. 평화시장의 여성노동자를 예로 들면, 우선 한국이라는 제3세계의 인간이며 계급은 노동자, 성별은 여성, 출신지는 차별받고 있는 전라도. 곧 어떤 점에서 보더라도 말하자면 완전무결한 '민중'이다. 그런데 재일조선인은 일본 자본이 한국 민중을 착취하고 있을 때 주관적 의도와는 무관하게 그 착취의 과실을 향유하고 있었다. 여기서도 재일조선인은 일본 사회에서는 소외되고 차별받고 있지만, 조국의 민중의 입장에서 보면 가해자에 가담하고 있는 존재, 또는 적어도 이익을 얻고 있는 존재라는 이중성을 갖는다. 재일조선인과 한국 민중은 반드시 연대해야 하지만, 이렇게 꼬여 있는 관계를 해명하지 않고 '같은 민중'으로서 연대할 수 있다고 간단히 말할 수는 없는 것이다.

고난의 종에 대하여

서준식이 옥중에서 보낸 서한 중에서 일부를 인용해본다. 1982년 청주보안감호소에서 쓰여진 것이다.

가끔 어머니의 꿈을 꾼다. 친구들과 길을 걷고 있는데 어느 버스정류장에 어머니가 혼자 우두커니 서 계신 모습이 보인다. 너무 기뻐서 어머니 쪽으로 달려갔지만, 나를 보신 어머니의 표정과 태도는 냉담하기 짝이 없다. 나는 움찔하면서 어머니에게 어딜 가시느냐고 물었다. 어머니는 이렇게 대답했다. '너희들이 모두 훌륭한 사람이 되도록 대학에 보냈더니, 대학에서 어려운 공부하고서 모두들 이 어미를 무식하다고 멸시하는 건 아니냐. 너희들은 배우지 못한 어미를 창피하게 생각하고 있는 게 아니냐. 그래서 나 혼자 어딘가 먼 곳에 가서 살기로 했다."
그 표정! 어찌 그리도 슬픈 얼굴일까! 눈물이 솟는 것을 참으실 때는 항상 그랬듯이, 어머니의 그 작은 코는 빨개져 있었다. 나는 어머니가 너무 불쌍해서 소매를 부여잡고 와락 울기 시작했다. (……) 잠에서 깨어나 가만히 드러누워 있자니 며칠 전에 읽었던 종교 잡지의 한 대목이 떠올라 다시 뒤적여보았다. 거기에는 가슴을 죄어오듯이 슬프고도 무서운 시가 있었다.

그는 사람들에게 멸시를 당하고 버림받았으며, 고통을 겪고 병고를 아는 사람이었다. 또한 사람들이 얼굴을 가리고 피해갈 만큼 멸시만 당하였으며 우리도 덩달아 그를 업신여겼다. 그런데 실상 그는 우리가 앓을 병을 앓아주었으며, 우리가 받을 고통을 겪어주었구나. 우리는 그가 천벌을 받을 줄로만 알았고 하느님께 매를 맞아 학대받을 줄로만 여겼다. 그를 찌른 것은 우리의 반역죄요. 그를 으스러뜨린 것은 우리의 악행이었다. 그 몸에 채찍을 맞음으로 우리를 성하게 해주었고 그 몸에 상처를 입음으로 우리의 병을 고쳐주었구나. (……) 그가 억울한 재판을 받고 처형당했는데 그 신세를 걱정해주는 자가 어디 있었느냐? 그렇다. 그는 인간 사회로부터 절연당하였다. 우리의 반역죄를 쓰고 사형을 당하였다. (「이사야서」 53장 1~5, 8절)

나는 이 부분만 4, 5일간 스무 번 이상 읽었던 것 같다. 우리 어머니는 '하나님의 종'은 아니지만(아니, 그렇지 않다고 또 누가 단언할 수 있을까), 나는 이 글을 읽을 때마다 마치 어머니의 일을 말하는 듯한 느낌이 들어 견딜 수 없었던 것이다. 지금 내 눈앞에는 옛날 나를 면회하러 다녀가시던 때의 어머니 모습이 차례차례 떠오른다. 살풍경한 사무실에서 책상에 앉아 신문만 볼 뿐 어머니에게 눈길조차 주지 않는 '높으신 양반'에게 열 번 이상 혼자서 굽실굽실 머리 숙여 인사를 하던 어머니를 보고 나는 왠지 부끄러워 보고 싶지 않다고 생각했던 것이다. 그때 나는 다른 사람들처럼 어머니를 마음으로 학대하고 있었던 것이다.[8]

이렇게 서준식은 옥중에서 「이사야서」와 만났다. '고난의 종'은 한국에서는 1970년대부터 민중신학에 의해 거듭 인용되어, 민중신학이 말하는 '민중메시아'라는 이미지의 중심적 근거라고까지 말할 수 있는 것이 되었는데, 서준식은 그것을 민중신학에서가 아니라 차입된 일본 잡지에서 발견하고 있다.

---

8) 徐俊植, 앞의 책.

안병무는 함석헌의 사상에 대해서, "결국 세상의 온갖 썩은 것들이 왜 이 땅(조선반도)으로 흘러들어올 수밖에 없는가, 그는 「이사야서」 53장의 고난의 종을 연상하면서 그것을 세상의 죄를 떠맡는 행위라고 대담하게 주장한다"[9] 고 서술하고 있다. 그는 한국이 세상의 죄악이 흘러드는 하수도 역할을 맡게 된 것이라 말하고, 전태일 같은 사람들을 고난의 종에 비유한다.

나 역시 이는 굉장한 사상이라고 생각한다. 1970년대부터 1980년대 전 반까지, 군사독재의 압제에 눌린 채 최악의 암흑 속에서 "주여, 언제까 지……" 하는 말을 되뇌이면서도, 자신에게 지워진 고난의 무거운 짐은 자기 들만의 것이 아니라 세상을 위한 것이라고 스스로를 타이른다. 그렇게 함으 로써 한국의 동포들은 믿기 힘들 정도의 용기와 윤리적 고결함을 발휘해왔다.

그러나 솔직히 말하자면, 나는 어느 시점에서부터 이것은 일종의 선민(選 民)사상 같은 데 발목이 잡힌 게 아닌가 하는 의구심을 어렴풋이 품고 있었 다. 김지하가 옥중에서 구상한 「장일담」(張日譚)을 서남동은 신학적 사건이라 부를 정도로 높이 평가했지만, 그 김지하의 『대설 남』(大說 南)의 말미는, 요 컨대 한국의 전라도에 전세계의 종말적인 해방을 가져올 진원지가 있다는 것 이다. 김지하는 그뒤로 '동북아시아 생명공동체'라는 것을 주장하며 정치적 과제로부터 소원해지면서 한국 내에서도 비판을 받았다.

한국이 세상의 모든 고통을 짊어지고 있다고 할 때, 앞서 언급했던 한국 =한국 민족=한국 민중이라는 정식이 형해화되고 도식화되어가면서, '고난 의 종'이 자신이라는 혼동이 생긴 게 아닐까? 어딘가에서부터 일종의 자기중

---

9) 안병무, 앞의 책.

심주의, 나르시시즘으로 전도된 게 아닐까? 그런 의혹을 떨칠 수가 없는 것이다. 인류의 보편적인 과제 속에서 한국인이 맡게 된 특별한 역할을 부정하려는 건 아니지만, '고난의 종'을 일국적 범주에서 해석하는 데는 무리가 따른다고 생각하기 때문이다.

조선 민족의 고난은, 재일조선인이 그렇듯이, 디아스포라 조선인 속에서도 복잡해진 형태로 뒤얽혀 있다. 거꾸로 한국 민중이라는 것도 제3세계인, 노동자, 여성, 전라도 출신이라는 정형화된 이미지로 제시될 수 없다. 실제로는 한국 기업이 제3세계에 진출해서 현지 민중을 착취하고 그 착취의 과실을 나누며 한국의 경제와 민중의 생활도 상대적으로 향상될 수 있었다. 그렇다면 한국 민중이 고난의 종이며 한국이 진원지라고 말해버리는 일은 이미 용납할 수 없는 상황이 된 게 아닐까?

여기서 다시 서준식이 말한 '고난의 종'을 잘 살펴보자. 거기에는 괴롭힘을 당하고 차별과 억압을 받아온 어머니가 있고, 그 모습에서 '민중'의 본래 모습을 발견하고 달려갔다가 뜻밖에 거절당하여 울고 있는 자신이 있다. 자신이 정치범으로서 고난의 한가운데 있으면서도, 어머니(민중)를 마음속으로 학대하고 있었음을 깨닫는다. 바로 이 위치가 중요하다고 나는 생각한다. 자신과 민중은 동등한 것이 아니다. 어쩌면 자신은 어머니(민중)를 배신하며 살고 있는 게 아닌가 의심과 회한을 품으면서도 눈물 속에서 추구해나가게 되는 '민중'. 그런 존재로서 '고난의 종'이 있다. 바로 거기에서 이중성의 고통을 짊어진 인간이 '고난의 종'을 발견하는 것이리라.

재일(在日)과 본국, 조선과 일본, 제3세계와 선진자본주의, 민중과 지식인 중산계급……. 이러한 찢김을 자기 내부에 떠맡게 되어버린 자가 던지는 질문이 양정명의 자살에서도 보인다. 오늘날에는 한국의 민중도 이런 이중성을 안고 있는 게 아닐까? 그 이중성을 받아들이는 신학. 물론 이중성을 용인하지도 현상을 무비판적으로 긍정하지도 않으면서, 이 이중성의 고통으로부터 해방되는 길을 가리키는 신학. 그것이 포스트 민중신학에 내가 거는 기대다. _1998년 7월 11일 발표

반난민의 위치에서 보이는 것들

재일조선인과 국민주의

난민적 자기-인식의 출발점

저는 올해(2002년) 봄에 『반난민의 위치에서』라는 제목의 책을 출간했습니다만, 난민이라는 것을 자신의 문제로 생각하기 시작한 것은 1970년대 말에 갓 산 카나파니(Ghassan Kanafani)의 작품을 읽었을 때부터라고 해야 할지도 모르겠습니다. 카나파니 본인이 팔레스타인 난민이었고 PFLP(팔레스타인 해방 인민전선)의 대변인이기도 했습니다. 1936년생인 그는 1972년에 베이루트에서 승용차에 장치된 폭탄에 의해 암살을 당했습니다. 그로부터 2년 뒤인 1974년에 노마 히로시(野間宏)의 책임 편집으로 아랍 작가 열여덟 명의 작품을 모은 『현대 아랍 문학선』(現代アラブ文學選)이라는 책이 간행되지요. 당시 한국에서는 박정희 군사독재정권이 대통령 긴급조치를 연이어 내리면서 민주화운동을 가혹하게 탄압하고 있었습니다. 그리고 저의 두 형, 서승과 서준식은 정치범으로 한국의 옥중에서 최악의 폭력과 대면하고 있었습니다.

사실, 제가 이 책의 존재를 알게 된 것은 1979년의 일입니다. 박정희가 측근에게 암살된 그해에 한국에서 이 책의 일본어 중역본이 "아랍민중과 문학"이라는 제목으로 간행되었습니다.[1] 1970년대 한국 민주화운동의 중심적인 이론적 지도자였던 백낙청 등은 일본을 경유해서 얻게 된 아랍 저항문학의 사상에 자극을 받아, 한국인은 '제3세계적 자기-인식'을 확고히 해야 한다고 주장하면서 스스로의 투쟁을 전세계적인 제3세계 해방투쟁의 일환으로 자리매김했던 것입니다. 그만큼 강력한 충격을 던졌던 것이죠. 일본에서 한국의 민주화투쟁을 주시하고 있던 제게도 그런 움직임이 전해졌습니다. 그래서 이 『현대 아랍 문학선』을 읽어보았던 겁니다. 즉 팔레스타인 난민인 카나파니의 메시지가 일본에서부터 한국을 우회하여 재일조선인인 제게로 다시 흘러들어왔던 것입니다. 저는 한국 국적을 갖고 있습니다만, '민족적 소속'을 표현할 경우에는 늘 '조선'이라는 호칭을 의식적으로 사용합니다. 그것이 분단되지 않은 민족의 총칭으로서, 일단은 가장 적절하다고 여기기 때문입니다. 제가 '조선인'이라고 말할 경우, 그것은 국적이나 거주지와 무관하게 조선민족의 구성원 모두를 가리키는 것입니다.

이 책에서 카나파니의 소설 「하이파에 돌아와서」와 평론 「점령된 팔레스타인에서의 저항문학」을 읽은 것, 그리고 1978년 초판의 『현대 아랍 소설전집 7』(現代アラブ小說全集7)에서 카나파니의 「불볕 속의 사람들」(Men in the Sun)을 읽은 것은 제게 매우 중요한 사건이었습니다. 이때 저는 '제3세계적

---

1) 갓산 카나파니 외 저, 임헌영 편역, 『아랍민중과 문학: 팔레스타나의 비극』, 청사, 1979. 카나파니의 작품은 이 밖에도 『하이파에 돌아와서』 (이호철·임헌영 역, 태창문화사, 1979); 『불볕 속의 사람들』, (창작과비평사, 1982)가 간행되었다. 평론 「점령된 팔레스타인에서의 저항문학」은 위의 『불볕 속의 사람들』에 수록되어 있다 — 옮긴이.

자기인식'뿐만 아니라 '난민적 자기-인식', 즉 나는 바로 '난민'의 일원이라는 자각을 얻었다고 생각합니다.

「하이파에 돌아와서」는 1969년도 작품입니다. 주인공인 팔레스타인 난민 부부는 이른바 '6일전쟁'[2]으로 이스라엘이 점령지를 확대하게 되자 오히려 역사의 얄궂은 간지(奸智)로 인해 1948년의 제1차 중동전쟁 때 추방되었던 고향 하이파로 돌아올 수 있게 됩니다. 그리고 자기들이 예전에 살았던 집을 방문합니다. 하지만 그 집에는 동유럽에서 온 유대인 난민인 이스라엘인 부부가 살고 있습니다. 게다가 20년 전, 난리통에 생이별한 주인공의 장남 하르둔이 이들 부부의 자식으로 길러져서 군인이 되어 있습니다. 고향과 집뿐만 아니라 장남마저도 영원히 잃어버렸음을 뼈저리게 느낀 주인공은 실의에 빠져 옛집을 떠나면서 아내에게 이렇게 중얼거립니다. "조국이란 건 말이오, 이 모든 일들이 일어나서는 안 되는 곳을 말하는 거요." 그리고 난민 캠프에서 태어나서 자란 차남 하리드를 떠올리면서 "하리드에게 조국이란 곧 미래인 게요" 하고 말을 잇습니다. 결국 '조국'이란 어떤 영역, 토지, 혈통, 혹은 고유의 문화나 전통이라기보다 오히려 모든 정치적 조건들 아래서 선택되는, 미래를 향한 태도의 결정을 가리킨다는 말이죠.

이런 생각은 '조국'이라는 관념을 둘러싼 나의 오랜 갈등에 결정적 시사점을 안겨주었습니다. 일본에서 나고 자란 재일조선인이고, 따라서 조선반도의 토지·혈통·문화·전통 등으로부터 분리된 존재인 저 자신이, 바로 그렇기

---

2) 1967년 일어난 제2차 중동전쟁. 시리아와 이집트 등 아랍 측과 이스라엘 사이에 벌어진 전쟁이며 이 전쟁으로 아랍 측은 구예루살렘시, 시나이 반도와 가자 지구, 요르단 강 서안(웨스트뱅크), 골란 고원을 잃었다 ─옮긴이.

때문에 "이 모든 일들이 일어나서는 안 되는 곳"으로서 미래의 '조국'을 지향하지 않으면 안 된다고 생각하게 된 겁니다. 아울러 이스라엘인으로 성장하여 친부모나 친동생과 적대관계에 서게 된 하르둔의 운명에 대해서도 무관심할 수 없었습니다. 우리 재일조선인은 일본과의 관계에서 항상 하르둔식 존재양식과 하리드식 존재양식 사이에 분열되어 있다고 말할 수 있으니까요.

불볕 속의 사람들

「불볕 속의 사람들」에서는 난민이라는 존재의 원형이 간결하게 제시됩니다. 간단히 줄거리를 설명하자면 이렇습니다. 제1차 중동전쟁이 끝난 뒤 팔레스타인 난민들이 일자리를 찾아 쿠웨이트로 밀입국하려 합니다. 원래 국경 같은 건 없었던 곳에 자의적으로 경계선이 그어지고 쿠웨이트나 이라크 같은 나라가 만들어졌죠. 국경 저편에는 석유가 나와서 풍족해졌습니다. 하지만 팔레스타인인들은 이스라엘의 건국 때문에 고향에서 쫓겨나 생활의 기반조차 박탈당한 채 난민 생활을 강요당하고 있습니다. 일자리를 찾아서 쿠웨이트로 가려는데 입국은 제한되어 있습니다. 본래 국경 같은 건 없었는데 이제는 '불법입국'이니 '불법이민'이니 하는 모양이 되고 만 겁니다. 일자리를 찾는 세 명의 팔레스타인 난민은 같은 난민 출신의 인간밀수업자의 도움을 받아 탱크로리(tank lorry)의 텅 빈 석유 탱크 속에 숨어서 작열하는 사막을 건너갑니다. 그런데 국경의 입국관리 사무소, 서늘하게 냉방이 잘 되는 사무소에서 쿠웨이트 관리가 하찮은 농담을 건네며 운전수를 놀립니다. 그러는 사이에 찜통 같은 탱크 속에 있던 난민들은 소리도 지르지 못한 채 목숨을 잃고 맙니다. 그런 줄거리의 소설입니다.

중요한 것은 이 단순한 죽음의 이미지입니다. 팔레스타인인이란 대체 누구일까요? 이런 죽음을 강요당하는 자들, 그것이 바로 팔레스타인인입니다. 이러한 죽음의 이미지를 공유함으로써 '우리 팔레스타인인'이라는 의식이 형성되어나가는 겁니다.

컨테이너 속에 숨어서 유로터널을 빠져나와 영국으로 입국하려다가 산소 부족으로 몰살당한 중국인 난민. 소형 선박에 가득 올라타고 스페인에 상륙하려다가 배가 표류하는 바람에 익사하고 만 모로코인 난민. 비행기 바퀴에 매달려서 유럽으로 가려다가 격납고(格納庫)에서 얼어죽은 아프리카인 소년 등등. 현대의 난민들이 겪는 이 보편적인 죽음의 모습을, 카나파니의 작품은 아주 직접적으로 그려냈다고 할 수 있습니다.

『불볕 속의 사람들』은 이집트인 영화감독 테브피크 살레(Tewfik Saleh)에 의해서 1971년에 영화화됩니다. 전설적인 영화라고 하겠습니다만, 저는 최근까지 볼 기회가 없었습니다. 그런데 올(2002년) 여름, 독일의 카셀에서 열린 대규모 현대미술전 '도쿠멘타 11'(Documenta 11)을 보러 갔다가 우연히 이 작품을 볼 수 있었죠. 아랍의 아티스트들이 공동으로 출품한 작품군 가운데 포함되어 있었기 때문입니다. "이런 식의 작품 전시는 한쪽 입장에 치우친 것"이라는 상투적인 비난이 있었던 것 같은데 주최자 측은 꿈쩍도 하지 않았습니다. 도쿠멘타는 베네치아와 상파울로의 비엔날레와 함께 현대미술계에서 가장 중요한 이벤트 중 하나인데, 이번에는 예술감독으로 뉴욕 거주 나이지리아인인 오퀴 엔베조(Okwui Enwezor)가 취임해서 꼼꼼한 준비과정을 거쳐, 현대 세계가 직면한 과제들에 정확히 초점을 맞췄습니다. 포스트 식민주의와 전지구화라는 시대상황, 그 속에서 각종 인간들이 경험하는 갖가지 부조리와 불공정에 눈길을 둔 것은, 일부에서는 'PC(Political Correctness, 정치적 공정성) 과잉'이라는 빗나간 비판도 있었지만, 제가 보기에는 탁월한 것이었습니다. 이번의 도쿠멘타에도 출품한, 미국에 사는 이란 출신의 여성 아티스트 시린 네샤트(Shirin Neshat)는 이미 현대미술의 세계에서 스타라고 해도 좋을 존재입니다.

현대미술을 보러 다니다가 네샤트의 작품과 만날 때마다 떠오르는 정경이 있습니다. 전에도 쓴 적이 있는 에피소드지만, 저는 1980년대에 캐나다를 방문한 적이 있습니다. 서드베리라는 지방도시의 시민단체가 당시 한국의 옥중에 있던 제 형들에 대해 구원운동을 벌이고 있던 때였습니다. 일본인이라면 캐나다로 입국하는 데 비자가 필요 없습니다만, 당시 한국인에게는 비자가 필요했습니다. 그래서 도쿄의 캐나다 대사관으로 비자를 신청하러 갔지요. 대사관에서 요구하는 것은 돌아올 비행기표를 갖고 있는가, 그리고 은행 잔고가 있는가에 대한 증명이었습니다.

언짢은 생각이 들면서도 어쨌거나 저는 그것을 증명할 수 있었습니다. 그때 대사관의 대기실에 저처럼 비자 신청을 하러 온 이란인 가족이 있었습니다. 50세 정도의 부부와 자식들이 두세 명. 장녀는 새까만 차도르를 입었는데, 우연히 치맛자락 밑에 새빨간 구두가 힐끔 보였습니다. 그들과 대기실에서 이야기를 나누다가 어디로 가느냐고 물었더니, 친척이 사는 밴쿠버로 가고 싶다고 하더군요. 호메이니 혁명 후의 이란을 벗어나 홍콩을 거쳐 겨우 도쿄에 당도하여 친척이 있는 캐나다로 건너가려 했던 겁니다. 신청서 쓰는 법을 알려달라기에 가르쳐주는데, 현주소를 적는 난에 '아라카와구 마치야 가와바타 여관'이라고 적혀 있었습니다. 마치야는 도쿄에서 재일조선인이 많이 거주하고 있는 지역 중 하나입니다. 일반적으로는 외국인 여행자가 체재할 만한 곳이 아닙니다. 그런 곳의 여관에서 숙박비를 절약해가며 일가는 비자

를 구하기 위해, 즉 좀더 나은(그렇다고 여기는) 생활을 찾아 캐나다 대사관으로 매일같이 참배를 왔던 것입니다. 결국 그날 이란인 일가는 증명미비라는 이유로 제 눈앞에서 쫓겨나고 말았습니다. 그 모습을 보면서 저는 같은 난민으로서의 공감을 느꼈던 겁니다. 그 빨간 구두의 소녀는 그뒤로 어떻게 되었을까 생각할 때가 있습니다. 실제로는 그럴 리 없겠지만, 그 소녀가 바로 시린 네샤트가 된 게 아닐까 하고 말이죠.

이번 '도쿠멘타 11'에서는 시린 네샤트를 능가한다고 보이는 신인 아티스트들도 나타났습니다. 가령 우간다에서 태어난 인도계로 지금은 영국에 거주하고 있는 자리나 빔지(Zarina Bhimji)의 영상은, 우간다에서의 내전과 폭력의 기억을, 대단하다고 밖에 말할 수 없는 차분한 영상으로 정착시키고 있었습니다. 이런 아티스트들은 그 경력이 말해주듯이, 넓은 의미에서의 난민으로서 '난민적 자기-인식'을 둘러싸고 예술적 도전을 펼치고 있다 하겠습니다. 그것이 인류에게 가장 동시대적인 문제라는 것을 '도쿠멘타 11'은 분명히 보여주었습니다. 바로 그런 장소였기 때문에 거기서 「불볕 속의 사람들」이 떠오른 것도 당연하다고 할 수 있습니다.

살가도와 미하일로프

'난민'의 반대말은 '국민'일 겁니다. '국민'이 국가에 의해 '시민권'을 보장받는다, 인권이나 생존권도 국가와의 관계에서 규정된다는 것이 근대 국민국가의 약속입니다. 물론 어디까지나 표면적 원칙이긴 합니다만. 그런 약속의 외부로 내몰린 자가 바로 '난민'입니다. 이런 식으로 생각하자면, 난민 캠프에서 살고 있는 사람들만 난민이라고 보는 것은 도리어 그 본질을 왜곡할 위험이 있습니다.

지금 도쿄에서는 브라질 출신의 사진가 세바스티앙 살가도(Sebastião Salgado)의 '국경을 넘어서'(EXODUS)라는 전람회(2002년 8월 31일~10월 20일)가 열려 화제를 모으고 있습니다. 저는 2년 전 파리에서 이 사진전을 보았습니다. 듣기로는 이번에 도쿄에서 가진 기자회견에서 "일본에서 이민이라는 것은 그다지 친숙하지 않은 문제다"라는 식으로 일본인 기자가 던진 질문에 대해, 살가도가 "일본에는 예전부터 재일조선인이 있고 브라질에서도 35만 명의 일본계 브라질인[3]이 일하러 와 있다"고 대답했다더군요. 상당한 식견이

---

3) 1908년 이래 농업노동자로서 브라질에 이주한 일본인의 후손. 러일전쟁 직후 미국이 아시아계 이민에 대한 인종차별적 정책을 취한 것이 계기가 되었다. 브라질의 일본계 국민은 150만 명이나 된다. 1990년 일본의 출입국관리법 개정으로 '일계인' 입국이 전면개방되면서 유입인구가 늘어 현재 약 30만 명에 달한다. 보사노바 가수 오노 리사(小野リサ) 등이 유명하다—옮긴이.

라고 생각합니다. 다만 장대한 파노라마에 의해 묵시록적 이미지를 환기시키는 그의 작품은 무한한 매력과 함께 어떤 당혹감을 줍니다. 제게는 오히려 보리스 미하일로프가 찍은 세계야말로 난민이라는 존재의 진실을 폭로하고 있다고 생각합니다.

우크라이나에 거주하는 미하일로프는 구소련 시대부터 활동한 사진가인데, 처음에는 보도사진을 찍었습니다. 구소련에서는 어느 높이 이상 되는 장소에서 촬영해서는 안 된다, 하나의 테마를 지나치게 추구해서는 안 된다, 그리고 나체 사진은 안 된다 등등의 터부 속에서 사진을 찍었다고 합니다. 소련 붕괴 후에 그의 작품은 점점 화면 그 자체가 아름답지 않게 변합니다. 물론 의도적인 거죠. 그에 따르면, 소련 붕괴 직후의 상징적이고 중요한 변화 가운데 하나는 컬러 필름을 쉽게 구할 수 있게 된 것이라더군요. '후지'나 '코니카' 같은 간판이 빠르게 거리 곳곳을 장악했다고 합니다. 그리고 그런 컬러 필름으로 찍은 싸구려의 지나치게 화려한 색채야말로 현실을 그려내는 데 적격이었다고 그는 말합니다.

그의 사진집 『케이스 히스토리』를 처음 봤을 때, 저는 마음 깊이 어떤 떨림을 느꼈습니다. 여기에 그가 찍은 것은 우크라이나 말로 '봄즈'라고 하는, '아무런 사회적 지원도 받지 못하는 홈리스'의 모습입니다. 구소련이 붕괴된 지 10년, '신러시아인'이라 불리는 벼락부자의 정반대 편에서 등장한 '새로운 계급'입니다. 어느 나라에서나 홈리스라는 존재 자체는 사회보장의 틀 밖으로 쫓겨난 사람들이라고 할 수 있겠습니다만, 현재의 우크라이나 상황에서 그들은 말 그대로 내버려져서 맨몸인 채 거리로 쫓겨나 있습니다. 이 홈리스를 일반시민인들이 아무런 이유도 없이 그저 울분을 달래기 위해 걷어차거나 구타하면서 지나갑니다. 그럴 때 뚝하고 뼈 부러지는 소리가 들립니다. 그들은 하루하루 죽어가고 있습니다. 미하일로프는 그렇게 말합니다.

미하일로프는 그런 봄즈를 의도적으로 맨몸인 채 사진에 담습니다. 그것이 결국 국가가 '국민-시민'을 보호한다고 하는 근대의 약속 밖으로 쫓겨난 사람들의 진실한 모습인 것입니다. 그들은 구소련의 붕괴와 동시에 생겨난 난민이라고 할 수 있습니다. 이른바 좁은 의미의 난민으로서, 국경 밖으로 흘러나간다거나 더 나은 생활을 찾아서 떼지어 이동한다거나 하는 일조차 불가능한 난민입니다. 난민 중의 난민이라고 해도 좋겠죠. 물론 그런 사람들과 제 자신이 똑같다는 식으로 가볍게 말할 수는 없을 겁니다. 하지만 국가로부터 쫓겨난 경험이 있고 국가로부터 내몰릴 위협을 느낄 수 있다는 의미에서, 재일조선인인 저는 보리스 미하일로프의 작업으로부터 커다란 감동을 받습니다.

난민으로서의 재일조선인

「불볕 속의 사람들」이 제 자신에게 강력히 호소하는 것은, 거기에 우리 재일조선인의 경험과 통하는 면이 있기 때문입니다. 더 단적으로 말하면, 이 이야기는 저로 하여금 불우하게 일생을 마감한 삼촌을 떠올리게 합니다. 제 조부는 일본 식민지배의 시대, 일본이 한국을 '병합'한 지 18년이 지난 1928년에 일자리를 찾아 조선반도에서 일본으로 건너왔습니다. 그때 어린 제 아버지를 데리고 오셨으니, 저는 조부부터 헤아리자면 3대째, 즉 재일조선인 3세가 되는 셈입니다. 1945년 8월 15일 일본이 패전했을 때, 내지에는 230만 명이 넘는 조선인이 있었습니다. 그 중에서 150만 명 정도는 이른바 총력전체제 시기에 직·간접적으로 연행되어온 사람들입니다.

불가피한 사정이 있던 60만 명 정도를 제외하면, 이들 대부분은 일본 패

〈케이스 히스토리 연작 중 무제〉, 보리스 미하일로프,
1997~1998 ⓒ Boris Mikhailov

전 뒤 곧바로 조선반도의 고향으로 귀환합니다. 20대 한창 일할 나이의 부친
은 일본에 남았고, 조부모는 아직 어렸던 부친의 동생들(즉 제 삼촌과 고모)을
데리고 충청남도의 고향으로 돌아갔습니다. 하지만 조부는 17년이 넘는 오랜
기간 일본에서 생활했기 때문에 고향에서 생활을 재건하기가 힘들었습니다.
더욱이 38선으로 나뉜 남북의 분단이 고정되는 양상을 보이기 시작하면서 정
치적 대립이 사회 전반에 걸쳐서 격화되었습니다. 해방 3년 뒤인 1948년, 이
스라엘 건국과 같은 해인 그 운명적인 해에 조선반도의 남과 북에 대한민국
과 조선민주주의인민공화국이라는 두 개의 국가가 생겨버리고, 1950년에는
한국전쟁이 발발해 조선 전역은 3년에 걸쳐 전쟁터가 됩니다. 전란과 빈곤에
허덕이던 조부는 아직 어린애였던 차남(저의 삼촌)만이라도 일본에 있던 장남

(부친)에게 되돌려 보내기로 했습니다. 생존을 위한 절박한 선택이었다고 생각합니다.

1910년부터 1945년까지는, 부당한 식민지배에 의해서이긴 하지만, 조선반도는 일본국의 영토였습니다. 조선인들은 스스로 원했던 것은 아니지만 '일본국 신민'이 되었습니다. 그러나 같은 일본 신민인 '야마토 민족'과 동등한 권리를 얻은 것은 아니었습니다. 심한 차별을 받는 식민지 신민이었던 거죠. 식민지시대에 조선인들은 먹고살기 위해 일자리를 찾아서, 혹은 강제적으로 연행되어서, 같은 일본국 영역인 '내지'로 이동했던 것입니다. 즉 동아시아 지역에 대한 일본의 침략과 팽창에 의해 조선 민중의 생활권은 1920년대 중반 이후 조선반도에서 만주와 일본열도를 포함한 광대한 지역으로 확대되었습니다. 이러한 조선인의 생활권이 일본의 패전과 조국 분단, 냉전이라는 조건 때문에 찢기게 되었던 것입니다.

패전 후에 일본국은 강화조약이 체결될 때까지 조선인, 대만인 등 구(舊)식민지 출신자가 보유한 '일본 국적'은 계속 유효하다는 입장을 취했습니다. 그것이 재일조선인의 민족교육을 탄압하는 구실이 되기도 했습니다. 샌프란시스코 강화조약이 발효된 것은 1952년 4월입니다. 이때 일본 정부는 한 통의 통첩으로 "구식민지 인민은 일본 국적을 상실한 것으로 간주한다"고 선언해버렸습니다. 이 자체가 부당한 일이지만, 설령 일본 정부의 입장에 선다고 하더라도 패전부터 1952년까지의 7년간, 조선인의 일본 국적은 유효했다는 말이 됩니다. 1951년에 교토에서 태어난 저는 생후 1년간만 일본 국적을 보유했던 셈입니다. 그 일본 국적이, 제 자신은 물론 제 부모조차도 전혀 모르는 사이에 상실되고 말았습니다.

그런 한편 해방 후(일본 패전 후) 일단 조선반도로 귀환했던 조선인, 즉 제 삼촌 같은 사람들은 다시 일본으로의 입국을 거부당합니다. 1947년에 일본 정부가 외국인등록령을 내려서 조선인·대만인을 "당분간 외국인으로 간주한다"고 결정했기 때문입니다. 주의를 기울여주었으면 하는 점은, 그 시점에서 아직 조선반도에는 남북 모두 국가가 성립되어 있지 않았다는 것입니다. 일찍이 한국 '병합'과 함께 일본 신민의 대열에 편입되었던 조선인은 이때 아무런 상의도 없이 일본 국가로부터 내팽개쳐진 것입니다. 외국인등록을 강요당했을 때, 그들 대다수는 국적란에 '조선'이라 기입했습니다. 그 '조선'은 특정한 국가를 가리키는 말이 아니라 자신의 민족적 태생을 표명한 말이었던 것입니다. 그렇게 쓸 수밖에 없지 않았겠습니까? 아직 자신이 국민으로서 귀속할 국가가 지구상에 존재하지 않았으니까 말입니다. 이래서 재일조선인은 난민이 되었습니다. 재일조선인이라는 난민을 만들어낸 주요한 책임은 일본국에 있습니다. 하지만 과연 얼마만큼의 일본인들이 그것을 자각하고 있었을까요?

어린애였던 제 삼촌은 '난민'이 되고 '불법입국자'가 되어 형이 사는 일본 땅으로 흘러들어 왔습니다. 작은 밀항선 밑바닥, 숨막히도록 후텁지근한 곳에서 기계용 기름이 담긴 드럼통 속에 들어가 목만 내민 채로 3일 밤낮을 보냈다고 하더군요. 그야말로「불볕 속의 사람들」동아시아판입니다. 이렇게 우리 일가는 몇 년 동안이나 정처 없이 떠돌던 삼촌을 일본 관헌으로부터 숨겨주었습니다. 삼촌은 강제퇴거를 우려해서 학교에도 맘대로 가지 못한 채 성인이 되고 말았습니다. 가명으로 결혼해 아이 셋을 낳고 나서야 자수해서 특별 재류(在留)라는 불안정한 재류 자격을 얻었습니다만, 몇 년 전에 뒤죽박죽의 연속이었던 인생을 당신 손으로 마감하셨습니다.

재일조선인에게 이런 경험은 결코 예외적인 게 아닙니다. 이시하라 신타

로(石原愼太郎) 도쿄 도지사가 2000년 4월에 이른바 '삼국인' 발언을 한 뒤에 비판을 받게 되자, 그 말은 '불법입국한 삼국인'을 가리킨 것이었다고 얼버무리며 태도를 바꾼 적이 있습니다. 그때 젊은 세대의 재일조선인인 신창건(愼蒼健)이 날카롭게 반발하면서 「우리는 밀입국자의 후예」라는 글을 썼습니다만(『이시하라 도지사 '삼국인' 발언 무엇이 문제인가』〔石原都知事 '三國人' 發言の何が問題なのか〕에 수록) 이상해 보이는 이 말에는 진실이 담겨 있습니다. 조선인을 일본 신민으로 만든 것도, 난민으로 만든 것도, 불법입국자로 만든 것도 일본인 것입니다. 조선인 중에서 어떤 사람(예컨대 저의 삼촌)은 밀입국자가 되고 어떤 사람(예컨대 저의 부친)은 그리 되지 않은 것은 순전히 우연에 불과합니다. 그렇게 생각하면 우리 재일조선인은 실로 '밀입국자의 후예'인 것입니다.

일본이 1980년대 중반에 '보트 피플'이라 불린 베트남 난민을 받아들이라는 외압 때문에 유엔 난민조약을 비준하면서, 종래의 출입국관리법이 '출입국관리 및 난민인정법'으로 개정되었습니다. 이렇게 해서 재일조선인의 처우는 겨우 당시 국제 기준의 '난민' 수준에 가까워진 것입니다. 그 이전에는 '난민' 이하였지요. 재일조선인이 국민건강보험 가입을 인정받은 것은 1960년대 말부터입니다. 그때까지는 단기체재 일반 외국인과 마찬가지로 의료비를 100퍼센트 자기가 부담해야 했습니다. 그렇지 않아도 가난한 재일조선인에게 그게 얼마나 큰 부담이었겠습니까? 그런데 일본 국민의 대다수는 '재일조선인은 이제 국민이 아니다'라며 이처럼 부당한 차별을 당연히 여겼습니다. 국민연금도 마찬가지여서, 국민연금법에서 국적조항이 삭제된 것은 난민조약 이후의 일입니다. 취업 시 민간기업에 의한 차별은 말할 것도 없고, 변호사·공무원·공립학교 교원·국립대학 교원 같은 직업의 문은 국적조항에 의해 오랜 동안 재일조선인에게 닫혀 있었습니다. 최근 10여 년 사이에 이런 상황은 완만하게 변하고 있는 듯하지만, 아직 불충분하며 그 앞날도 낙관할 수 없습니다.

이러한 부당성과 불공정이 문제되지 않은 채 방치되어온 근본적인 이유는 일본인 다수자의 내면 깊숙이 '국민주의' 이데올로기가 침투해 있기 때문이라고 생각합니다. 현행 일본 헌법에는 기본적 인권을 향유할 주체가 '국민'이라고 되어 있습니다. 잘 알려져 있듯이, 이는 이른바 '맥아더 헌법초안'에 'people'(인민)이라 되어 있던 것을 '국민'으로 번역했기 때문입니다. 이로부터 파생해 정착한 것이, '국민'이란 '일본 국적보유자'를 가리키며 따라서 '일본 국적보유자'가 아닌 자는 기본적 인권을 보장받지 못한다고 하는 견해입니다. 즉 일본인 다수자들은 오랜 동안 '기본적 인권'이란 '국민'에게만 허용된 특권이라고 생각해온 것입니다. '인권'이라는 개념의 기본적 이해에조차 위배되는, 이러한 '국민주의'가 일본의 일반 사회는 물론 법정에서조차 장기간 승인되어왔습니다.

유대인증명서를 들고 있는 자화상

최근 수년간 저는 펠릭스 누스바움(Felix Nussbaum)이라는 화가에게 매료되어 이것저것 알아보고 있습니다. 작년에는 「누가 누스바움을 기억하고 있는가」라는 글을 쓴 적도 있습니다(『현대사상』(現代思想) 2001년 6월호).

누스바움은 독일 북서부에 있는 도시, 오스나브뤼크 출신의 유대인입니다. 그의 부친은 유복한 철물상이었고 제1차 세계대전 때에는 애국심을 증명하려 자진해서 종군했다고 하는, 말하자면 전형적인 동화(同化) 유대인이었습니다. 화가의 길을 택한 누스바움은 1930년경에 베를린 분리파의 한 사람으로 활동하고 있었던 것 같은데, 미술 아카데미의 장학금을 얻어서 로마로 유학을 떠납니다. 나중에 아내가 되는 펠카 플라테크(Felka Platek)도 이때 동행을 했는데, 그녀는 폴란드 출신의 유대인입니다. 그러나 그들이 로마에 체재하고 있을 때 독일에서 나치가 정권을 탈취하고 반유대 정책을 실행에 옮겼기 때문에, 두 사람은 독일로 돌아가지 못한 채 남아서 난민 신세가 되고 말았습니다.

당시에 유럽 각국 가운데 벨기에는 난민의 입국에 대해 비교적 관용적이었던지 누스바움은 벨기에에 체재하게 됩니다. 그때 입국 목적은 플랑드르파 거장들의 회화를 연구하기 위해서라고 했고, 벨기에의 저명한 화가인 제임스 앙소르(James Sydney Ensor)가 신원보증인이 되었습니다. 단 그의 체재에는 "벨기에에서 어떠한 고용 노동에도 종사하지 말 것"이라는 조건이 달려 있었습니다. 그것은 그가 의무적으로 휴대해야 했던 '외국인등록증'에 명기되어 있었습니다. 게다가 체재 허가는 6개월마다 갱신하고 그때마다 충분한 돈을 소지하고 있어야 한다는 등의 체재조건을 갖추고 있음을 증명해야만 했습니다. 만일 그러지 못하면 강제퇴거를 당하는 거지요. 누스바움은 런던에 사는 친척으로부터 송금을 받았던 것 같습니다. 이 친척과는 그리 사이가 좋지 않았다고 합니다만, 송금해줄 친척이 있었던 것만으로도 그는 행운이었습니다. 나치의 손에서 도망친 누스바움은 불안에 떨면서 6개월마다 관청에 출두하여 체재 허가를 갱신해야만 했습니다. 그렇게 앞날이 막막한 불안정한 생활이 몇 년이고 계속되었습니다. 그런 일의 거추장스러움, 뭐라 말할 수 없이 불쾌한 기분, 이런 시시콜콜해 보이기까지 하는 세부사항에 저는 특별한 리얼리티를 느낍니다. 아아, 어디든 똑같구나 하고 기묘한 감개(感慨)까지 느낍니다. 그것은 지금도 세계 각지에서, 이 일본에서도, 수백만, 수천만의 난민들이 경험하고 있는 것이니까요.

본래 우리 재일조선인도 '외국인등록증'의 상시휴대가 의무화되어 있어서, 제 경우에는 열네 살 때부터 소지하고 있습니다. 당시에는 지문날인도 의무였습니다. 국가로부터 잠재적 범죄자로 간주되고 있고 언제 추방될지 모른다는 막막한 불안을 계속 주입하는 것은 사람들을 위축시키는 데에는 더할 나위 없이 좋은 정책이지요.

송금에 관한 에피소드에서도 친근감을 느낍니다. 예를 들어서 해방 직후에 한국으로 귀환한 조부에게 일본에 남아 일하고 있던 부친이 송금을 했습니다. 패전 직후의 혼란기였기 때문에 은행의 외국환 창구를 통한 정식 송금이었던 것 같지는 않습니다. 아마도 합법적·비합법적으로 일본과 왕래하는 동향인(同鄕人) 네트워크를 이용하고 있었겠지요. 아버지가 A에게 일정한 금액을 지불하면 저쪽에서 그 연락을 받은 A의 친척이나 누군가가 거기에 상당하는 금액을 조부에게 건네주는 방법이었을 겁니다. 국경과 관세의 장벽을 넘어서 살아남기 위한 민중의 지혜이자 상호부조인 셈이죠. 하지만 국가는 그런 금전의 흐름을 독점적으로 관리하여 세금이나 수수료라는 명목으로 이익을 독식하려 합니다. 때때로 재일중국인이나 페루인 등의 '지하은행'이 적발되었다고 하는 뉴스를 접합니다만, 그때마다 저는 부친의 일을 떠올립니다.

누스바움의 이야기로 되돌아갑시다. 그렇게 해서 누스바움은 1935년부터 벨기에에 체재하게 됩니다만, 1940년 5월에 독일이 느닷없이 벨기에로 침공해옵니다. 그때 누스바움은 '독일 국적'을 보유했기 때문에 벨기에 당국의 눈에는 '적성(敵性) 외국인'이 되는 셈이었고, 결국 다른 독일 국적보유자와 함께 구속되어 프랑스 남부의 생시프리앵 수용소로 보내졌습니다. 나치 독일로부터 도망쳐온 난민임에도 불구하고 '독일 국민'이라는 이유로 체포되었던 겁니다. 수용소에 구속된 '독일 국민' 가운데 거의 90퍼센트가 실은 유대계 사람들이었습니다. 그리고 그들이 그 수용소에 있는 동안에 벨기에와 프랑스는 잇달아 독일에게 항복했습니다. 그러자 이번에는 그들을 독일 본국으로 송환해야 한다는 문제가 불거집니다. 그렇게 되면 유대계 사람들은 곧장 소용소로 가게 되겠죠. 누스바움은 생시프리앵 수용소를 탈출해 벨기에로 돌아갑니다. 그곳에는 연인인 펠카 플라테크가 기다리고 있기 때문입니다.

그런데 그뒤로 독일 국내에서 유대계 시민의 공민권을 박탈한다는 결정이 내려져 누스바움은 '독일 국적'마저 잃고 명실공히 무국적자가 됩니다. 또벨기에를 점령한 독일 군정 당국은 유대계 시민에게 '유대인등록'을 의무화했습니다. 강제수용소로 이송하기 위한 행정 절차였죠. 누스바움과 펠카는 벨기에인의 도움을 받아서 은신처에 숨었습니다. 누스바움은 누구에게 보여줄 수 있으리라는 기약도 없이 이 은신처에서 그림을 그려나갔습니다. 그리고 자기 작품을 어떤 벨기에인에게 맡기면서 "만일 내가 없어지더라도 내 그림만은 죽지 않게 해줬으면 싶다"는 말을 남깁니다. 결국에는 밀고를 당해 펠카와 함께 아우슈비츠로 이송되어 목숨을 잃게 됩니다.

누스바움의 작품 중에 〈유대인증명서를 들고 있는 자화상〉(Selbstbildnis mit Judenpass)이라는 그림이 있습니다. 막다른 골목에 몰린 사내가, 검문하는 관헌에게 손에 든 외국인등록증을 보여주는 그림입니다. 그의 외투에는 노란색 다윗의 별이 꿰매어져 있고, 손에 들고 있는 증명서에는 '유대인'이라고 빨간 스탬프가 찍혀 있습니다. 그의 작품 가운데 제일 중요한 것입니다.

이 그림에 담겨 있는 것은 '나는 유대인'이라고 하는 자기-표명이 아닙니다. '유대인'이라는 민족성이나 종교성 등의 정체성을 표명하고 있는 게 아

〈유대인 증명서를 들고 있는 자화상〉, 펠릭스 누스바움, 1943, 펠릭스누스바움 전시관

니라는 겁니다. 국가의 폭력에 의해 '유대인'으로 분류된(categorized) 난민이 그려져 있는 것입니다. 따라서 그것은 '유대인'의 초상이 아니라 '난민'의 초상인 겁니다. 바로 그렇기 때문에 저는 이 그림을 20세기를 대표하는 자화상이라고 부르는 것입니다.

누스바움의 운명은 국가라는 것이 그만큼 자의적으로 인간을 분류하여 배제하거나 말살할 수 있음을 보여주는 전형적인 사례입니다. 누스바움이라는 화가는 그런 자신의 운명을 '리얼타임'으로 작품 속에 담았다는 의미에서 매우 특이합니다만, 그의 운명 자체는 난민에게 공통적인 운명이지 특수한 예외가 아닙니다. 그것을 저는 대학 강의나 시민 강좌 등에서 꽤 자세하게 설명하곤 합니다만, 학생들은 잘 이해를 하지 못하는 것 같습니다. 학생뿐만 아니라 아마 일본의 다수자는 이런 사태를 잘 이해하지 못할 겁니다. 국가와 자신이 그만큼 밀착되어 있기 때문입니다. 국가로부터 자신이 분리되거나 국가가 자신을 추방한다는 것은 상상조차 하지 못하는 거겠죠. 국가는 사람을 분류해서 '국민'이라는 영역으로 편입시키거나 추방하거나 합니다. 재일조선인의 경험도 마찬가지입니다. 그런 일이 아마 전세계에서 일어나고 있을 테고, 그에 대한 상상력이 필요해지고 있는 것입니다.

모어로부터 추방된다는 경험

20세기의 정치 폭력과 유대인의 경험 속에서 난민성이라는 것의 속살을 힐끔 엿보게 해주는 사례가 장 아메리(Jean Améry)와 파울 첼란(Paul Celan)의 경우가 아닐까 생각합니다.

본명이 한스 마이어인 장 아메리는 1912년에 빈에서 태어난 전형적인 동화 유대인입니다. 그는 열아홉 살 때까지 동유럽 유대인에게 모어(母語)라고 할 수 있는 '이디시어'의 존재조차 몰랐고, 헤브라이어나 헤브라이 문화도 전혀 몰랐다고 합니다. 그는 문학과 철학 학위를 취득한 지식인이었습니다. 자신을 '유대인'의 일원이라고 생각하지 않았고, 오히려 '독일 문화'야말로 그의 정체성의 원천이었던 것입니다. 그런 인물이 나치 독일의 오스트리아 병합과 동시에 망명자·난민이 됩니다. 아메리도 누스바움과 마찬가지로 벨기에로 도망쳐서 거기에서 독일에 대한 레지스탕스에 가담합니다만 곧 체포되어 아우슈비츠로 보내졌습니다.

가스실로 이송되지 않고 강제노동에 돌려졌기 때문에 살아남을 수 있었던 것인데, 거기서 그가 사용하게 된 자신의 모어와 (이런 표현이 가능하다면)

'모문화'(母文化)를 둘러싼 경험은 중요합니다. 모어인 독일어를 사랑하며 독일 문화를 가치 있는 것으로 믿어왔던 그는 거기서 자신의 모어와 모문화가 완전히 나치의 독점물이 되어버렸다는, 거꾸로 말해서 자신이 자신의 모어나 모문화로부터 추방되고 말았다는 것을 뼈저리게 깨닫습니다. 베토벤부터 리하르트 슈트라우스까지, 괴테에서 게오르크 트라클(Georg Trakl)까지, 아메리의 내면을 꽉 채우고 있던 '독일어'와 '독일 문화'는 이제 '독일인'의 전유물이 되었고, '유대인'이 된 자신은 더 이상 그것을 향유할 수 없었습니다. 그러나 그에게는 그것밖에 없었습니다. 즉 국가는 아메리를 '유대인'으로 분류해서 배제했을 뿐만 아니라 그 내면의 모어나 문화까지도 그것이 '독일인'의 것이라는 이유로 박탈하려 했던 것입니다. 그는 자신을 '고향상실자'라고 불렀습니다만, 여기서 '고향'은 지리적 장소가 아니라 언어나 문화에 의해 뒷받침되는 정체성입니다.

아메리는 "유대인으로 사는 것의 불가피성과 불가능성"(그가 쓴 에세이의 제목이기도 합니다)에 대해 극한까지 사고하면서 그 불가능성을 굳이 짊어지려 합니다. "나를 유대인과 결부시키는 것은, 위협과 대면한 상태에서의 연대다. (……) 반유대주의가 있기에 비로소 유대인인 내가 생겨났다"[4]는 것이 그의 결론이었습니다. 전후에 그는 오스트리아 국적을 취득하지만 벨기에에 머물면서 1960년대 후반부터 독일어로 아우슈비츠 경험을 저술하게 됩니다. 그러다가 1978년 잘츠부르크의 한 호텔에서 자살했습니다.

동유럽의 다민족 지역 부코비나에서 태어난 파울 첼란의 경우는 아메리

---

4) Jean Améry, *Jenseits von Schuld und Sühne*, Deutscher Taschenbuch Verlag, 1966.

와 약간 다른 면이 있습니다. 첼란은 언어의 천재여서 독일어 외에 루마니아어, 프랑스어, 러시아어를 유창하게 썼고 이디시어에 대해서도 조예가 깊었습니다. 그러나 그의 모어는 역시 독일어입니다. 자신도 강제수용소 체험이 있고 강제수용소에서 양친을 잃은 경험까지 있으면서, 그는 독일어로 시를 썼습니다. 그런 그에게 한때 "왜 자기 양친을 죽인 자들의 언어로 시를 쓰느냐"는 비난이 쏟아진 적이 있는데, 그때 첼란은 "모어를 통해서만 비로소 자신의 진실을 말할 수 있는 것"이라고 대답했다고 합니다.

첼란은 난민이 되어 파리로 흘러들어 거기서 독일어로 계속 시를 썼습니다. 주위에 그의 모어인 독일어를 아는 사람은 거의 없었죠. 그의 시를 읽어주는 독자들도 거의 없었습니다. 하지만 그는 독일어를 쓰는 사람이 많은 장소, 즉 당시의 서독에는 거의 발을 들어놓으려 하지 않았습니다. 나중에 브레멘시 문학상을 받게 되어 시상식 때문에 서독을 방문한 그는 자기 연설에 대한 청중석의 질문이 '반유대적'이라고 느껴 자리를 박차고 나와버립니다. 그 수상식 연설 중에 이런 말이 있습니다. "갖가지 손실들 중에서 오직 그것, 곧 언어만이 다른 이에게 가닿을 수 있는 것으로, 내 곁에 있는 것으로, 상실되지 않은 것으로 남았습니다."

유대인 난민인 첼란에게 남은 것은 언어뿐이었습니다. 그러나 그 언어는 그의 양친을 죽인 자들의 언어이고, 그 자신은 그 언어가 쓰이는 장소에 정착할 수 없었습니다. 그런 의미에서 첼란 역시 '모어'의 공동체에서 추방된 자라고 불러도 무방할 것입니다.

첼란 연구자에게는 딱히 새로운 지적이 아닐지도 모릅니다만, 저를 놀라게 한 대목이 하나 있습니다. 첼란의 브레멘시 문학상 수상 연설을 읽고 있자니, 그 서두의 한 줄이 "'생각한다'(뎅켄, denken)와 '감사한다'(당켄, danken)는 우리 국어에서는 같은 기원을 갖고 있습니다"라고 번역되어 있었던 것입니다.

'국어'랍니다! 원문에는 '슈프라흐'(Sprach)로 되어 있습니다. 그것은 체란에게 결코 '국어'가 아닙니다. 이것은 '국어'가 아니라 '언어'라고 번역하지 않으면 안 될 대목입니다. '한 국가의 영역에는 하나의 민족(즉 국민)이 거주하고 그 민족은 하나의 언어(즉 국어)를 사용한다', 거꾸로 말해서 '하나의 언어를 사용하는 집단이 하나의 민족(즉 국민)을 형성하고 그것이 국가가 된다', 국가·국민·언어를 등식으로 간주하는 이런 사고방식이야말로 국어 이데올로기이며, 그것은 두말할 나위도 없이 첼란의 삶이나 작품과는 정반대되는 것입니다. 그럼에도 불구하고 일본에서는 이 대목에서 '언어'가 '국어'로 번역되고 그것이 연구자들 사이에서도 별 문제제기 없이 그대로 유통되고 있는 것입니다. 재일조선인이나 일본계 브라질인 등의 아동들도 있는 교실에서 일본어를 '국어'라 부르며 아무 의심도 하지 않는 교육자들의 감수성과도 상통하는 둔감함이라 할 수 있겠지요.

첼란 또한 1970년에 세느 강에 투신하여 자살을 합니다만, 만년에 이스라엘을 방문했을 때, 그는 헤브라이어를 국어로 삼는 그 국민국가에서 엄청난 고립감을 느꼈다고 합니다.

이탈리아어가 모어인 프리모 레비의 경우는, 아우슈비츠에서 단테의 『신곡』을 암송하면서 스스로를 지탱했고 해방 후에 곧바로 토리노로 귀환했습니다. 전후에는 이탈리아어로 저술활동을 하면서 수많은 이들에게 존경을 받았습니다. 그러나 20세기의 유대인 난민의 경험에 비추어볼 때, 오히려 레비의 경우는 그야말로 운 좋은 예외였음을 알 수 있습니다. 아메리나 첼란 같은 동유럽의 동화 유대인들은, 고향의 공동체가 파괴되어버렸을 뿐더러 자신의 모어, 자신의 '모문화'가 자기에게 한없이 서먹서먹한 존재가 되고 말았던 것입니다. 비유하자면, 그들은 자신의 모어로부터 소외되고 말았던 겁니다. 바로 그랬기 때문에 첼란은 독일어에 들러붙은 '역사성'이나 '민족성'이라는 것을 가능한 한 배제하고 언어의 보편성에 기투(企投)하려 했던 게 아닐까요? 난해한 것이 오히려 당연하죠. 언어의 보편성이라는 관념으로 추방된 사람들의, 보편성으로 도약할 수밖에 없는 언어 행위니까요. 그런 절실함이, 독일에서 아무 의심 없이 독일어가 모어라고 믿는 사람들에게 도대체 어느 정도나 간파되었을까요? 하물며 일본에서야 어떻겠습니까?

왜 이런 말을 하느냐 하면, 그들의 언어경험이 우리 재일조선인의 그것과 통하는 면이 많기 때문입니다. 일본이 조선을 식민지배하고 있을 때, 조선 민족의 언어나 문화를 부정했던 것은 막연한 개념으로는 알려져 있을 겁니다. 35년에 걸친 언어와 문화의 부정은, 해방 후의 조선 민족에게도 눈에 보이지 않는 것까지 포함해서 쉽사리 치유되지 않을 상흔을 남겼습니다. 하물며 우리 재일조선인의 다수는 해방 후에도 일본에서 나고 자랐으며 대부분 일본의 학교에서 교육을 받았습니다. 재일조선인의 모어는 일본어이고 그것은 일본의 식민지배 때문에 비롯된 것입니다.

"그럼 모어를 바꾸면 되지"라거나 "조선어를 공부하면 되잖아"라고들 곧잘 말합니다만, 모어라는 것은 그렇게 편의적인 것이 아닙니다. 거의 대체 불가능한 존재입니다. 저는 그것을 말하고 싶어서 아메리나 첼란의 사례를 말씀드린 겁니다. 자신은 조선인이지만 조선어로 느끼고 생각하고 표현하지 못하는 재일조선인 문학자의 경우는 더욱이 독자의 대다수가 일본어를 모어로, '국어'로 쓰는 일본인인 것입니다. 왜 그런 일이 일어났을까? 일단 그렇게 생각하게 되면, 재일조선인은 자신의 모어가 일본어라는 데에 서먹함을 느낄 수밖에 없게 됩니다. 이것은 난민의 언어경험이라고 해도 좋을 보편성을 띤 현상일 거라고 저는 생각합니다. 즉 난민은 '국민'과 언어를 달리하는 존재가 아니라 오히려 언어관을 달리하는 존재라는 것입니다.

전쟁·학살·난민의 시대였던 20세기를 거쳐서 인류 전체의 언어경험이 그런 단계에 접어들고 있는 것입니다. 닫혀진 하나의 공동체 속에서 그 공동체의 성원만이 공유할 수 있는 어떤 정서를 자명한 전제로 해서 언어가 교환되는 시대는 끝났습니다. 정서가 공유되지 못해 서먹하고 어색하며 불안에 찬 언어의 교환. 무얼 말하고 있는지 잘 알 수 없는, 말을 다 쏟아부어 설명하려 하면 할수록 알 수 없게 되는, 그러한 시대가 피할 수 없이 도래한 것입니다. 근대 국민국가가 하나의 언어를 국어로 삼는다고 하는 경험을 최근 100년에서 150년 정도 사이에 해온 결과, 그 틀 밖으로 쫓겨났던 사람들, 그 경계 사이를 이동할 수밖에 없었던 사람들의 언어경험이, 여기서 제가 말하는 단계를 초래했던 것입니다. 그것은 그저 가볍게 '다언어 공동체'라고 불리는 행복한 이미지가 아니라, 매우 소모적인 디스커뮤니케이션(discommunication) 속에서 수행되어나갈 언어활동입니다. 그러므로 대화가 필요하다거나 커뮤니케이션이 필요하다고 할 때, 그것은 저도 필요하다고 생각합니다만, 근본에 자리잡은 경험, 또는 경험의 단절이라는 것을 얼마나 보편적으로 꿰뚫어 볼 수 있는지가 관건입니다. 한 언어에 어떤 이미지가 결부되어버리고 있다면 그것이 어떤 경험에 의해서 초래된 것인가, 그런 타자의 경험에 대해 우리는 얼마나 자신을 열고 이해할 수 있는가, 지금은 그런 노력을 강요하는 시대라고 생각합니다.

국민적 책임과 반난민

제가 스스로를 '반(半)난민'이라 규정한 것은, 전후책임을 둘러싼 논쟁의 과정에서였습니다. 1990년대 중반부터 일본 사회에서는 전 위안부를 비롯한 아시아 전쟁피해자들의 고발에 직면해 과거의 전쟁책임과 현재의 일본 국민 간의 관계를 묻는 논쟁이 벌어졌습니다. 가토 노리히로(加藤典洋)의 '패전후론'(敗戰後論)에 대한 다카하시 데쓰야의 비판('전후책임론'[戰後責任論])을 축으로 하면서 거기에 여러 논자들이 뒤얽혔습니다만, 문제 자체는 계속 첨예화함에도 불구하고 논쟁은 생산적으로 전개되지 못한 채 답보 상태에 있다는 것이 제 견해입니다. 이 전후책임 논쟁 과정에서 우파 내지 극우파의 내셔널리즘에 대한 비판은 공유하고 있을 터인 일군의 사람이 '일본인(일본 국민)의 책임'을 승인하는 데서부터 출발하고자 하는 논자들에 대해, 그런 입장은 '내셔널리즘의 '덫'에 걸리는 일이다'라거나 "가해 국민의 한 사람으로서의 나"라는 자기규정은 "국민국가와 개인의 동일화 욕망"의 표현이며 "내셔널리즘"이라고 비판하는 이들이 나왔습니다. 대표적으로는 우에노 치즈코(上野千鶴子)의 다카하시 비판[5]이 그렇습니다. 저는 이러한 논의를 일본인 다수자에게 특징적인, '내셔널리스트 비판과 전후책임 회피의 전도(顚倒)된 결합'의 한 형태라고 생각했습니다.

지금까지 말했듯이, 일본 국민은 '국민'이라는 것에 의해서 특권을 향유해왔습니다. 여기서 특권 향수(享受)자라는 것이 반드시 본인의 주관이나 심정에서 국가와 동일화한 내셔널리스트일 필요는 없습니다. 한편 재일조선인

---

5) 上野千鶴子, 『ナショナリズムとジェンダー』, 青土社, 1998 참조.

같은 비 '국민'은 참정권이 없을 뿐더러 해외여행부터 부동산 매매, 금융기관 융자, 신용카드 가입, 골프클럽 입회나 비디오 대여에 이르기까지, 일상적으로 유형무형의 굴욕과 모멸감을 강요당해왔던 것입니다. 한편으로 국민적 특권을 향유하면서 국민적 책임에 대해서만은 등을 돌리고, 책임을 지려는 사람들을 내셔널리스트라고 부르는 것은, 제가 보기에는 부당하다고밖에 말할 수 없습니다. 그래서 제 나름의 입장에서 이 논쟁에 개입하기로 했던 것입니다.

'국민적 책임'이란 한 마디로 말해서 '국민', 즉 정치적 주권자인 데서 도출되는 정치적 책임을 가리킵니다. 한 국가가 그 정책을 통해서 타자에게 피해를 입혔을 경우, 그 정책에 책임을 지는 것은 주권자로서의 국민일 겁니다. 국민은 주권자로서 자기의 정치적 행위를 통해서 이 책임을 감당하지 않으면 안 됩니다. 현재 우리 인류는 온전한 난민을 제외하고는 누구나 어떤 국가의 성원이므로, 이러한 '책임'을 면할 수 있는 존재는 난민뿐입니다. 이런 생각을 저는 『현대사상』 1997년 7월호에 실린 한나 아렌트(Hannah Arendt)의 논문 「집단의 책임」을 참조해서 정리했습니다.

단, 이때 제게 문제가 되었던 것은 저 자신을 과연 '온전한 난민'이라 부를 수 있는가 하는 것이었습니다. 이 물음에는 이중의 함의가 있습니다.

하나는, 재일조선인인 제가 일본 사회에서 난민과 마찬가지의 무권리 상태를 강요받아온 것은 사실이지만, 그래도 지금 의식주나 의료 문제에서 어려움을 겪지는 않고, 끊임없이 생존권을 위협당하는 상태에 놓여 있다고도 말할 수 없다는 겁니다. 그런 제가 르완다, 아프가니스탄, 점령지 팔레스타인 등 기아와 전화(戰禍)에 직면해 있는 난민 앞에서 나도 같은 난민이라고 말할 수 있을까 하는 문제입니다.

저는 '국민'으로서 특권을 향유하고 있는 사람들이 자신을 감금하고 있는 보이지 않는 감옥으로서의 국민의식을 깨고 싶어하는 욕망의 표현으로서 관념적으로 난민적 삶에 대한 동경을 이야기하는 현상을 늘 복잡한 심정으로 바라봐왔습니다. 난민이라고 하는 것은 국가로부터의 해방이기 이전에 국가로부터의 추방이며, 그것은 대부분의 경우 생존권이라는 기본권으로부터의 추방을 의미하는 것입니다. 가볍게 말할 수 있는 문제가 아닙니다. 그렇다면 제가 스스로를 난민이라고 지칭하는 행위에도 많건 적건 이와 똑같은 관념성이 배어 있는 것이 아닐까 하는 의문을 금할 수가 없습니다. 최소한 말할 수 있는 것은, '난민'이라는 관념을 쓸 때에는 가능한 한 섬세하지 않으면 안 된다는 것입니다.

또 하나, 저는 재일조선인이지만 한국 국적을 갖고 있어서 조선적을 가진 사람들처럼 무국적 상태에 있지 않다는 겁니다. 일본 사회에는 오해가 만연해 있습니다만, 외국인등록상의 조선적은 앞서도 말했듯이 민족적 출신을 나타내는 데 불과합니다. 일본 정부의 견해로도 그것은 '기호'이지 북한 국적을 의미하지 않습니다.

그런데 저는 한국 국적을 갖고 있어서, 간단치는 않았지만 어쨌든 한국의 여권을 받아 해외로 나갈 수 있게 되었습니다. 이는 그것이 불가능한 난민들에 비해 제가 한국 정부로부터 하나의 특권을 받고 있다는 증거입니다. 한편 저 같은 해외 동포에게는 한국에서의 투표권이 없습니다. 말할 필요도 없겠지만 일본에서의 지방참정권조차 없습니다. 결국 저는 일본에서 비국민인 것은 물론이고 한국에서도 정치적 주권자라고 부를 수 없는 존재, 즉 반(半)국민인 것입니다. 그런 반국민에게는 어떤 책임이 요구되는 걸까요? 저는 일본 국민이 아니라서 일본 국민의 책임에 관해서는 스스로 그것을 지는 쪽이 아니라 묻는 쪽이라고 생각합니다만, 거꾸로 한국이라는 국가가 범한 각종 행위, 예컨대 베트남 전쟁에 미국의 용병처럼 참전해 베트남인에게 피해를 끼친 것에 대해서 어떤 책임을 어떻게 져야 하는 걸까요?

이런 생각을 거쳐서 '반난민'이라는 자기-규정을 해보았던 겁니다. 이 점에 대해서, 여기서는 더 이상 자세히 말하지 않기로 하겠습니다만, 대부분의 일본 국민과는 달리 우리들의 경우는 책임론에 있어서도 위에서 거론한 복잡한 사고를 할 수밖에 없습니다. 예를 들어서 '자국의 전쟁범죄'라는 말을 들을 때, 거기에 반발하건 동의하건 일본 국민의 다수가 상상하는 '자국'이란 일본을 가리킬 겁니다. 그런데 같은 말을 들을 때, 우리 뇌리에는 항상 복수의 국가가 떠오르고, 나아가서 그 각각의 국가와 자신의 불안정한 관계에 대해 끊임없는 물음이 솟구쳐나오는 것입니다. 왜 그럴까요? 곰곰이 생각해보면 그것은 근대의 한 세기를 통해 식민지배를 당하고 남북이 분단되어 대립하고 국외로 이산(離散)되는 경험을 거듭하면서 오늘날에 이른 우리 조선 민족이 한 국가의 국민(정치적 주권자)으로 형성된 적이 없었기 때문이라고 할 수 있을 겁니다.

이것을 뒤집어서 말하자면, 조선 민족에 대해서 행해진 국가범죄—그 최대의 범죄가 식민지배입니다만—는 현존하는 어떤 특정한 국가와 일본의 국가간 관계로만은 해결할 수 없다는 것이기도 합니다. 식민지배는 조선에 분단국가가 탄생하는 역사적 전제가 되었고, 또 무려 500만에 이르는 재외(在外) 조선인의 이산을 낳은 원인이 되기도 했습니다. 재일조선인을 난민화한 것도 식민지배의 결과입니다. 이런 역사를 '청산'한다는 것은 어떤 것일까요? 그 청산이, 분단된 두 개의 국가 각각과 일본 간의 합의로 가능할까요? 그런 청산 방식은 근대 국민국가 시스템을 전제로 하고 있습니다. 이 시스템에서 배제된 자들, 낙오된 자들에 대한 보상은, 이 사람들을 현존하는 국가의 어느 편에 국민으로 흡수해버린다고 해서 끝나는 문제가 아닙니다. 만일 그런 일을 강행한다면 그 행위로부터 새로운 난민이 발생하여 고통이 증대되어 나갈 뿐입니다.

국민화와 조선인

일본에서는 역사를 말할 때, 페이지를 넘기는 듯한 발상, 즉 19세기 내셔널리즘의 시대와 국민국가의 시대가 있으며 그뒤에 전지구화의 시대가 도래한다는 식의 단순한 이야기가 많다고 생각합니다. 하지만 역사는 그렇게 정연하게 움직이는 게 아니라서, 어떤 장소에서 극복해야 할 근대의 과제가 문제되고 있을 때 다른 장소에서는 전근대를 어떻게 극복할 것인지가 문제되기도 합니다. 게다가 이들 문제는 상호 침투하거나 상호 규정을 하기도 합니다.

조선에서는 19세기 말의 침략과 식민지배의 역사, 이어서 남북의 분단과 대립, 그리고 냉전의 와중에 디아스포라가 생겨났고 식민지배의 직접적 산물로서 재일조선인이 '반난민' 상태로 살고 있습니다. 이들 모두를 총체적으로 어떻게 극복할 수 있을 것인가 하는, 말하자면 근대의 과제가 존재하는 것입니다. 그에 답할 수 있는 네이션을 구상하는 것은, 조선인이 현재 직면하고 있는 과제인 것입니다. 저는 지금도 조선의 남북에 민주적 정권이 생겨나고 평화적으로 남북통일을 실현하여 그 통일된 조선국과 함께 우리 재일조선인 등 디아스포라 상태의 조선 민족까지 포함한 민족 전체의 의사결정기구가 형성되는 일련의 과정을 생략해서는 안 된다고 생각합니다. 제 생각에는 다음 시대로 나아가 '민족'과 '국민국가'의 시대를 극복하기 위해서는 반드시 이런 절차가 필요합니다.

재일조선인 앞에는 지금 조선반도에 존재하는 두 국가 중 어느 한 쪽의 '국민'이 될 것인가, 아니면 계속 일본 사회의 소수자라는 처지에 머무를 것인가 하는 양자택일을 강요하는 언설이 많이 보입니다. 빈곤한 상상력도 문제지만 이는 난민의 시대인 현대를 난민들의 삶이 필요로 하는 바에 따라 극복해나간다고 하는 구상력도 갖지 못한 것입니다. 조선반도의 국가가 어떤 형태가 되느냐 하는 것은 우리 재일조선인의 '삶의 조건'을 폭넓게 규정할 것입니다. 그런 만큼, 재일조선인에게 바람직한 조선국이라는 어떤 이상(理想)이 있을 것이며, 그 실현을 위해 재일조선인이 노력하는 것도 이상한 일이 아닙니다. 그런데 이러한 표명은, 일본에서는 손쉽게 '내셔널리즘'이라고 비판받는 것입니다.

1990년대의 일본 사회에서는 한편으로 '국가', '국민'을 본질적인 것으로 이야기하려는 전형적 내셔널리즘이 복권되어왔습니다만, 또 한편으로는 그것이 상상된 것, 구성된 것에 불과하다고 하는 국가주의·국민주의 비판의 언설도 상당히 일반화되어왔습니다. 저 역시 '국가', '국민'의 자명성을 해체하려는 후자의 입장에 물론 속해 있을 것입니다. 하지만 문제는 일본 사회에서 이런 논의에는 종종 다음 사회에 대한 전망이 빠져 있다는 것입니다. '대안이 없다'는 것이 반드시 그 자체로 어떤 사상이나 언설의 결함이라고까지 말할 수는 없습니다. 도리어 '대안을 제시하라'는 요구는 항상 소수자에 대한 다수자의 압력으로 기능해왔으니까요. 그런데 대안까지는 안 가더라도 어떤 실천적 구상, 또는 실천적 욕구까지도 전혀 갖지 못한 것은, 앞서 말했듯, 이들의 '내셔널리즘' 비판이 비판의 과녁을 잘못 정해서 전후책임을 지려는 사람들을 향하기 때문입니다.

국가가 본질적인 것이 아니라 구성물이라는 관점은 그다지 진기한 것은 아니어서, 가령 19세기부터 있었던 것인데 마르크스주의가 바로 그렇습니다. 계급갈등이라는 관점에서 보자면 국가라는 것은 만들어진 것이며 자연도 본질도 아닌 것이 되니까 말입니다. 근대에 국민국가가 형성된 그 시점부터 '국가는 구성물이다' 라는 것을 지적하며 국가의 해체를 위해 싸워온 역사가 있습니다. 저는 '국가는 구성물이다' 라고 아주 새로운 발견인 것처럼 말하는 사람들에게 오히려 놀랍습니다. 문제는 구성물인 국가를, 어떻게 어떤 경로를 거쳐서 해체해나갈 것인가 하는 구상이니까요.

앞서 일본인 다수자의 대다수에게 국가와 자신이 유착되어 있다고 말했습니다만, 우리 재일조선인에게 있어서는 근대에 들어와서부터 국가와 자신은 항상 뭔가 서먹서먹하고 거리감이 있는 관계였습니다. 일본에게 지배당하기 이전에 '조선' 이라는 것이 있었습니다만, 이것은 봉건적 국가인 데다 중국과 책봉 관계를 맺고 있었기 때문에, 국가와 거기에 사는 민중의 관계는 현재 우리가 일본 사회에서 생각하고 있는 듯한 일체감과는 다른 것이었으리라 생각합니다.

역사가 조경달은 흥미로운 사실을 지적하고 있습니다. 유교의 근본적 도덕인 '충' 과 '효' 에 관해서 조선과 일본은 사고방식이 달랐다는 것입니다. 조선에서는 '충' 과 '효' 는 꼭 일치하지 않을 뿐만 아니라 때로는 대립했다는 것입니다. 즉 부모나 일족을 위해 사느냐, 국가나 군주를 위해 사느냐 하는 모순 속에 조선의 유교 지식인들이 놓여 있어, 관직을 버리면서까지 귀향하여 일족의 가장으로 지내는 삶의 방식이 칭송되는 일이 있었던 것 같습니다. 역시 근대 이전의 국가와 개별 민중의 거리감이라는 것은 오늘날 일반적으로 상상하는 것보다 훨씬 멀었던 것 같습니다. 그런데 일본의 메이지 천황제 국가에서는 천황은 군주인 동시에 '가장 중의 가장' , '어버이 중의 어버이' 로 표상

됩니다. 특히 총력전체제 아래서 '국체(國體)의 본의(本義)' 같은 것이 제기된 후에 '충'과 '효'의 일체화가 강력하게 추진되었습니다.

조선이 식민지시대에 일본으로 편입되어 조선인은 일본 신민의 일원이 되었습니다만, 거기에 존재했던 근본적 모순은, 일본이 혈통주의적 국가였다는 것입니다. '메이지 헌법'하의 국적법도 혈통주의에 근거한 것이었습니다. 일본국은 천황을 어버이로 해 모두가 '피'가 통하는 가족으로 이미지화되었습니다. 거기에 '피'가 통하지 않는 조선인을 편입하니까 문제가 생겼습니다. 먼 고대에는 일본과 조선은 같은 선조를 갖고 있었다, 그러니까 일본인과 조선인은 (물론 일본인이 형이 되는) 형제와 같은 것이라고 하는 '일선동조론'(日鮮同祖論)이라는 해괴한 주장이 그럴 듯하게 포장되었습니다. 또 일본을 남편, 조선을 아내로 비유하는 경우도 곧잘 있었습니다. 조선인에 대한 일본인의 차별이 너무나도 심했기 때문에 3·1독립운동 뒤인 1920년대에는 천황이 "일시동인(一視同仁)으로 모두 짐의 어린애(赤子)"라고, 오히려 일본인을 나무라는 듯한 조서(詔書)를 발포한 적도 있습니다. 그러나 한편으로 내지의 '야마토 민족'과 외지의 '반도(半島) 동포'의 '피'에 근거한 차별은 호적이 확실히 담보하고 있었습니다. 이런 조치는 제국의 차별적 지배질서를 유지해나가는 데 불가결했던 것입니다. 요컨대 일본의 조선 지배는 자신의 근대 국민 국가 건설 과정에서 필요했던 혈통주의 이데올로기와, 제국을 형성함으로써 필연적으로 발생한 불평등한 다민족적 국가관이 서로 모순되면서 그 알력이 조선인 등 식민지 인민에게 강요된 것이라고 할 수 있습니다.

가장 구체적인 사례로 병역 문제를 들 수 있겠죠. 메이지 헌법에서 병역은 성인 남성의 기본적 의무였습니다만, 조선인에게 징병령이 시행된 것은 1944년, 패전하기 전 해였다는 것을 들 수 있습니다. 일본은 1910년에 조선인을 일본 신민으로 삼고 나서 30년 이상 병역을 부과할 수 없었던 겁니다. 이는 근본적으로는 일본어 교육이나 황민화 교육이 일본 측이 안심할 수 있을 정도로 조선인에게 침투하지 못했기 때문입니다. 본래 취학률이 몹시 낮았으니까요. 따라서 그런 조선인을 침략전쟁에 동원할 수 있을 것인가, 동원하더라도 도움이 될 것인가 하는 문제가 있었습니다. 1936년에 당시의 조선군(조선을 점령하고 있던 일본군)은 조선인에게 징병제를 적용하는 것은 '당연한 이치'지만 앞으로 50년 후에나 겨우 실현할 수 있을 것이라는 의견을 도쿄의 육군성에 전했습니다. 결국 그 시점에 황민화 교육을 받고 있던 세대의 다음 세대, 혹은 그 다음 세대가 되어서야 안심하고 병역을 맡길 수 있다는 대답이었던 것입니다. 태평양전쟁 이전의 주요한 전장은 중국 대륙이고 거기에는 다수의 조선인이 있어 일본에 저항하고 있다, 과연 같은 조선인끼리 싸울 것인가 하는 의심도 불식할 수 없었던 것입니다. 막다른 골목에 다다를 때까지 일본은 조선인 징병에 착수하지 못했던 것입니다.

그런데 공교롭게도 조선인 사이에는 자신들도 일본인처럼 징병해달라는 운동이 전개되었습니다. 그 이유 중 하나는 당시 일본의 다수자, 즉 야마토 민족으로부터 너희들은 병역이라는 국민의 기본적 의무조차 맡지 않고 있다, 한사람 몫도 못하고 있다는 차별적 비난을 일상적으로 받고 있었기 때문입니다. 그런 차별이 1910년부터 30여 년간 계속되고 있었기 때문에, 우리도 평등한 대우를 받고 싶다는 요구가 조선인에게서 나온 것도 이상한 일은 아닙니다. 게다가 그러한 요구 때문에 '불온분자'라는 혐의로 치안유지법에 의해 구속되어 고문을 당하거나 투옥당하는 극히 아이러니컬한 사례도 있었습니다.

나아가 예컨대 시인 윤동주는 도시샤 대학 재학중 치안유지법 위반으로 검거되어 1945년 2월 후쿠오카 형무소에서 옥사(獄死)하고 맙니다만, 그에 대한 판결문을 읽어보면 그가 조선인에게도 징병제가 실시되는 것을, 마침내 다가올 일본 패배의 정세 속에서 실력으로 독립을 쟁취할 기회라고 생각하고 있었음을 알 수 있습니다. 일본이 오랫동안 조선인에게 징병제를 실시하지 못했던 진정한 이유가 바로 여기 있었다고 생각합니다.

여담이지만, 레닌은 노르웨이에서의 징병제 실시 문제에 관해 쓴 논문에서 똑같은 문제를 거론하고 있습니다. 레닌이 아직 망명중이던 시대에 노르웨이에서 징병제가 시행되는데, 그는 그것을 노동자 계급에게 하나의 기회라고 말합니다. 직업 군인이나 귀족 계급이 무기를 독점하고 군사 훈련을 자기들만 하고 있는 사이에 노동자 계급은 무방비 상태를 강요당해온 것이므로 징병제를 역이용해야 한다는 주장입니다.

본래 일본은 조선에서 식민지배 초기부터 조선인들에게서 무기를 빼앗았습니다. 그것은 마치 도요토미 히데요시(豐臣秀吉)의 칼사냥[7]과도 같은 것으로 포수들의 엽총도 예외가 아니었습니다. 그랬기 때문에 초기 의병투쟁(1907년)에서는 포수들이 산악지대에서 의병이 되어 일본군과 싸웠습니다. 포수들에게 무기 금지는 무엇보다도 생존의 문제였기 때문입니다. 의병장 홍범도는 포수들의 두목이기도 했습니다. 그후 홍범도는 중국 동북지방에서 항일투쟁을 전개하다가 마침내 소련으로 망명하여 콜호스(kolkhoz) 위원장을 하기도 했는데, 스탈린에 의한 강제이주 후 중앙아시아에서 사망합니다. 조선인은 이런 역사를 살아왔습니다. 요컨대 징병제가 그런 양날의 칼임을 의식하고 있던 사람들이 지배자와 피지배자 양쪽에 있었던 것입니다.

---

7) 가타나가리(刀狩). 1590년대 도요토미 히데요시가 농민들을 대상으로 실시했던 무기 휴대 금지 조치를 뜻한다—옮긴이.

결국 일본 측은 조선인을 국민화하려 했지만, 국민의 요건인 병역의무를 부과하지 못할 정도로 그것이 가능할지를 고민했던 것입니다. 조선인 측에서 보자면 식민지배하에서 '너희는 일본 국민이다'라는 말을 아무리 들어도 당연히 일체감 같은 것은 가질 수 없습니다. 계속 '한사람 몫도 못한다'고 손가락질 당해왔기 때문입니다. 게다가 당연히 조선반도에서는 선거도 시행되지 않았습니다. 조선인 대부분은 참정권이라는 '국민'의 요건을 형식적으로조차 보장받지 못했던 것입니다.

일본 패전 후, 조선인은 식민지배로부터의 해방을 맞이했습니다만, 1948년까지는 국가가 없었습니다. 설상가상으로 1948년에 분단국가가 성립한 뒤로는 분단이 지속되었습니다. 재일조선인의 경험에 대해서는 앞에서 언급한 바와 같습니다. 즉 조선인은 근대 시기 내내 자신들이 온전히 동일화할 대상으로서 국가라는 것을 가져본 적이 없습니다. 다시 말해서 온전히 국민이 되어본 경험이 없는 것입니다. 국가와 뼈에 사무친 유착관계를 맺은 일본의 다수자와는 대조적인 근대를 살아온 것입니다. 그런 조선인이 보기에 국가가 자연도 본질도 아니라는 것, 국가가 구성물이라는 것은 당연한 실감입니다. 그것을 새삼 새로운 발견인 양 이야기해도 그저 머쓱할 뿐입니다. 물론 재일조선인이나 본국의 조선인 중에도 일부 혈통주의적 혹은 국수주의적 민족·국가관을 강조하는 부류가 있습니다. 1970년대 민주화운동의 상징이던 김지하가 그런 경향을 강화하고 있는 것은 저로서도 당혹스럽습니다. 그러나 그것을 빌미로 조선 민족은 내셔널리즘 경향이 있고 일본 같은 선진국 국민은 그런 경향에서 해방되어 자유롭다는 식으로 바라보는 것은 매우 피상적인 견해가 아닐 수 없습니다.

일본 사회에는 본질주의적 국가관에 반대하는 사람들까지도, 국가와 국민이 일체화된 집단적 경험으로서의 근대를 전제로 입론을 해놓고 그것을 학설상·관념상 부정하는 것을 마치 큰 성과인 듯 여기는 것 같습니다. 하지만 근대를 통해서 국가와 일체화되어버리고 만 일본인 다수자의 의식을 어떻게 타파하고 어떤 경로를 밟아 어떻게 '다음 사회'를 실현해나갈 것인가, 그것을 현재의 국가와의 관계에서 어떻게 구상할 것인가 하는 논의는 거의 축적되지 않은 것 같습니다. 이러한 관념성을 지적하면, 그것을 지적하는 쪽이야말로 '국가'에 사로잡힌 내셔널리스트다, 본질주의적으로 국가를 말한다고 비난을 받고 마는 도착적 사례를 저 스스로도 여러 번 경험한 바 있습니다.

반난민의 미래

조선인은 역사적으로 보아 지금까지 반국민 또는 반난민의 위치에 있어왔습니다. 그러한 조건에는 반난민이라는 것의 고통과 부자유와 함께, 당연하게도 국가에 얽매이지 않는 자유, 국가와 자신의 간격을 볼 수 있는 시각 등도 주어진다고 할 수 있습니다. 20세기라는 시대를 '국민화'의 경험으로 살아온 사람들, 즉 일본의 다수자 같은 사람들과, 같은 시대를 '난민화' 혹은 '반난민화'의 경험으로 살아온 사람들, 즉 팔레스타인인이나 조선인 같은 사람들이 존재합니다. 이 두 경험은 동전의 앞뒷면처럼 얽혀 있습니다. 향후의 일을 생각하면, 지구상의 모든 인간이 어떤 국가의 국민으로 질서 정연하게 정돈되는 일은 가능하지도, 바람직하지도 않을 것입니다. 오히려 난민의 시대를 거쳐서 모든 사람들이 국가에 속하지 않고, 즉 국민이 되지 않고도 기본적 인권을 보장받고 인간적 생활을 향수할 시대가 도래해야 할 것입니다.

현재의 상황을 말한다면, 재일조선인 가운데 '조선'적을 지닌 사람들은,

이미 말했듯이, 외국인등록 때 자기의 민족적 출신을 '조선'이라고 신고한 사람들입니다. 그때의 '조선'이란 되풀이해서 말하건대 기호였지 '국적'이 아닙니다. 그들은 '조선'이라는 기호로 분류된 무국적 난민으로서 일본에서 살아온 것입니다. (2002년) 9월 17일 고이즈미의 북한 방문과 '조일평양선언'에 의해 일본과 북한의 국교정상화 과정이 재개되게 되었습니다. 이른바 '납치문제'로 말미암아 그 과정의 앞날을 예측하기 어렵습니다만, 정상화 교섭 속에서 이런 사람들의 국적 문제를 어떻게 처리할 것인가 하는 것이 중대한 문제로 떠오를 것입니다.

일본-조선의 국교정상화 교섭이라는 것은, 일본과 조선 민족 전체 사이에 존재했던 역사적 관계, 하나의 민족을 전부 국민으로 끌어들이고 난민화시켰다고 하는 일본 근대사의 경험을 어떻게 재조명할 것인가, 어떤 방향으로 이를 뛰어넘을 것인가 하는 문제로서, 단지 두 개의 국가가 국교를 맺는 일이 아닙니다. 또 일본과 북한이 어떤 관계를 맺을 것인가는 한국에 있는 사람들과 재일조선인, 또는 중국 등지에서 사는 디아스포라 조선인의 삶에 결정적인 영향을 미칠 것입니다. 모든 조선인에게 그것은 식민지배의 역사를 뛰어넘고 '국민화'와 '난민화'의 경험까지 뛰어넘기 위한 매우 중요한 매듭일 것입니다. 조선적 사람들의 국적 문제에 대해 있을 법한 시나리오는 조선적을 북한 국적으로 바꿔 읽어버리는 것입니다만, 그 경우 개개인의 국적 선택의 자유가 보장되지 않는다는 문제가 생길 것입니다. 국적 선택의 기회를 주는 것이 될지 아닐지, 그 문제에 대해서도 실제로 어떤 해결 절차가 가능할지 예측할 수는 없습니다.

그러나 제가 여기서 말씀드리고 싶은 것은 국적을 선택할 자유를 보장하라는 것이 아닙니다. 오히려 그 이상으로 국적 선택의 자유라는 명목 아래 국민화의 폭력을 가하지 말라는 것입니다. 난민 내지 반난민으로서 살아온 재일조선인은 어떤 의미에서는 국가의 영역을 넘어서고 국민이라는 범주를 초월했던 존재이기도 합니다. 제2차 세계대전 종료 후 반세기가 넘게 반난민으로 살아온 재일조선인은 도리어 국민국가의 시대를 넘어설 전망을 가진 존재라고 저는 생각하는 것입니다. 세계에는 그런 난민, 반난민이 다수 존재하고 있습니다. 이 사람들이야말로 난민의 시대를 뒤이을 '다음 시대'의 주인공이어야 하고 또 그 시대를 이끌 힘이기도 합니다.

재일조선인에게 다시금 국민화의 압력이 가해지면, 이들은 조선반도 남북의 어떤 국가, 혹은 일본, 나아가 또다른 나라라는 셋 내지 네 개의 방향으로 분열되고 말 것입니다. 자발적으로 난민에 머무른다는 선택지가 그때 어떻게 가능할지 모르겠습니다만, 어떤 경우이건 국민이 아니면 권리도 없다는 국민주의 이데올로기가 현실에서 힘을 잃지 않는 한, 그 선택은 누구에게나 가능한 것은 아닙니다. 여기서 저의 주장은 재일조선인의 권리들을 반난민 상태인 채로 보장하라는 것입니다. 실제의 정책으로서는 조선반도 남북의 국가는 조선적, 한국 국적의 구별에 관계없이 재일조선인 전체에 대해 자유왕래의 권리를 보장해야 하며, 대통령선거권 등의 국정참정권을 인정해야 할 것이라는 말입니다. 한편 일본 정부는 조선적, 한국 국적의 구별과 관계없이, 재일조선인 전체에 대해서 적어도 지방참정권을 보장해야 합니다. 이리하여 재일조선인은 동아시아에서 영역을 횡단하는 정치적 주체로서 자신을 형성할 단서를 손에 쥐게 될 것입니다.

2년 전에 일본에서 재일조선인 등 정주외국인에게 지방참정권을 인정하자는 법안이 성립될 확률이 상당히 높았던 무렵에, 일본 보수층은 이 법안을 저지하기 위해 각종 대안들을 제출했습니다. 그 중에는 한국적에 한해서 지방참정권을 인정한다고 하는, 노골적인 분단책도 있었습니다. 그리고 마침내 구식민지 출신자에 대해서는 신고만으로 일본 국적의 취득을 인정하자는 안도 제출되었습니다. 예컨대 오쿠노 세이료(奧野誠亮) 같은 초강경 내셔널리스트까지, 본심이야 어쨌건 발언상으로는 이런 간이(簡易) 귀화 제도에 찬성했습니다. 이에 대해 일부 사람들은 당혹스러워하거나 놀랐고 개중에는 환영하는 반응을 보인 사람들도 있었습니다. 실제로 일본인 다수자에게 이 방안에 대항할 논리를 구축하기란 쉽지 않았을 것입니다.

그러나 이 법안은 우리가 보기에는 전혀 이상할 것 없는, 국민주의 측의 마지막 카드였다고 생각합니다. 일본 보수파에게, 재일조선인이 반난민 상태로 60만 명 가까이나 일본 국내에 계속 존재한다는 것은 언젠가는 청산해야만 할 비정상적인 사태이며, 그 청산의 방향은 물론 국민화 외에는 있을 수 없습니다. 국민화를 수용하는 자에게는 권리를 부여하지만 그렇지 않은 자는 어디까지나 외국인으로 보아 차별하고 배제한다고 하는 완강한 의사표시인 것입니다. 게다가 이번에는 본인 의사 확인이라는 절차를 거치기 때문에 자기 의사로 반난민에 머문 자에게 불평이란 있을 수 없다는 식이 되겠죠.

한국이든 북한이든 정부 자체는 모두 국민주의이기 때문에 일본 보수파의 이 논리를 근본적으로 비판하기 힘들 것입니다. 바로 여기에 재일조선인이 직면하고 있는 중대한 기로가 존재합니다. 저로서는 이미 일본 국적을 선택한 사람까지 포함해서 이들 모두가 국가를 상대화하는 관점과 국가에 편입되지 않는 존재양식을 견지한 채 국민과 동등한 권리를 요구하고, 더 나아가 국민주의 자체를 해체해나가기를 바랍니다. 이러한 관점이나 존재양식은 이들이 자신들이 식민지배·침략전쟁·냉전체제라는 20세기의 역사에 의해 창출된 난민임을 인식하는, '난민적 자기-인식'에 입각해 애써 난민이 되어준 덕택으로 획득할 수 있었던 것입니다.

　프랑스 혁명부터 19세기 자유주의 혁명의 과정을 거쳐 이른바 근대 국민 국가라는 것이 성립하고, 포스트 식민주의, 전지구화의 시대에 돌입한 이후, 국민국가의 시대는 끝났다고 하는 말이 골백번 되풀이되었습니다만, 현존 국민국가 시스템, 혹은 국민국가간 시스템은 당분간은 지상을 계속 뒤덮을 상황입니다. 구성주의 입장에서 국민국가관이나 국민주의를 비판하는 사람들은, 한 걸음 더 나아가 현존하는 제도를 해체 내지 변혁하기 위한 실천 방향을 제시하지 않으면 안 되리라 생각합니다. 그럴 때가 왔습니다.

　여기서 저는 낙관적인 전망을 할 수는 없습니다. 그러나 종종 첼란의 시처럼 이해하기 힘든 언어의 단편, 또는 누스바움의 시선과 같은 말로 표현할 수 없는 물음, 그런 난민들이 계속 질러대고 있는 소리들에, 즉 삐걱거림, 비명, 흐느낌, 때로는 껄껄하는 웃음에까지 가능한 한 귀기울이는 것이 현재의 국면을 타넘고 나가기 위해 불가결하다고 생각합니다. 저 역시 감수성을 최대한 예민하게 만들어 그 소리들을 듣고 알려나가는 것을 저에게 주어진 작업으로 여기고 있습니다. _2002년 10월 4일 씀

저 울 질 하 지   말 라

조일평양선언과 일본인 납치 문제를 바라보며

빠뜨려서는 안 될 머리말

'9·17', 그러니까 2002년 9월 17일 고이즈미의 방북과 '조일평양선언' 발표 이후 약 한 달 반 동안 계속된 일련의 사건에 대한 논평을 부탁받았다. 나로서는 이번 사건에 대한 반응이 '분열'되어 있었기 때문에, 그럴듯한 답'을 내놓을 수 없었다. 이런 분열은 필연적인 것이자 필요한 것이기도 했다.

　　나는 '조선인'이라는 말을 늘 한반도의 남북, 일본이나 기타 외국에 거주하는 조선 민족 구성원 모두를 포함하는 총칭으로 사용한다. 조선인은 근현대에서 식민지배와 냉전구조에 의해 분단과 이산을 경험했다. 나는 일본에서 태어나 성장했지만, 그런 조건을 지닌 조선인의 일원이다. 다만 나는 한국 국적을 보유하고 있다. 요컨대 한국이라는 나라의 국민이다. 하지만 그 나라에 여행으로밖에 간 적이 없고, 그 나라의 참정권도 없다. 한편 나는 북한에는 여행으로조차 간 적이 없고, 그 나라의 정책결정에 관한 어떠한 권리도 없다.

하나의 민족인 조선인은 한국·북한·일본·중국 등 여러 나라의 국적보유자로 분할되어 있다. 더욱이 재일조선인 가운데 조선적 사람들은 계속 무국적 상태로 놓여 있다. 한국은 북한과 마찬가지로 조선인에게 유일한 국가가 아니다. 분단과 이산의 민족인 조선인은 자신들을 정치적으로 대표하는 단일 국가를 갖고 있지 않다. 또 한국과 북한에도 나 같은 일반 재일조선인이 정치적 의사결정 과정에 참여할 수 있는 제도가 없다. 곧 재일조선인은 분단국가 어느 한편에서조차 완전한 정치적 주권자라고 말할 수 없다. 이번 경우처럼 우리 운명을 크게 좌우할 국제적 결정에서도 배제되어 있는 것이다.

나는 이렇듯 여러 모로 분열된 존재이다. 이런 내게 '9·17'과 같은 사건에 대한 반응이 분열되지 않을 리 있겠는가? 원래 '조일평양선언' 자체가 분열을 내포한 텍스트다. 분열이야말로 현실의 정직한 반영인 이상, 분열을 뛰어넘을 수 있는 하나의 정리된 문장, 정리된 담론으로 표명하려면 거기에는 불가피하게 오해·왜곡·이용·착취 등의 부작용이 따를 것이다.

작년 '9·11', 즉 2001년 9월 11일 미국 뉴욕과 워싱턴에서의 자폭공격 사건 이후, 우리는 자신의 의사표명에 앞서 "물론 나 자신은 테러에 반대하지만"이라든가, "나는 결코 테러리스트를 옹호하는 사람은 아니지만" 따위 변명조의 머리말을 억지로라도 붙일 수밖에 없는 압력을 받고 있다. 다른 사람이 자기 이야기를 들어주길 바라는 사람이라면 누구든 이야기를 꺼내기에 앞서 바로 이런 '널쪽'을 밟아 보여야 한다. 하지만 그것을 밟았다 하더라도 실제로는 결코 '귀 기울임'을 얻어낼 수 없다. 뭔가 말하기 전에 먼저 백인가 흑인가, 적인가 우리 편인가, '문명'인가 '야만'인가를 밝혀라! — 이렇듯 지극히 단순한 부시류의 이분법을 국가도 개인도 강요받고 있다. 이런 상황에서는 널쪽을 밟았는지 여부만이 문제될 뿐, 이후 전개될 논의는 중요하지 않다.

널쪽을 밟지 않은 사람은 '테러리스트' 또는 그 동조자로 분류해 비난하거나 혹은 그의 발언을 괄호로 묶어 묵살시킨다. 한편 널쪽을 밟은 사람은 테러에 반대하는 측, 즉 '대(對)테러전쟁'에 반대하지 않는 측으로 일괄 편입되어 당사자의 의향과는 관계없이 '대테러전쟁'의 수행에 동원되고 만다. 이러한 단순화와 이분화의 폭력적 메커니즘은 그 자체가 '대테러전쟁'의 중요한 구성 요소다.

'9·17' 이후 일본 사회에서는 '납치'라는 말이 앞에서와 같은 널쪽의 기능을 수행하고 있다. 나는 이러한 널쪽을 거부한다. 하지만 침묵해서는 내 나름의 책임을 다할 수도 없다. 그래서 나는 이런 아포리아(aporia)를 떠안은 채 현시점에서의 내 생각을 밝혀보고 싶다. 이하에서 나는 두 글을 제시하겠다. 글1(짝수 쪽)은 일본인을 향한 메시지이고, 글2(홀수 쪽)는 한반도 남북 및 재일조선인을 향한 것이다. 나는 1을 쓰기 위해서는 2를 쓰는 것이, 2를 위해서는 1을 쓰는 것이 불가결하다고 생각했다. 두 문장은 각각 독립된 것이다. 일부러 하나의 문장으로 만들지 않은 이유는 앞서 밝힌 대로다.[1]

---

1) 읽는 이의 편의를 위해 짝수 쪽으로만 흐르는 글1에는 바탕색을 깔지 않았고 홀수 쪽으로만 흐르는 글2에는 바탕색을 깔았다 ─ 편집자.

1. 식민지 시대를 뛰어넘는 일 — 일본인을 향한 메시지

9월 17일 심야에 집에 돌아와 녹화된 방송을 보고 말로 표현할 수 없이 착잡한 생각이 들었다. 역사상 처음으로 일본 총리가 북한을 방문하여 정상회담을 했고 이를 통해 국교정상화 교섭을 재개할 길이 열린 것이다. 그야말로 '역사적'이고 '획기적'인 사건이다. 언론의 논조도 '대립에서 협조로'라는 취지의 표현이 되풀이되었다. '조일평양선언' 제2조에 "일본 측은 과거 식민지 지배로 인하여 조선 인민에게 크나큰 손해와 고통을 준 역사적 사실을 겸허하게 받아들이며 통절한 반성과 마음으로부터의 사죄의 뜻을 표명하였다"고 밝혔다. 일본 국민의 대표가 '식민지배'라는 말을 공식적으로 사용했고, '조선 인민'이라는 대상을 명확히 밝힌 사죄였다. 이것은 많은 조선인이 오랜 시간 염원하고 요구해온 바다. 과거를 '청산'하기 위해서가 아니다. 일본인이 과거를 똑바로 직시하는 것은 미래에 조선과 일본 양 민족이 진정으로 공생하기 위한 불가결한 전제이기 때문이다. 그런데 나는 당혹스러웠고 마음이 무거웠다. 엄숙해야 할 문구가 왜 이리도 초라하게 보이는 것일까?

한일기본조약부터 지금까지

1965년 한일기본조약에 의해 한국과 일본이 국교를 맺었다. 조선 해방(일본 패전)으로부터 20년 후의 일이다. 하지만 이 조약은 일본의 조선 민족에 대한 식민지배 책임을 부인한 것이었다. 한일기본조약 제2조는 1910년 '병합'에 이르기까지 일본이 조선에 강요한 여러 불평등 조약은 "지금와서는 무효라"고 적었다. 영문 텍스트에서는 "null and void"라는 기술 앞에 "already"라는 단어를 삽입해 어느 쪽에서든 유리하게 읽도록 애매한 해석의 여지를 남

2. 계속적인 반식민투쟁을 위해 ― 조선인을 향한 메시지

9월 17일 심야에 나온, "김정일 총서기가 납치 사실을 인정하고 사죄", "5명 생존, 8명 사망"이라는 보도는 나의 마음을 근심으로 가득 채웠다. 그때 나의 뇌리에서 끊임없이 점멸한 것은 "죽는 날까지 하늘을 우러러 한점 부끄럼이 없기를……" 노래한 시인 윤동주의 「서시」였다.

잔혹한 폭력의 시대

보도에 의하면 납치 사건의 대부분은 1978년 전후에 일어났다. 그 시대의 기억은 나에게 단편적이지만 생생한 상처로 남아 있다. 박정희에 의한 유신독재의 횡포가 가장 험악했던 그 시대, 한국 감옥에는 정치범이 넘쳐흘렀고 고문이 당연하다는 듯 자행되었다. 1974년에는 사회안전법이라는 악법이 시행되었다. 이 법률은 정치범이 형기를 만료하더라도 정권이 '재범의 위험성'을 인정하기만 하면 계속 구속할 수 있다는 것이었다. '사상전향'이라는 형태로 정권의 뜻을 공손히 따르겠다는 의사를 표명하지 않는 사람, 공손히 따르겠다는 뜻을 실천하지 않는 사람은 말 그대로 영원히 감옥에서 나갈 수 없었다.

나의 두 형은 당시 정치범으로 감옥에 있었다. 둘째 형 서승은 무기징역. 셋째 형 서준식은 징역 7년으로 1978년 5월 27일 형기 만료를 맞이했다. 일본에서 어머니와 여동생이 출옥하는 작은형을 맞으러 갔다. 정확히 말하면, 사회안전법의 적용을 우려하면서도 혹시나 출옥하지 않을까 기대하며 한국에 갔다. 그날 채 동이 트지 않은 깜깜한 새벽, 옥사 문앞을 줄곧 지키고 섰던 어머니와 여동생을 내버려둔 채 당국은 형을 다른 감옥으로 이송했다. 스물세 살부터 서른 살까지 옥중에서 살아온 형은 형기를 만료했음에도 불구하겨놓았다. 박정희 정권은 '대일 굴욕외교 반대'를 외치는 내부 비판을 무자비하게 탄압했다. 국민을 향해, 이 조문은 구조약이 체결 당시부터 무효하고 식민지배는 불법이라는 뜻이라고 설명했다. 하지만 일본 측에서는 사토 에이사쿠(佐藤榮作) 총리가 국회에서 구조약은 현재는 무효가 되었지만 "대등한 입장에서, 또 자유의사로 체결되었다"고 답변했다. 따라서 한국 측에 전달된 무상제공 3억 달러와 정부차관 2억 달러에 대해서도, 일본 측은 결코 배상이나 보상이 아니라 어디까지나 '독립축하금' 명목의 경제협력금이라고 주장했다. 요컨대 일본은 식민지배에 대한 사죄나 배상은 물론 그 역사적 사실조차 인정하지 않은 것이다. 이러한 일본 정부의 공식적 견해는 기본적으로 바뀌지 않은 채 지금까지 이어져왔다. 이 조약을 근거로 일본 정부는 전 위안부 등 식민지배의 피해자에 대한 사죄와 보상을 거부하고 있다. 이 때문에 오늘날까지 일본 사회에서 보상 문제는 한일기본조약으로 해결되었다는 잘못된 인식이 뿌리를 내리고, 식민지배를 긍정하고 미화하는 폭언이 끊이지 않았다.

또 한일기본조약은 재일조선인에게도 커다란 영향을 미쳤다. 일본 정부는 본래 모든 재일조선인의 거주권을 무조건 보장했어야 함에도 불구하고, 조약의 법적지위 협정에 근거해 한국 국적을 지닌 재일조선인들에게만 '협정 영주권'을 인정했다. 재일조선인은 한일 양 정부의 공모로 '한국 국적' 집단과 그보다 훨씬 불안정한 지위의 '조선적' 집단으로 나뉘었다. 한국 국적과 조선적 사이의 차별적인 법적지위는 1991년까지 25년간 지속되어 재일조선인 사회에 씻을 수 없는 상처를 안겨주었다.

1995년 와타나베 미치오 전 외무장관은 "일본은 한국을 통치한 적이 있지만, 식민지배라는 말은 샌프란시스코 강화조약 등 공식문서 어디에도 쓰여 있지 않았다. (……) 한일병합조약은 원만하게 체결된 것으로 무력으로 이루고, 석방되지 못하고 사회안전법에 의해 구속이 연장된 것이다. 다음 해 박정희는 측근에 의해 암살당했지만, 전두환이 권력을 장악하여 민주화운동을 압살했다. 1980년 5월에는 광주에서 계엄군이 수많은 시민을 학살했다. 그러한 학살의 만행이 자행되던 바로 그 와중에 어머니는 결국 형들의 출옥을 보지 못한 채 세상을 떠나셨다.

그러한 폭력의 시대, 잔혹함과 비정함이 승리하던 시대, 나는 일본 사회한 모퉁이에서 숨을 죽이고 있었다. 어떤 방법을 통해서라도 앞뒤로 꽉 막힌 그 상황을 타파할 수 있기만 바랐다. 심지어 폭력적인 수단을 사용하는 공상도 꿈꾸었다. 공상을 실행에 옮기지 못하는 자신의 무능과 비겁함을 책망했다. 뭔가 계기가 주어졌다면 그런 공상을 실천에 옮겼을지도 모르겠다. 이는 분명 나 혼자만의 생각이 아니라, 같은 시대를 살아온 많은 조선인에게 공통된 생각이었을 것이다.

죽는 날까지 하늘을 우러러

윤동주를 처음 알게 된 것은 그 무렵이었다. 1970년대, 1980년대 한국에서 나와 동시대의 많은 젊은이들이 그 시인을 사랑하고, "죽는 날까지 하늘을 우러러"라는 마음을 되뇌이면서 문자 그대로 맨손으로 독재에 맞서 싸운 것도 알게 되었다. 이 시인은 경건한 기독교인이었다. 하지만 그의 정신을 단순한 유화적인 비폭력주의로 환원시켜 이해하는 것은 잘못이다. 비폭력이라는 호소는 어떠한 상황에서 누가 누구에 대해 외친 것이냐에 따라 지배자의 압도적이고 구조적인 폭력을 용인하고 온존시키거나, 피지배자 측의 일방적인 무장해제만을 요구하는 기능을 수행하기 쉽기 때문이다.

어진 것이 아니다"라고 발언해 한국으로부터 극렬한 반발을 샀다. 와타나베는 이에 대해 '원만하게'라는 부분을 취소했을 뿐이다. 당시 무라야마 도미이치 총리는 와타나베 발언 이후인 8월 15일, 각의결정을 거쳐 소위 '무라야마 담화'를 발표했다. 담화는 일본이 "멀지 않은 과거 한 시기"에 "국책을 잘못하여" "식민지배와 침략에 의해 많은 국가들, 특히 아시아 여러 나라에 대해 크나큰 손해와 고통을 주었다"고 말했다. 기자회견 내용 중, 천황의 책임을 둘러싼 질문에 대해 곧바로 "없다"고 한 것이 큰 문제였지만, 그래도 역대 총리담화에 비하면 상당히 전진했다고 말할 수 있을 것이다. 그러나 '식민지배'라는 말은 사용했지만, 누구에 대한 어떤 지배였는지 그 내용은 애매했다. 이후 무라야마 총리는 와타나베 발언에 관한 국회답변에서 (병합조약은) "결코 평등한 입장에서 체결된 것이 아님을 상상할 수는 있다"며 기존의 사토 답변을 일부 수정했지만, 동시에 "법적으로 유효하다"는 것을 재확인했다. 이 때문에 한국과 북한으로부터 또다시 거센 비판을 받았다.

1998년 김대중 대통령의 일본 방문 시 발표된 공동성명에는, 오부치 총리가 "일본이 과거 한 시기 한국 국민에 대해 크나큰 피해와 고통을 주었다는 역사적 사실을 겸허히 받아들이고, 이에 대해 통절한 반성과 마음으로부터의 사죄를 말했다"고 되어 있다. 여기에 '식민지배'라는 말은 없다. 또 '한국 국민에게'라고 대상은 명기되었지만, 그것이 조선 민족 모두를 의미하지 않는다는 것은 말할 나위도 없다. 그런 불충분한 문구였음에도 불구하고, 그것조차 일본 국내에서는 보수파의 격렬한 반발을 초래한 사실이 기억에 새롭다. 이러한 경위가 있었기에 조일국교정상화 교섭에서 '식민지배'와 배상 문제가 어떻게 결론내려질 것인지 모든 조선인이 큰 관심을 갖고 주목하고 있었다. 이는 운동권이나 북한의 체제에 공감하는 사람들에게만 국한된 것이 아니다.

윤동주의 정신은 그렇게 단순한 것은 아니었다. 치안유지법으로 유죄를 선고받은 그의 판결문 한 구절을 읽어보면 곧바로 알 수 있을 것이다. 판결문에 의하면 그는 제2차 세계대전 말기에 조선인에 대한 징병제 시행에 대해, 그것이 독립을 쟁취하기 위한 실력을 갖출 수 있는 좋은 기회라고 판단했다. 하지만 윤동주는 결국 기회를 포착하지 못했다. 그런 생각을 사촌 및 몇몇 친구들과 나누었다는 이유만으로 유죄 판결을 받아 옥사한 것이다.

가장 약한 자, 실력으로 저항할 수단을 빼앗긴 자, 막다른 길에 내몰린 자, 그럼에도 불구하고 그런 사람들이 어떠한 굴복도 거부하면서 이들에게 마지막으로 남아 있는 무형의 무기를 들고 나서는 저항이 있다. 우리는 이 이름도 붙일 수 없는 무기를 '도덕성'이라고 불러오지 않았던가? 그 무기는 눈앞에 버티고 막아선 적에 맞서 즉각적인 승리를 가져다주지는 못한다. 오히려 역사적으로는 그 반대였다. 식민지배의 시대, 분단과 내전의 시대, 냉전과 독재의 시대, 우리 조선인은 패배에 패배를 거듭했다. 그럼에도 우리가 얼굴을 들고 하늘을 우러러 언젠가는 지배자와 그 추종자들을 부끄럽게 만들 수 있게 된다면, 또 모든 조선인의 공감과 일본인을 포함한 타민족의 연대를 얻어낼 수 있다면, 그것은 바로 이 '도덕성'이라는 무기 덕택일 것이다.

1978년 전후로 일본인을 납치한 범죄가 이루어졌다. 김정일 국방위원장은 이 사실을 인정하고 사죄와 재발방지를 약속했다. 조일국교정상화 교섭의 실무 담당자인 박용연 북한 외무성 아시아국 부국장은 "아무리 적대국 공민일지라도 아무런 죄도 없는 공민을 납치한 행위는 그 명분과 목적이 어떠한 것이든 정당화될 수 없고 규탄받아 마땅하다"(『아사히 신문』 2002년 10월 24일자)고 말했다.

납치 행위는 사느냐 죽느냐를 걸고 대결했던 잔혹한 냉전시대의 부산물

"한일기본조약 체결 당시는 나를 포함해 거의 모든 젊은 세대가 반대했다. (……) 일본에게 반성과 사죄의 생각이 없다는 것에 반발했다. 일본이 지금 또 배상이 아니라 경제협력이라고 주장하는 것은 납득할 수 없다. 일본은 어떻게 해서든 배상이라는 말을 피하려 부심하고 있다. 따라서 우리는 일본에서 극단적인 민족주의가 대두하지 않을까 우려하는 것이다"(『아사히 신문』 2000년 10월 12일자). 김영삼 정권에서 외무부장관을 지낸 한승주의 말이다.

　'조일평양선언'으로 다시 눈을 돌려보자. 당초에 "무라야마 담화 수준으로 가겠다"고 말한 바와 같이, '겸허', '통절', '마음으로부터'와 같은 수식어까지 무라야마 담화와 오부치 총리 당시의 공동성명에서 사용된 문구를 그대로 복사해 사용하고 있다. 그런데 왜 더더욱 엉성하게 들리는가? 그 이유는 고이즈미 자신과 그를 높은 지지율로 지지하는 일본 국민의 대다수가, 식민지배가 과연 무엇이었는지 인식하지 못한다는 사실이 너무나 명백히 밝혀졌기 때문이다.

식민지배라는 현실

고이즈미가 식민지배라는 현실을 겸허하게 받아들여 "통절히 반성"하고 있다면, 어떻게 공식적인 야스쿠니 신사참배를 고집할 수 있겠는가? 식민지시대에 조선인은 신사참배를 강요받았다. 저항하던 기독교인 약 2,000명이 검거되었고, 50명 이상이 옥사한 적도 있다. 야스쿠니 신사에는 조선인 군인 및 군무원들이 가족조차 알지 못하는 채로, 심지어 창씨개명한 일본이름으로 합사되어 있다. 조선인을 침략전쟁에 동원해 죽음에 이르게 만들고도, 전후에는 외국인이라며 보상을 거절했다. 그러고는 '영령'이라며 합사해놓은 것이다.

이다. 일본도 이러한 대립과 투쟁이라는 영역 밖에 있을 수 없었다. 분명 일본은 예전에 조선을 식민지로 지배했고 이에 대해 반성하지 않았다. 북한과는 국교도 맺지 않고 한국의 독재정권을 지원해온 나라이다. 요컨대 북한의 입장에서 바라보면 일본은 '적대국'이었다. 하지만 일본의 일반 시민을 납치하는 일은 극단적인 투쟁이라는 관점에서 보아도 합리적 설명이 불가능한 범죄행위이다. 말할 필요도 없이 납치의 진상은 명확히 밝혀져야 하고, 피해자에 대한 사죄와 보상이 이루어져야 한다. 이와 동시에 납치라는 어리석은 행위는 우리 조선인 전체의 반식민투쟁에 중대한 손해를 입혔다는 점도 분명히 짚고 넘어가야 할 것이다. 김정일 위원장의 선언도 박용연 부국장의 담화도 이에 대해서는 충분히 설명하지 못했다.

일본이 '적대국'이라는 그 이유 때문에라도 그 일본과의 투쟁에서는 도덕성이라는 무기가 무엇보다 중시되어야만 했다. 단순한 유화주의나 비폭력주의에 근거해 이렇게 말하는 것이 아니다.

식민지배는 제국주의 국가가 타민족을 완전히 지배하고 차별하고 착취하여 심지어 자신들의 형편에 맞도록 '개조'하려는 구조적 폭력을 의미한다. 이것은 한 시대의 제도였다. 우리 조선인 한 사람 한 사람의 삶은 이러한 제도 밑에서 돌이킬 수 없는 변형을 강요받았다. 가장 심각한 변형이 한반도의 남북분단이고, 또 구종주국에서 태어나 성장할 수밖에 없었던 재일조선인의 존재이다.

"일본은 조선의 근대화에 공헌했다"거나 "조선인을 일본인과 똑같은 수준으로 끌어올렸다"는 말로 식민지배를 긍정하고 미화시키려는 사람들, "선진국들 모두가 했던 일이다"거나 "시대정신이었다"고 발언함으로써 식민지배의 죄와 책임을 부인하려는 사람들, 그런 사람들과의 투쟁은 무엇보다도 식민지배라면 곧바로 위안부 문제를 사례로 들 수 있다. 이 문제가 대단히 상징적임에는 틀림이 없지만, 그것은 식민지배의 잔혹함을 드러내는 많은 사례들 중 하나에 불과하다. 그 한 사례에 대해서조차 일본 국민은 성실한 해결책을 강구하지 않았다. 1990년대에 이어졌던 전 위안부에 의한 배상청구소송은 거의 패소로 끝났다. 고령의 증인들은 하나 둘 세상을 떠났다. 재판소가 국회의 법률이 없어 어쩔 수 없다고, 지적한 일도 있지만, 이에 대해 정부는 아무런 움직임을 보이지 않고 국민 대다수도 무관심하다. 그뿐이 아니다. 1997년부터 우파는 총결집하여 중학교 교과서에서나마 약간 언급했던 위안부 관련 내용에 반발하고 나섰다. 그 결과 2001년 검정교과서에서는 이 부분이 대폭 축소되었다.

식민지시대 조선인을 탄압하기 위해 온갖 치안법령이 발령되었다. 태형, 즉 전근대적인 체형인 '곤장 때리기'가 조선인에게만 행해졌다. 3·1운동 당시 체포된 조선인은 5만 명에 이르렀고 7,500명 이상이 살해당했다. 태형에 처해진 사람은 총 1만 명 이상이다. 곤장을 칠 때마다 격통과 굴욕이 조선인의 몸 구석구석에 새겨졌으리라. 조선인들의 독립운동은 '국체변혁'을 기도한 것으로 간주되어 치안유지법이 적용되었다. 치안유지법에 의한 피해자 수는 일본 본토보다 조선에서가 훨씬 많았고 형량도 무거웠다. 사형판결도 대량으로 내려졌다. 1937년부터 1938년에 걸친 소위 '혜산사건'에서는 조선인 공산주의자 및 민족주의자 739명이 검거되었다. 그 가운데 166명은 중형을 선고받았고, 권영벽 등 여섯 명은 사형에 처해졌다. 1943년 조선어학회사건에서는 언어학자 등 30명 이상이 검거되었다. 이윤재와 한징은 고문 끝에 옥사했다. 같은 해 도시샤 대학에 다니던 시인 윤동주도 구속되었다. 그가 일본에 체류하면서 금지된 조선어로 써둔 귀중한 시 원고는 경찰에 압수당해 영

도덕성에서 그들을 능가하는 투쟁이어야만 한다. 이는 조선인 모두가 외면할 수 없는, 지금까지도 계속되고 있는 반식민투쟁이라고 할 수 있다. 식민지배라는 제도의 호흡을 끊어버리기 위해서는 구종주국 국민인 대부분의 일본인이 식민지배의 역사적 사실을 깨우치고, 그 부도덕성을 깊이 인식하는 일이 무엇보다 중요하다. 바로 그것이야말로 식민주의에 대한 도덕적 승리의 지표이기 때문이다. 이를 위해 북한은 어떠한 어려움이 닥쳐오더라도, 배상요구를 무마하기 위한 경제협력 방식을 수락해서는 안 된다. 이것은 패배에 가까운 타협이다.

소멸시켜서는 안 된다

일본 사회에서는 납치에 대한 비난의 광풍이 불고 있다. 대중매체들은 식민지배에 대해서는 거의 보도하지 않는다. 많은 일본인은 식민지배에 대해 아무것도 모르는 상태에서 납치에 대한 비난에 목소리를 더하고 있다. 거기에 민족차별적 감정과 호전적 기운이 작용하고 있음은 분명하다. 재일조선인 아이들과 젊은이에 대한 협박이나 파렴치하고 공격적인 행위도 연이어 일어나고 있다. 그렇다고 해도 우리 조선인은 납치 비난을 경감하기 위해 위안부나 강제연행 등 식민지배의 사례를 대항적으로 내세워서는 안 된다. 의도야 어떻든 그런 자세는 납치와 식민지배를 저울질하는 수사(rhetoric)에 빠지는 것을 의미하기 때문이다. 또 그것은 전 위안부를 비롯한 피해자들을 이용하는 행위이기 때문이다. 식민지배의 죄는 납치라는 범죄와 저울질할 수 없는 성질의 문제이다.

　재일조선인 1세 시인 김시종(金時鐘)은 조일정상회담 이튿날, "북한에도

원히 빛을 보지 못했다. 징역 2년을 선고받은 그는 일본 패전을 불과 반년 앞두고 사촌 송몽규 등과 함께 후쿠오카 형무소에서 아쉬운 죽음을 맞았다. 여기서 거론한 이름들은 수천 명에 이르는 조선인 치안유지법 피고자의 극히 일부에 불과하다. 일본 국민을 대표하는 고이즈미 총리가 정말로 식민지배의 잘못을 인정하고 마음으로부터의 사죄를 한다면, 식민지배에 저항하다 탄압받은 이들에 대해 사죄하고 보상하는 것이 도리일 것이다. 치안유지법은 칙령에 의해 시행된 법률이다. 천황의 책임은 명백하다. 왜 인정하지 않는 것일까?

사례를 나열하자면 끝이 없다. 더구나 그것들은 어디까지나 사례 하나하나에 불과하다. 식민지배의 죄는 오히려 그것이 조선 민족 한 사람 한 사람의 삶을 돌이킬 수 없이 바꾸어버렸다는 데 있다. 일본은 조선 민족 전체를 자국 신민의 틀에 끌어넣어 피차별자로 착취했다. 식민지시대에 조선인은 '여보'·'선인'·'반도인' 등으로 불리며 업신여김을 당했다. 같은 일을 하고도 일본인 임금의 절반밖에 받지 못하는 차별적 제도가 당연히 여겨졌다.

전후에 일본은 돌변하여 조선인을 자국민의 틀 밖으로 몰아내 난민화시켰다. 재일조선인은 "나가라!" "돌아가라!"는 말을 들으며 살아왔다. 국민건강보험과 국민연금 제도에서조차 장기간에 걸쳐 철저히 배제당했고, 그 밖에도 일본 국민이 누리는 권리 중 어느 것도 보장받지 못했다. 물론 일본인 대부분은 이에 대해 어떠한 의문도 느끼지 않았다. 이러한 역사가 조선인 한 사람한 사람에게 매일 어떤 고통과 굴욕감을 주었는지 상상해본 이들이 있을까? 예를 들어 재일조선인이 왜 일본에 있는가? 이 물음에 정확히 대답할 수 있는 일본인은 거의 없다. 일본인이 "언제 왔는가?", "왜 귀화하지 않는가?" 따위 황당한 물음을 던질 때마다 젊은 재일조선인은 모멸감을 느낀다. 재일조선인은 이런 몰이해, 몰상식한 다수자 속에서 살아나갈 수밖에 없다. 바로 이것이

할 말이 있다고 생각했다. 태평양전쟁에서는 90만 명의 조선인이 일본에 강제 연행되었고 그후 소식을 알 수 없게 된 사람도 많다. 보상받은 것도 없지만, 더 이상 말할 수 있는 근거가 사라졌다. 북한의 행위는 그 정도로 어리석었고 그런 점에서 용서할 수 없다. 소멸되어도 모자라다. 전전 일본과 한반도의 관계에서 먼저 일본인이 겸허해지기를 바란다는 마음도 날아가버렸다"(『마이니치 신문』 2002년 9월 18일자)고 말했다.

이렇듯 속이 터져버릴 듯한 심정, 견딜 수 없는 답답함은 내 자신의 마음이기도 하다. 하지만 마음을 다잡고 말한다면 어리석은 범죄행위와 식민지배는 저울질할 수 없고, 소멸시키는 것도 불가능하다. 또 북한이라는 한 국가는 조선 민족 전체를 대표하는 것도 아니고, 식민지배의 피해자 한 사람 한 사람의 대표도 아니다. 따라서 그 범죄 때문에 조선인 전체에 대한 식민지배의 책임이 소멸되어서는 안 된다.

"죽는 날까지 하늘을 우러러 한점 부끄럼이 없기를……"

윤동주의 시구를 마음에 떠올릴 때, 나 자신도 부끄러움을 금할 수 없다. 계속되는 반식민투쟁 과정에서 조선인의 손으로 정당화할 수 없는 범죄행위가 이루어진 것, 그것이 식민주의에 대한 투쟁에 심대한 손해를 입힌 것, 더이상 '한점의 부끄럼도 없다'고 얼굴을 들고 말할 수 없게 된 것, 그런 것들이 부끄럽다. 하지만 지금 우리 조선인이 해야 할 일은 그 부끄러움 때문에 식민주의와의 투쟁을 포기하는 일이 아니다. 부끄러움을 어금니로 꽉 물고 상처받은 '도덕성'을 재건하는 일에 최대의 노력을 기울여야 한다. 이를 통해 식민지배의 시대를 극복하기 위해 어려운 싸움을 계속해나가야 한다.

우리 조선인 전체에게 북한이라는 한 국가와 일본과의 외교적 결착(決着)이 식민지배 책임의 결착이나 식민지시대의 종언일 수 없다. 조일국교정식민지배다. 이러한 문제를 모두 해결할 때 우리는 '과거의 청산'이라는 말을 쓸 수 있다. 하지만 이것은 청산할 수 있는 과거가 아니다.

어떤 기회였는가

조선 민족 전체의 입장에서 본다면 조일국교정상화 교섭은 일본인에게 식민지배라는 역사의 사실을 공식적으로 인정시키고, 뒤늦게나마 경제협력만이 아니라 공식적인 사죄와 보상을 얻어내야 할 절호의 기회였다. 또 그것은 다수의 일본 국민이 식민지배가 무엇이었는지 인식하게 할 기회이기도 했다. 재일조선인에게는 장기간의 차별로부터 해방되고, 이웃 일본인들과 진정한 상호이해를 바탕으로 공생하기 위한 첫걸음이 될 수 있는 기회였다. 바로 그렇기 때문에 북한의 체제를 지지하지 않는 사람들을 포함한 많은 조선인이 교섭에 기대를 걸었던 것이다.

하지만 현실은 그런 방향으로 흐르지 않았다. 당초 눈에 띄던 '대립에서 협조로'라는 캐치프레이즈는 납치 관련 보도를 계기로 급속히 자취를 감추고 말았다. 조선학교 학생들에 대한 파렴치하고 공격적인 행위에서 드러나듯, 현재 일본 사회에는 과거 어느 때보다 조선인에 대한 적대감이 팽배해 있다. 마지막일지도 모르는 기회가 지금 사라지려 한다.

한편 일본 정부가 이번 '조일평양선언' 제2조에 합의한 것은 지금이 절호의 기회라고 판단했기 때문일 것이다. 여기에서 말하는 기회란 앞서 말한 상호이해를 위한 것이 아니다. 일본 정부는 북한이 겪고 있는 경제적 곤궁 및 미국의 군사적 위협이라는 불리한 조건에 더해 북한 스스로 초래한 납치 문제라는 약점을 이용하면 자신들의 주장을 대폭 관철시킬 수 있으리라 생각한

상화 교섭은 압도적으로 일본 측에 유리한 조건으로 진행될 것이다. 북한은 그렇지 않아도 불리한 여러 조건에 납치라는 스스로 자초한 악조건을 떠안을 수밖에 없게 되었다. 북한은 더욱 패배에 가까운 타협을 강요받을 것이다. 요컨대 교섭을 통해 일본인 다수가 식민지배 책임을 깊이 자각하고, 피해자에게 진정한 의미에서 사죄하고 보상하기를 기대할 수 없게 되었다는 뜻이다.

일본 사회에서 살아갈 수밖에 없는 재일조선인에게는 앞으로도 힘든 나날이 계속될 것이다. 이를 각오해야만 한다. 하지만 한탄만 하고 있을 때가 아니다. 원래 조선적이었던 사람들의 귀속 문제 등 재일조선인 한 사람 한 사람의 운명을 결정적으로 좌우하는 사안이 조일 양국 정부에 의해 가까운 시일 안에 결정될 것이다. 일본의 식민지배에 의해 반난민화된 재일조선인이라는 집단이 해방 이후 57년을 거쳐 최종적으로 '한국 국민'과 '북한 공민'으로 분단되려고 한다. 조선인임에 희망을 잃고 일본 국적으로 귀화하려는 사람들도 늘어날 것이다. 이러한 사태는 식민지배의 해결이 아니다. 오히려 지배의 완성이라고 말할 수 있다. 분명 국민화에 의한 무자비한 분단을 거부하는 것이 해방 이후 오늘날까지 재일조선인이 기울여온 노력과 희생의 최대 목적이었다. 그럼에도 불구하고 오늘 이 순간들을 그저 망연자실하게 바라만 볼 것인가? 이런 어려운 시기야말로 재일조선인 모두가 결속하여 국가에 의해 자신들의 운명이 농락당하지 않도록 목소리를 내야 할 시점이다. 스스로 나아갈 방향을 자신들의 지혜와 용기로 찾아나가야 한다. 식민지배의 살아 있는 증인으로서 끝까지 식민지배 책임을 물어나가야 한다. 이야말로 식민지배의 시대를 극복하겠다는 공동의 목표를 향해 건너편에서 다가오는 일본인들과 정말로 언젠가 만나기 위한 길이다.

아시아·아프리카·라틴 아메리카 등 세계 각지에서 식민지배로 희생된 것이다. 고이즈미 총리는 북한을 방문하기 이전부터 납치 문제가 최우선이라고 강조했다. 납치 문제는 식민지배에 대한 배상을 거부하겠다는 일본의 전략에 아주 유리한 조건이 되었다. 소위 많은 '전문가' 들은 일본 측이 거의 모든 주장을 관철시켰다는 점을 들어 이번 정상회담이 성공적이었다고 높이 평가했다. 외교란 원래 그런 것일까? 순진하다고 할지 모르지만, 진심으로 일본인들에게 묻고 싶다. 일본 측의 외교적 승리란 비정한 외교전을 통해 자신의 '부채'를 최대한으로 깎아내리는 것인가? 배상 방식이 아닌 경제협력 방식으로 타결함으로써 식민지배의 책임을 또다시 애매하게 만드는 것이 과연 승리인가? 또 그것이 식민지배로 인한 오랜 대립을 해소하고, 이웃한 친구로서 오래 공존하고 싶어하는 태도인가?

더욱이 이제는 납치에 대한 한결같은 비난 보도 때문에 외교적 승리를 외쳐대는 이러한 목소리조차 어디론지 사라지고 말았다. 9월 21일 『아사히 신문』(석간)에 가미야 후지(神谷不二) 게이오 대학 명예교수의 글이 게재되었다. 큼지막하게 제시된 표제는 '난폭한 국가적 범죄성'이고, 부제 가운데 하나는 '상쇄(相殺)될 수 없는 납치와 식민지배'였다. 이 글의 결론 부분은 다음과 같다.

근대 역사학의 아버지라 불리는 랑케(Johannes Ranke)는 '시대정신' 이라는 개념을 제시했다. 어떤 시대에는 그 시대 고유의 기본적 가치관이나 사물에 대한 사고방식이 있다. 그것이 시대정신이다. (……) 19세기부터 20세기 초두는 식민지 소유가 선진국이 추구해야 할 가치로 널리 인정받은 시대였다. 하지만 제2차 세계대전 이후 식민지 소유를 긍정하는 사고방식은 완전히 모습을 감추었다. 시대정신이 크게 변한 것이다. 과거 식민지배를 현대의 시대

무수한 사람들이 투쟁을 계속하고 있다. 그 싸움은 구종주국과의 국교수립이나 경제협력으로 끝나는 문제가 아니다. 식민지배를 가능하게 만든 제도·이데올로기·문화·심성과의 기나긴 싸움이다. 2001년 9월 남아프리카의 더반에서 열린 'UN 반차별회의'에서도 '선진국' 그룹은 노예제와 식민지배의 책임을 명확히 인정하고 사죄하기를 끝까지 거부했다. 세계적인 관점에서 바라보았을 때 식민주의 시대는 아직도 지나가지 않았다. 이 회의의 폐회 직후 '9·11'이 일어났다. 세계의 식민주의자들은 힘을 얻고 있다. 우리 조선인의 싸움은 식민지배라는 한 시대를 극복한다는 과제의 한 축을 떠안고 있다. 바로 이것이 인류사가 우리에게 부여한 것이다.

정신만으로 재단하는 것은 역사 평가의 올바른 태도는 아닐 것이다. 일본이 식민지화에 대해 북한에게 사의와 반성을 표명하는 데에는 결코 인색하지 않다. 그렇지만 그 부당성과, 국가적 범죄성을 철저히 추궁해야 할 납치와 테러 행위 사이에는 명확한 질적 차이가 있다는 것만은 분명히 말해두고 싶다.

나는 이러한 논법이 급속히 힘을 얻을 것이라고 예상했다. 그런 예상은 그대로 적중했다. 나 역시 분명히 납치와 식민지배는 상쇄될 수 없는 문제라고 생각한다. 식민지배의 부당성과 납치 사이에는 가미야가 말한 것과 정반대 입장에서 "명확한 질적 차이"가 존재하기 때문이다. 가미야의 말대로 식민지배는 당시의 시대정신에 따라 이루어진 것이었다. 이 '시대정신'이라는 것은 가미야가 말하는 당시의 '선진국', 요컨대 제국주의 국가들 사이에서 '널리 인정받은 것'이었다. 하지만 식민지배를 당한 측은 결코 이를 인정한 적이 없다. 당시의 선진국 지도자와 국민들은 이러한 시대정신에 머리까지 완전히 세뇌되어 식민지 민중을 아무렇지도 않게 차별하고 혹사하고 착취했다. 저항하는 사람은 가차 없이 처벌하고 죽였다. 지금도 이 시대정신은 죽지 않고 살아 있다. 바로 그렇기 때문에 우리는 현대라는 시점에 서서 이 시대정신을 재단(裁斷)하지 않으면 안 된다. 두 번 다시 그것이 인류 사회를 석권하지 못하도록 말이다.

납치는 범죄다. 그 진상은 아직도 명확하지 않다. 북한이라는 국가가 깊숙이 관여한 중대한 범죄임은 틀림없다. 하지만 이 범죄와 식민지배 사이에는 "명확한 질적 차이"가 있다. 식민지배란 인류사의 일정 시기에 제국주의·식민주의라는 시대정신에 내몰린 국가와 국민이 다른 민족을 완전히 모욕하고 착취하고, 심지어는 '개조'하려 했던 제도다. 이러한 시대정신과 제도를 조선민주주의인민공화국 김정일 국방위원장과 일본국 고이즈미 준이치로 총리는 2002년 9월 17일 평양에서 만나 회담을 진행하였다. 두 정상은 조일 사이의 불미스러운 과거를 청산하고 현안을 해결하며 결실 있는 정치적·경제적·문화적 관계를 수립하는 것이 쌍방의 기본 이익에 부합하며 지역의 평화와 안정에 크게 기여하게 된다는 공통의 인식을 확인하였다.

1. 쌍방은 이 선언에서 제시된 정신과 기본원칙에 따라 빠른 시일 안에 국교정상화를 실현시키기 위하여 모든 노력을 기울이기로 하였으며 이를 위하여 2002년 10월 중에 조일국교정상화 회담을 재개하기로 하였다.

   쌍방은 상호 신뢰 관계에 기초하여 국교정상화를 실현하는 과정에도 조일 사이에 존재하는 제반 문제들에 성의껏 임하려는 강한 결의를 표명하였다.

2. 일본 측은 과거 식민지배로 인하여 조선 인민에게 크나큰 손해와 고통을 준 역사적 사실을 겸허하게 받아들이며 통절한 반성과 마음으로부터의 사죄의 뜻을 표명하였다.

   쌍방은 일본 측이 조선민주주의인민공화국 측에 대하여 국교정상화 후 쌍방이 적절하다고 간주하는 기간에 걸쳐 무상 자금협력, 저금리 장기차관 제공 및 국제기구를 통한 인도주의적 지원 등의 경제협력을 실시하며 또한 민간 경제활동을 지원하는 견지에서 일본국제협력은행 등에 의한 융자, 신용대부 등이 실시되는 것이 이 선언의 정신에 부합된다는 기본 인식 아래 국교정상화 회담에서 경제협력의 구체적인 규모와 내용을 성실히 협의하기로 하였다.

   쌍방은 국교정상화를 실현하는데 있어서 1945년 8월 15일 이전에 발생한 이유에 기초한 두 나라 및 두 나라 인민의 모든 재산 및 청구권을 상호 포기하는 기본원칙

장사지내 완전한 과거로 만드는 것이 지금 일본인과 조선인 앞에 놓인 과제가 아닐까? 이것은 노예제 시대에 종지부를 찍거나 혹은 봉건적 신분제도를 일소하는 것과 똑같이 중요한 의미를 지닌 과제다.

일본이 북한이라는 한 국가와 외교적 결착을 본다고 해도—지금은 이조차 불투명하지만—그것이 조선 민족 전체와 관련된 모든 문제의 해결일 수는 없다. 가령 국회결의와 같은 형태로 조선인 전체에 대한 식민지배 책임을 명확히 밝힐 것, 재일조선인과 해외로 이산한 조선인들을 포함해 개개인에 대한 사죄와 보상에 자발적으로 나설 것, 전 위안부 등 협의의 피해자만이 아니라 반식민투쟁으로 희생된 사람들까지 대상으로 삼을 것, 나아가 재일조선인의 일본에서의 거주권과 인권을 무조건 보장할 것. 일본 스스로 이러한 목표를 향해 어려운 노력을 계속해나가는 것이야말로 인류사의 요청에 부응해 식민지배라는 역사적 시대를 극복하는 길이 아닐까?

식민지배라는 제도가 지배자와 피지배자와의 관계 위에서 만들어진 이상, 이를 역사적으로 극복하는 것은 양자에 의해, 서로 다른 각도에서, 같은 방향으로 향하려는 노력을 통해서만 가능하다. 다르게 말하면, 식민주의 시대의 극복은 인류사가 조선과 일본 양 민족에게 요청한 사명인 것이다. 조선과 일본 어느 측도, 어떤 의미에서도 납치와 식민지배를 저울질해서는 안 된다. 설령 철저하게 계산된 부질없는 문구일지언정 일본 대표가 조선 민족을 향해 식민지배의 잘못을 인정한 '9·17'을 새로운 불신과 절망적 대립의 전환점으로 삼아서는 안 된다. 이것이 다음 전쟁의 발단이 되어서는 더더욱 안 된다. _2002년 11월 3일 탈고에 따라 국교정상화회담에서 이에 대하여 구체적으로 협의하기로 하였다.

쌍방은 재일조선인들의 지위 문제와 문화재 문제에 대하여 국교정상화 회담에서 성실히 협의하기로 하였다.

3. 쌍방은 국제법을 준수하며 서로의 안전을 위협하는 행동을 하지 않는다는 것을 확인하였다. 또한 일본 국민의 생명 및 안전과 관련된 현안 문제에 대하여 조선민주주의인민공화국측은 조일 두 나라의 비정상적인 관계 속에서 발생한 이러한 유감스러운 문제가 앞으로 다시 발생하지 않도록 적절한 조치를 취할 것을 확인하였다.

4. 쌍방은 동북아시아 지역의 평화와 안정을 유지·강화하기 위하여 상호 협력해나갈 것을 확인하였다.

쌍방은 이 지역의 유관국들 사이에 상호 신뢰에 기초하는 협력관계 구축의 중요성을 확인하며 이 지역의 유관국들 사이의 관계가 정상화되는 데 따라 지역의 신뢰 조성을 도모하기 위한 틀을 정비해나가는 것이 중요하다는 데 대하여 인식을 같이하였다.

쌍방은 한반도 핵 문제의 포괄적인 해결을 위하여 해당한 모든 국제적 합의들을 준수할 것을 확인하였다. 또한 쌍방은 핵 및 미사일 문제를 포함한 안전보장상의 제반 문제와 관련하여 유관국들 사이의 대화를 촉진하여 문제 해결을 도모해야 할 필요성을 확인하였다.

조선민주주의인민공화국 측은 이 선언의 정신에 따라 미사일 발사의 보류를 2003년 이후 더 연장할 의향을 표명하였다.

쌍방은 안전보장과 관련한 문제에 대하여 협의해나가기로 하였다.

조선민주주의인민공화국 국방위원회 위원장 김정일

일본국 총리 고이즈미 준이치로

2002년 9월 17일 평양

3부

끊임없이 진실을 말하려는 의지

사람은 승리가 약속되어 있어서 싸우는 것이 아니다. 불의가 넘쳐나기 때문에 정의에 대해 묻고, 허위가 뒤덮고 있기 때문에 진실을 말하기 위해 싸운다. (……) 지적인 자기보신의 태도로서 상대주의와 불가지론이 만연한 현대사회에서 '도덕'이라는 말은 '정의'나 '진실' 등과 더불어 거의 냉소의 대상으로 전락했다. 이러한 경향은 일본에서 특히 아카데미에서 훨씬 두드러진다. 하지만 또 한편으로 보수 세력이 강요하는 복고주의적 도덕률에 대한 저항은 한심할 정도로 미약하다.

덧붙여 말한다면 일본에서는 사이드가 강조하는 의미의 '지식인'이라는 말도 이미 썩어 없어진 지 오래다. 지적 직업에 종사하는 대부분의 사람들은 '지식인'이라는 말을 들으면 "아니에요, 저 같은 사람이……"라고 겸허를 가장해 몸을 낮춘다. 하지만 그것은 지적 특권을 누리면서 '지식인'이 떠안아야 할 사명과 책임으로부터 도망치려는 보신의 몸짓이 아닐까?

화 염 에 휩 싸 인 천 사

작곡가 윤이상의 죽음

1995년 11월 3일 베를린 시내의 친구 집에 있었을 때의 일이다. 오후 네 시를 지나자 철에 비해 다소 이른 첫눈이 내리기 시작했다. 가는 눈발은 삭풍에 휘날려 빛을 발하면서 떨어졌다. 그 청정하고 신비스러운 광경을 바라보고 있는 동안에도 마음속의 불안한 그림자는 차츰 어두워져만 갔다.

　나는 전날 밤, 도쿄에서 프랑크푸르트를 경유해 베를린에 도착했다. 방문 목적은 그곳에 거주하는 작곡가 윤이상 선생을 만나고 사정이 허락된다면 인터뷰까지 하는 것이었다. 선생의 건강이 아주 나쁘다는 것을 알고 있었지만, 10월 초순 전화했을 때 "지금은 거의 외출도 하지 않고 누구와도 만나지 않지만 자네라면 만나겠네"라는 대답을 받았던 터였다. 하지만 도착한 다음 여러 번 전화를 걸어도 선생의 자택에는 집을 지키는 노부인밖에 없었다. 도무지 어떻게 된 영문인지 알 길이 없었다. 그날 밤에야 겨우 부인 이수자 여사와 통화가 되었고 비보를 전해 들었다. 11월 3일 오후 네 시 반, 윤이상 선생은 베를린 슈판다우의 병원에서 일흔여덟의 생애를 마쳤던 것이다. 때 이른 첫눈이 내리던 바로 그 시각이었다.

나의 뇌리에는 납빛의 두터운 눈구름 속에서 하늘을 향해 날아오르기 위해 마지막으로 몸부림치는 '상처 입은 용'의 이미지가 떠올랐다. 그 눈발 하나하나는 용의 몸에서 떨어지는 작은 비늘이 아니었을까?

5일 자택으로 조문을 갔다. 이수자 여사가 완전한 백발에 무척 여윈 모습으로 맞아주었다. 독일 법규에 따라 시신은 병원에 안치된 상태였다. 윤이상 선생과의 대면은 이루어지지 못했지만, 서재에는 간소한 분향소가 마련되어 있었다. 영정이 놓인 뒷벽에는 그가 그리워했던 고향 통영 항구가 펼쳐진 파노라마 사진이 걸려 있었다. 조국의 진정한 민주화가 달성될 때, 통일이 이루어진 그때, 조국에 돌아가고 싶다는 것이 선생의 염원이었다. 고향 바닷가에 앉아 내면의 음악에 귀 기울이고, 고향 땅의 따스함 속에 묻히고 싶다……. 그러나 이러한 바람은 끝내 실현되지 못했다.

"당신은 생애 한순간도 쉬지 않고 일하면서, 해야 할 일은 모두 해냈습니다. 이제 마음 편히 쉬세요……." 이런 이수자 여사의 말을 들어주기라도 하듯, 선생은 마치 잠들듯 마지막을 맞았다고 한다.

■ ■ ■

윤이상 선생은 1917년 9월 17일 일본 식민지하 조선에서 태어났다. 고향 통영(지금은 충무)은 아름다운 바다로 둘러싸인 어촌이다. 몰락 양반인 서생 윤기현으로부터 전통문화에 관한 지식과 반일의 기풍을 이어받았다.

선생의 어머니는 그가 뱃속에 있을 때 운명적인 꿈을 꾸었다. 영묘한 지리산 하늘을 나는 용의 꿈이었다. 하지만 용은 구름 속에 있어 하늘 높이 날 수 없었다. 용이 몸에 상처가 있었기 때문이다. 이 일화에 착안하여 루이제 린저(Luise Rinser)와의 대담을 묶은 윤이상 선생의 자서전에는 "상처 입은 용—한 작곡가의 인생과 작품에 대한 대화"라는 제목이 달렸다.

상처 입은 용의 이미지는 그의 대표작 중 하나인 〈첼로 협주곡〉(1975～1976)에 재현되었다.

저 피날레에서의 옥타브의 도약을 생각해보십시오. 이 도약은 자유·순수·절대를 향한 욕구와 바람을 의미합니다. 오케스트라에서는 오보에가 '올림 솔' 부터 '라' 음까지 크레셴도로 올라가고, '라' 음은 트럼펫에 의해 이어집니다.(……) 첼로는 거기까지 도달하려고 하지만, 좀처럼 그러지 못합니다.[1]

하늘을 향해 필사의 도약을 시도하는 첼로는 더할 수 없이 높은 '라' 음에 4분의1밖에 도달하지 못한다. 트럼펫과 첼로 사이, 하늘과 용 사이에 극히 작지만 엄연히 존재하는 틈! 그 미묘한 음의 엇갈림이 떨리듯 신음하듯 듣는 사람의 혼 깊숙이 파고드는 음향을 자아낸다. 해방과 초월을 갈망하며 절대적인 조화 속에서 평안함을 얻고 싶다는 바람을 지녔지만 그것을 결코 이룰 수 없었던 상처 입은 용! 그 모습은 윤이상 선생 개인의 고뇌에 찬 생애를 암시할 뿐만 아니라, 식민지배와 분단의 아픔에 몸부림치는 조선 민족 그 자체의

---

1) Luise Rinser·Isang Yun, *Der verwundete Drache*, Fisher, 1977. 『傷ついた龍 : 一作曲家の人生と作品についての對話』, 未來社, 1981. (이 책은 한국에서 1984년 처음 출간되었다가 최근에 다시 윤이상평화재단에 의해 번역, 재출간되었다. 윤이상·루이스 린저 지음, 윤이상평화재단 옮김, 『윤이상: 상처 입은 용』, 랜덤하우스중앙, 2005 — 옮긴이.)

모습을 나타낸 것이기도 하다.

어린 시절의 음향 체험, 요컨대 자신의 음악적 모어에 대한 윤이상 선생의 이야기는 그 자체가 한편의 시처럼 아름답다.

아버지는 밤에 가끔씩 저를 데리고 낚시를 하러 바다로 나갔습니다. 그때 우리는 조용히 배에 올라타고 물고기가 튀어오르는 소리나 다른 어부들의 노랫소리에 귀를 기울였습니다. 흥얼거리는 노랫가락은 이 배에서 다른 배로 이어졌습니다. 소위 〈남도창〉이라 불리는 침울한 노래로 수면이 그 울림을 멀리 전해주었습니다. 바다는 피아노의 떨림판 같았고, 하늘에는 별이 가득했습니다.[2]

제사의 신비로운 분위기 속에서 부친이 낭독하던 제문의 울림. 가난한 사당패가 야외에서 연출한 가면극의 일종인 오광대. 무당이 몇 시간이고 그치지 않고 불러대던 서정적인 노래, 주문, 신에게 비는 소리, 중국 원숭이 곡예단이 연주했던 기이하고도 그리운 음악……. 이들 모두는 일본의 식민지배 아래 극심하게 억압받았던 조선 민족 고유의 민족적 음악이자 예능이다. 이것들은 윤이상 소년의 음악적 모어로 살아남았다. 이는 〈남무〉(南無, 1971) 등 초기 대표작과 오페라 〈심청〉(1971~1972)을 만들어내는 원천이 되었다.

윤이상 선생은 어릴 적 한문 읽기를 중심으로 한 전통적 교육을 받았지만, 얼마 안 있어 근대 교육기관에 다니게 되어 서양음악을 만났다. 열세 살

---

2) Luise Rinser·Isang Yun, 앞의 책.

무렵부터 자신만의 특성을 가미한 작곡을 시작했다. 열일곱 살에는 음악가를 지향하여 서울로 올라왔고, 2년 후에는 일본으로 건너가 고학으로 작곡을 배움과 동시에 일본 제국주의의 멍에 아래 신음하는 재일동포의 현실을 접했다. 선생은 "이렇듯 아무런 권리도 갖지 못하고, 가난한 이들의 운명이 내 마음에 사회적 의식을 자각시켰다. 그건 것들이 나의 정치적 관심을 높였다"고 회상했다. 시대는 태평양전쟁 발발 전야, 윤이상 선생은 항일·독립을 위한 레지스탕스 활동에 가담하여 2개월간 투옥되었고 고문을 당했다.

1945년 8월 15일, 조선은 일본의 패전에 의해 해방을 맞이했다. 당시 심한 결핵을 앓았던 선생은 병원을 뛰쳐나와 만세를 외치면서 서울 거리를 뛰어다녔다고 한다. 곧바로 조국 재건을 위한 정치활동에 몸을 던졌지만, 결국 실망 끝에 낙향했다. 고향에서 교편을 잡으면서 고아들의 구제에 헌신했다. 한국전쟁의 전화 속에서 살아남아 작곡가로서 활약하다가 1956년에는 서울시문화상을 수상했다. 이후 선생은 서른아홉 살에 아르놀트 쇤베르크(Arnold Schönberg) 등 신빈악파를 비롯한 최첨단의 서양음악 이론을 배우기 위해 프랑스를 거쳐 독일로 유학했다.

유학 3년째에 다름슈타트의 콩쿠르에서 〈일곱 악기를 위한 음악〉(1959)이 입선하여 현대음악의 무대에 등장한 윤이상 선생은, 조선과 동아시아 전통음악에서 끊임없이 흐르는 선으로서 단음이 보여주는 아름다움과 활력에 주목하여, 이것을 '주요음'(主要音, haubt-tone)이라는 독자적인 개념으로 이론화하고 발전시켰다. 말할 나위 없이 선생의 음악은 복고적인 스테레오타입의 '민족음악'과는 완전히 다르다. 그의 음악은 단순히 조선 민족의 음악적 모어의 기억을 재현한 것도, 또 그것을 단순히 '현대음악의 언어'로 바꾼 것도 아니다. 그의 창조적 발걸음은 동양의 식민지 출신 예술가가 "자신의 미학과 민족의식을 토대로 음악적 기법을 만들어내고 그로부터 더욱 전진하여 그 기법이 동양적 지역성에 머물지 않고 보편적인 세계성으로 나아가게 했던 과정"[3]인 것이다.

■ ■ ■

내가 윤이상 선생을 처음 만나 그의 음악을 직접 귀로 들은 것은 1981년 5월 13일 도쿄에서 열린 『상처 입은 용』의 출판기념회 석상이었다. 회장에서는 〈바이올린과 피아노를 위한 '가사'〉(1963)가 연주되었던 것으로 기억한다.

　해방 후 일본에서 태어난 재일조선인 2세인 나는, 본래의 모어인 조선어와 마찬가지로 조선 민족의 음악적 모어도 날 때부터 빼앗긴 상태였다. 나에게 어부의 남도창, 사당패의 오광대, 무당의 주문이나 서정적인 노래, 중국인의 원숭이곡예 등은 어느 것 하나 친숙하지 않다. 그럼에도 선생의 음악을 듣고 있노라면 그리움과 친숙함으로 가득 찬 공간으로 빨려들어가는 느낌이다. 이것은 아마도 내 안에 미세하게 남아 있는 음악적 모어의 파편이 '기억 이전의 기억'으로 용솟음치기 때문일 것이다. 하지만 선생의 음악이 나를 움직이게 만든 진짜 이유는 단지 그것만이 아니다. 선생의 오랜 친구인 귄터 프로이덴베르크(Günter Freudenberg)는 다음과 같은 해석을 내놓은 바 있다.

　윤이상은 서구의 전위적 기법에 위화감을 지니면서도 그것을 사용하여 모든

---

3) 尹伊桑, 「わが祖國, わが音樂」, 『尹伊桑わが祖國, わが音樂』, 影書房, 1992.

서구의 문화 및 음악과 생사를 건 예술적 대결을 벌였고 그 과정에서 집적한 경험을 음악의 언어로 표현했다고 볼 수 있다. 그리고 만일 그렇다면 그것은 조선의 전통적 음악·문화를 유럽의 근대가 이룬 수준까지 끌어올리기 위해서기도 했지만 그보다 이 근대 속에서 문제가 된 '인간의 조건'을 응시하며 근대 자체를 묻기 위한 것이기도 했다.[4]

윤이상 선생은 언젠가 "생각할 때는 무슨 말로 하십니까?"라는 질문에 대해 "모르겠습니다. 옛날에는 일본어로 생각했습니다"라고 답했다고 한다. 그의 세대가 경험한 황민화정책의 깊은 상처가 떠오르는 대목이다. 선생에게도 모어와 음악적 모어는 분명하지 않았던 것이다. 그의 모어를 빼앗고, 그의 풍부한 음악적 모어를 절멸 직전까지 몰고 가 위협한 것은, 다름 아닌 일본 제국주의가 식민지 조선에 강요한 '근대'였다. 이러한 '근대'에 빨려들어가 자신을 상실하는 것도 아니고, 이에 대항하기 위해 과거의 전통에 틀어박히는 것도 아닌 길, 윤이상 선생은 이 양자를 지양하는 험난한 길을 걸어나간 것이다.

근대의 지배적 문화에 내재하는 사이비 보편주의와의 격렬한 대결을 통해 진정한 보편성에 이르는 역동적 과정. 근대에서 자기 존재의 근거를 위협받는 자가 바로 그 때문에 획득할 수 있는 다이너미즘. 그것이 나와 같은 일본 태생 조선인을 격렬히 흔드는 것이다.

---

4) ギュンター・フロイデンベルク, 앞의 글.

■ ■ ■ ■

윤이상 선생의 후두부에는 거미나 게처럼 보이는 큰 상처가 있다. 보통 때는 머리카락에 가려 분명히 보이지 않지만, 수년 전 나는 우연히 그 손바닥만 한 상흔을 가까이서 보고 숨이 막힐 듯한 심정이었다. 그러고는 나도 모르게 "이 상처는 바로 그때의……"라는 말을 입 밖에 내고 말았는데, 선생은 "아아"라고만 대답할 뿐이어서 그 이상은 말을 꺼낼 수 없었다.

1967년 6월 유럽 각지로부터 150명에 이르는 사람들이 한국의 중앙정보부에 의해 한국으로 납치된 사건이 일어났다. 납치된 사람들 가운데에는 윤이상 선생을 비롯해 물리학자 정규명, 파리에 거주하던 화가 이응로 등의 인사들이 포함되어 있었다. 박정희 정권은 "유럽을 무대로 암약한 동베를린 거점 간첩단"을 적발했다고 대대적으로 발표했다. 이것이 소위 '동베를린 사건'이다.

선생은 1967년 6월 17일 거짓 호출에 속아 당시 서독의 본에 있는 한국 대사관에 출두했고, 결국 약물로 의식이 몽롱한 상태에서 한국으로 연행되었다. 조사 과정에서는 '북한의 간첩'임을 자백하라며 혹독한 고문이 가해졌다. 이 때문에 선생은 고문실에 있던 무거운 금속제 재떨이로 스스로 머리를 내려쳐 자살을 시도했다. 후두부의 상처는 바로 그때 생긴 것이다. 제1심에서 주범으로 몰린 정규명은 사형, 윤이상 선생은 무기징역을 선고받았다. 남편이 끌려간 지 이틀 뒤에 연행된 이수자 여사도 징역 3년을 선고받았으나 집행유예로 풀려났다.

선생은 일찍이 독일에 탄광노동자나 간호사로 와 있던 한국인들의 권리를 위해 활동했다. 1960년 이승만 대통령을 하야시킨 4·19혁명에 고무되었던 선생은, 이듬해 박정희가 일으킨 쿠데타에 격노했다. 선생은 해외에 거주하면서도 조국의 민주화와 통일을 위해 무언가를 해야 한다고 생각하기 시작했다. 선생은 동베를린의 조선민주주의인민공화국 대사관을 세 번 방문했고, 1963년에는 단기간 북한을 방문한 적도 있었다. 정치적 동기에 따른 것이 아니라, 분단 때문에 헤어진 친구 소식을 알아보고 또 북한에 남겨진 고구려 시대의 고분벽화를 보기 위한 것이었다. 하지만 한국의 반공법과 국가보안법은 이러한 행위를 금하고 있었다. 그렇다고는 하지만 이를 근거로 선생을 '북한의 간첩'이라고 몰아붙이는 폭력적인 논리는 한국 법정에서도 입증되지 못했다. 게다가 선생이 고구려 고분벽화로부터 얻은 영감은 이후 옥중에서 작곡된 〈영상〉(1968)으로 결실을 맺었다.

　윤이상 선생이 재판을 받는 동안 한국 정부의 난폭한 주권침해와 인권탄압에 격분하는 국제 여론이 독일을 중심으로 끓어올랐다. 특히 선생에 대해서는 칼하인츠 슈토크하우젠(Karlheinz Stockhausen)과 헤르베르트 폰 카라얀(Herbert von Karajan)을 비롯한 유명 음악가들이 서명을 통해 석방을 요구했다. 클라우디오 아라우(Claudio Arrau)는 항의 표시로 서울에서의 연주회를 거절했다. 독일 각지의 콘서트에서는 윤이상의 석방을 요구하는 의미로 그의 곡이 연주되었다.

　이러한 여론의 압력, 그리고 경제원조 중지와 국교 단절까지 시사한 서독 정부의 단호한 요구로 선생은 제2심에서 징역 15년, 제3심에서는 징역 10년으로 감형되었다. 그리고 최종적으로는 '대통령 특사'라는 기만적인 형태로 석방되어 1969년 3월 독일로 돌아왔다. 함께 붙잡힌 다른 사람들도 선생의 석방을 전후로 각각 원래 체재하던 곳으로 돌아갔다.

　여론의 압력과 관련하여 일본에서는 사정이 달랐다. 윤이상 선생의 납치는 일본 항공사의 비행기를 통해, 하네다 공항을 경유해 이루어졌다. 일본 관헌이 이러한 불법 행위에 가담했든가 적어도 묵인했을 혐의가 농후하다. 하지만 일본에서는 이러한 사실을 규명하라는 목소리가 힘을 얻지 못했다. 뿐만 아니라 작곡가 하야시 히카루(林光)의 회상에 의하면, 세계의 많은 음악가들과 발맞추어 일본의 음악가들도 윤이상의 구명에 동참해야 한다는 제안조차 지지를 얻지 못했다.[5]

어쨌든 선생은 죽음의 골짜기에서 생환했다. 그것만이 아니다. 영하의 한기가 맴돌던 독방에서 어렵게 반입된 연필과 오선지만으로 오페라 〈나비의 미망인〉(1968) 등 세 곡을 작곡했다. 그야말로 기적이라 부를 만할 일이다.

"당신을 보고 놀랐어요. 스스로에 대해 이렇게 거리를 둘 수 있다는 것에……. 더구나 오페라 희극을 작곡할 줄이야! 도교(道敎)의 승리네요. 인생을 꿈으로 보는 의식, 모든 존재와 일체화하고 바로 그 때문에 가장 곤란한 시련도 견디는 의식이지요. 또 그것은 당신의 일을 방해하는 모든 불쾌한 것들에 대한 창조력의 승리기도 합니다."[6] 이렇게 말을 건넨 루이제 린저에게 선생은 "저는 옥중에 있었지만 마음까지 붙잡히지는 않았습니다. 때로는 정말이지 행복하기조차 했습니다. 저는 언제나 저 자신을 주제로 한 음악을 들었습니다"라고 답했다.

완성된 악보가 가족에게 전달되었을 때, 그것이 암호일지 모른다고 의심한 중앙정보부가 서울의 한 음악가에게 감정을 의뢰했다는 일화도 전해진다. 그 오페라는 선생이 아직 영어의 몸이었던 1969년 봄, 뉘른베르크에서 처음으로 공연되어 대성공을 거두었다.

---

5) 林光, 「ふたつの思い」, 『尹伊桑わが祖國, わが音樂』, 影書房, 1992 참조.
6) Louise Rinser·Isang Yun, 앞의 책. 이하 루이제 린저와의 대화는 모두 이 책에서 인용한 것이다.

루이제 린저가 "이런 고통의 경험을 통해 당신의 예술이 더욱 넓은 차원을 열었다고 생각하지 않나요?"라고 묻자 선생은 "저는 그런 것은 경험하지 않는 편이 좋다고 생각합니다. 예술은 그런 경험이 있든 없든 독립된 것입니다"고 대답했다(1976년). 하지만 1988년에는 "그런 일이 있고 나서 몇 년간 나 자신의 아픔을 나타낼 용기가 없었다"며 사건 이후 10년이 지난 무렵부터 세계와 인류의 평화에 참여하는 예술을 창조하고 싶은 '새로운 힘'이 용솟음쳤고, 이는 "죽음에 직면하여 처음으로 눈뜬 것이다"[7]고 말하고 있다. 이렇게 새로운 전기를 마련한 작품이 앞에서 소개한 〈첼로 협주곡〉(1976)과 〈오보에와 하프와 오케스트라를 위한 이중협주곡〉(1977)이었다.

■ ■ ■

국제 여론에 굴복했다고는 하지만, 한국 정부가 윤이상 선생을 조건 없이 석방한 것은 아니었다. 중앙정보부는 그들을 유럽으로 돌려보내기 전에 모든 일상의 행동을 매월 보고한다는 조건을 붙였을 뿐만 아니라, 중앙정보부장 김형욱은 선생을 직접 불러들여 "독일에서 몸조심하시오. 당신을 같은 방법으로 두 번이나 한국에 데리고 올 수는 없겠지만, 우리에게는 적을 처리해버리는 여러 방법이 있으니까"라며 협박했다. 선생 부처가 독일 국적을 취득한 배경에는 이러한 한국 당국으로부터의 협박과 압력으로부터 몸을 지켜야 했던 절박한 사정이 있었다.

---

7) 武滿徹, 「死刑を前にして僕は目覺めた」, 『尹伊桑わが祖國, わが音樂』, 影書房, 1992.

그러나 그때도 선생은 한국에 귀국할 생각을 여전히 품고 있었다. 1972년 뮌헨 올림픽에서 〈심청〉이 축전 오페라로 상연되어 국제적으로 성공을 거두었다. 그러자 한국 정부는 새로 준공한 국립극장의 첫번째 작품으로 오페라 〈심청〉을 초청하고, 윤이상 선생을 초대할 뜻을 내비쳤다. 〈심청〉의 공연은 결국 재정적인 이유로 취소되었지만, 대신 뉘른베르크오페라단을 한국에 초청하여 선생의 다른 오페라 〈류퉁의 꿈〉(1965)과 〈요정의 사랑〉(1970)을 상연할 계획이 세워졌다. 관계자의 항공권을 예매하고 무대장치를 포장하는 등 준비가 진행되었다. 하지만 준비가 한창이던 1973년 8월 8일 야당 지도자였던 김대중이 도쿄에서 중앙정보부에 의해 납치되는 사건이 발생했다. 당시 선생은 아스펜 음악제에 참석하기 위해 미국 콜로라도에 체재하고 있었는데 이 소식을 듣고는 곧바로 한국 공연 및 귀향 계획을 중단했다. 그리고 사실상 망명을 결심하고 진정한 민주주의가 실현될 때까지 다시는 한국 땅을 밟지 않겠다는 의사를 밝혔다. 이후 선생은 해외에서의 한국 민주화운동의 지도적 역할을 적극적으로 수행했다.

1979년 10월 26일 박정희는 측근에 의해 암살당해 그의 '유신독재 체제'는 종말을 고했고 한국에는 잠시나마 '서울의 봄'이 찾아왔다. 하지만 전두환 국군보안사령관이 주도한 쿠데타에 의해 상황은 다시 급속히 암전(暗轉)되었다. 1980년 5월 17일 계엄사령부는 계엄령을 전국으로 확대하여 학생들과 김대중을 비롯한 수많은 민주인사를 연행했다. 더욱이 이에 항의하여 시민이 궐기한 광주에 계엄군을 투입하여 무차별 살육을 자행했다. 희생자 수는 2,000명에 이른다고 한다.

이수자 여사는 내게 이렇게 말했다.

남편은 대단히 강한 사람입니다만, 그런 광경을 보며 눈물을 흘렸습니다. 광주민주화투쟁 당시에도 남편은 하루종일 텔레비전 뉴스를 보고 너무나도 많이 울었습니다. 그리고 민족의 자식으로서 최소한 작품으로라도 남겨야만 한다고 생각했습니다. 〈광주여 영원히!〉는 그때 만든 작품입니다.

교향시 〈광주여 영원히!〉(1981)는 쾰른시의 요청으로 작곡되어 1981년 5월 8일 와카스기 히로시(若杉弘)가 지휘한 쾰른 방송교향악단에 의해 처음으로 연주되었다. 같은 해 5월 20일에는 도쿄에서 다카하시 유지(高橋悠治)가 지휘한 도쿄시티필에 의해 연주되었다.

이 곡의 라틴어 제목(Exemplum, In Memoriam Kwangju)에 붙은 'Exemplum'(표본)의 의미에 대해 윤이상 선생은 "광주는 단순히 특정한 나라에 존재하는 한 도시의 고유명사가 아니다. 자유와 인간의 존엄을 위해 들고일어나 싸우는 보편적 인간 정신의 고향이라는 의미가 내포되어 있다"고 설명했다. 선생 스스로는 자신의 예술은 정치적인 것이 아니라고 여러 번 강조했다. 하지만 면면히 이어지는 칠흑과 같은 독재, 끝이 보이지 않는 유혈, 깨어날 수 없는 악몽……. 이러한 조선 민족의 현실은 예술가의 유달리 예민한 감성을 자극할 수밖에 없었고 예술가 또한 이를 받아들일 수밖에 없었으리라.

■ ■ ■

밤이여 나뉘어라!
너의 양 날개는 빛을 받아
놀라서 벌벌 떠는구나

나는 떠나련다

그리고 너에게 돌려주련다

피범벅 된 밤을!

　　광주의 참극이 일어난 해의 겨울, 윤이상 선생은 넬리 작스(Nelly Sachs)의 시에 영감을 받아 소프라노와 실내 앙상블을 위한 〈밤이여 나뉘어라!〉(1980)를 작곡했다. 나는 1984년 8월 24일 구사쓰에서 열린 하기(夏期) 음악아카데미 콘서트에서 이 곡을 들을 수 있었다.

　　넬리 작스는 1966년 노벨문학상을 수상한 여류시인이다. 쇼노 고키치(生野幸吉)의 연구에 의하면, 그녀는 1891년 베를린의 유대인 가정에서 태어났다. 1940년 나치 박해를 피해 스웨덴으로 망명했다. 하지만 이후 그녀는 동포에 대한 박해와 대량살육이 전 유럽으로 확산되었다는 참상의 소문을 들으며, 또 먹고살기 위해 쉰 살이 넘어 배운 스웨덴어로 시를 번역하며 살아가야 했다. 그야말로 고독과 빈궁으로 점철된 타향살이였던 것이다. 당시까지 오로지 서구적·그리스도교적 교육만을 받아왔던 그녀는 박해·망명·유대인 동포가 겪는 가혹한 운명을 바라봄으로써 점차 민족의 현실에 눈뜨기 시작했다고 한다. 그녀의 경력이 윤이상 선생의 경험과 비슷하다는 점은 새삼 지적할 필요가 없을 것이다.

　　1983년부터 1987년까지 선생은 다섯 곡의 교향곡을 작곡했는데, 〈교향곡 제5번〉(1987)에서는 다시 넬리 작스의 시가 바리톤 독창으로 불려졌다.

대지의 모든 백성들이여!

아아, 목숨을 이야기할 때, 죽음이 생각에 없고

요람을 이야기할 때, 피가 생각나지 않도록.

복수의 무기를 땅 위에 두어라
복수가 진압되도록
왜냐하면 철과 곡물은
대지의 품안에서는 자매와 같으니……

베를린시 750주년 기념 위촉작품이었던 이 교향곡은 1987년 9월 17일 디트리히 피셔-디스카우(Dietrich Fischer-Diskau)의 독창, 한스 첸더(Hans Zender) 지휘의 베를린필하모니에 의해 처음으로 연주되었다. 어떤 비평가는 이 곡을 '평화의 교향곡'이라 부르기도 했다.

■ ■ ■

1987년 6월 민주화운동을 거쳐 1988년 2월 겉으로는 '민주화'를 표방한 노태우 정권이 등장하자, 조선 민족의 통일에 대한 열기가 각지에서 분출했다. 그해 윤이상 선생도 38도 휴전선에서의 남북공동 민족음악제 개최를 제안했다. 제안에 앞서 선생은 칸타타 〈나의 땅, 나의 민족이여!〉(1987)를 작곡했다. 이 작품은 문익환, 고은, 양성우, 김남주 등 민주화와 통일을 위해 싸워온 한국 시인들의 시에 곡을 붙인 것이다. 마지막은 '통일이여!'라고 부르짖는 대합창으로 끝을 맺고 있다. 1988년 9월 평양에서 첫 공연을 가졌다. 조선반도는 냉전체제 아래 남북으로 분단되어 상호교류가 엄격히 금지되었기 때문에 남북 공동 음악제는 상상조차 할 수 없는 사건이었다. 하지만 선생은 한국에 많은 제자와 지지자가 있었고, 북한 평양에도 '윤이상 음악연구소'가 있었다. 선생은 개인으로서 민족분단을 초월한 존재였다. 이 제안은 그런 입장에 있던 선생이었기 때문에 가능한 것이었다. 당시 우연히 한국에 체류하던 나는, 스포츠 신문까지도 이 제안에 대해 1면에서 대대적으로 보도할 정도로 국민의 관심과 기대가 끓어올랐던 것을 선명히 기억하고 있다. 하지만 결국 이 음악제는 한국 정부의 반대로 실현되지 못했고, 선생의 귀향 또한 이루어지지 못했다. 이 무렵 윤이상 선생은 다음과 같이 말했다.

'특수한 로컬리즘의 문제'로서 우리 민족에게 눈을 돌리면, 강대국의 에고이즘에 의해 제멋대로 나뉜 분단의 질곡 속에 신음하는 7,000만 민중의 모습이 있다. 이 사람들의 번뇌에 찬 소리에 귀를 기울이는 것은 결코 편협한 민족주의에 의거한 또 하나의 에고이즘이 아니다. 예수는 로마 제국의 지배 아래 있던 유대 땅에 태어나 죽는 날까지 유대인이었다. 당연히 예수의 온 생애에 걸친 관심사는 학대받는 자민족을 어떻게 구할 것인가에 있었다. 하지만 그의 자민족에 대한 끓어오르는 사랑은 결국 보편적 정의에 의거한 인류 전체에 대한 사랑으로 발전했다. 이 두 가지 사랑은 결코 서로 모순된 것이 아니다. (……) 한 사람의 예술가로서, 나는 자민족에 가해진 불의에 항거하는 입장을 견지함으로써 나 자신의 음악에 보편성을 부여할 수 있다고 믿는다.[8]

선생의 마지막 작품은 노태우 정권하에서의 탄압과 부정에 항의하여 분

---

8) 宋斗律·尹伊桑, 「尹伊桑の藝術世界と民族觀」, 『尹伊桑わが祖國, わが音樂』, 影書房, 1992.

신자살한 젊은이를 기념하여 작곡된 교향곡 〈화염에 휩싸인 천사〉(1994)이다.

마지막 나날들, 병에 시달린 몸을 이끌고 선생은 이 곡의 완성에 집념을 불태웠다. 부인 이수자 여사는 "선생은 아마도 〈화염에 휩싸인 천사〉를 마무리하기 위해 살아남았는지도 모르겠다"며 다음과 같이 말했다.

민족과 조국을 위해 아직 꽃이 다 피기 전에 젊은 학생들이 분신했습니다. 그 슬픔을 지금 그 누구도 말하지 않고, 모두들 그 기억은 머리에서 사라졌다는 듯 조용합니다. 선생은 그 젊은이들을 위해 자신이 어떻게 해서든 곡을 써야겠다고 말했습니다. 그것이 젊은이들에게 바칠 수 있는 최소한의 일이라고 말하곤 했습니다.

이 교향시는 1995년 5월 9일 도쿄에서 마에다 츠기오(前田二生)가 지휘한 도쿄필하모니에 의해 초연되었다. 선생의 건강은 더 이상 초연을 위한 해설을 쓸 수 없을 정도로 악화되었기 때문에 해설 대신에 음악평론가 발터-볼프강 슈파러(Walter-Wolfgang Sparrer)와의 대담을 실었는데, 선생은 여기에서 다음과 같이 말했다.

분신한 그들은 정치적인 투사가 아닙니다. 민주화와 통일을 위한 투쟁이 침체기에 들어가 앞을 볼 수 없다는 것, 사회가 붕괴에 직면해 있으며 개개인은 무력하다는 것만을 바라보았던 것입니다. 그들은 먼저 일어나 자신의 몸을 불태워 신호를 주려했습니다. 사회가 눈을 뜨도록 말입니다. (……) 이 곡은 아시아 전체, 비슷한 정치 상황에 놓여 있는 모든 나라를 위한 것입니다. 나의 동정 혹은 공감은 단순한 추억을 위한 것이 아닙니다. 책임 있는 추억을 위해, 역사적인 공통 상황의 인식을 위해, 그리고 여러 민족의 연대를 위한 것입니다. (……) 나는 내 양심을 종이에 급히 옮겨 적었습니다. 끊이지 않는 병 때문에, 앞으로 어느 정도 힘이 남아 있는지 모르겠습니다. 나는 극한의 정신적 고통 속에서 이 곡을 완성했습니다.

〈화염에 휩싸인 천사〉는 1995년 9월 17일 베를린 음악제의 일환으로 '윤이상 선생 탄생 78년 기념연주회'가 열렸을 때에도 연주되었다. 병든 몸을 이끌고 연주회에 참석한 선생은 연주 종료 후 그치지 않은 박수와 환호에 답하여 객석에서 일어나 손을 흔들었다고 한다. 그것이 마지막 외출이었다.

■■■

마지막으로 만년의 윤이상 선생에게 닥친 '극한의 정신적 고통'에 대해 내가 알고 있는 바를 기록해야 할 것이다.

선생은 끝까지 일관되게 '동베를린 사건'에 관한 정부의 사죄와 자신의 명예회복, 국가보안법의 폐지와 정치범 석방 등을 귀국 조건으로 요구했다. 1980년대에도 한국 정부로부터 여러 번 귀국 권유를 받았지만, 선생은 앞의 요구를 결코 양보하지 않았다. 개인적인 이야기이지만, 나의 형 서승과 서준식이 한국의 감옥에 있었을 때에도 선생은 한국 정부와 접촉이 있을 때마다 그들의 실명을 거론하며 석방을 요구했다. 다른 각도에서 바라본다면, 나이가 들면서 선생은 남겨진 시간이 많지 않다는 사실을 충분히 자각하고 있었음에도 불구하고, 깊은 망향의 심정을 억누르며 자신의 귀국마저도 일종의 '평화적인 무기'로 삼아 조국의 민주화와 민족의 통일을 이루어내기 위해 싸

위워왔다고 말할 수 있다. 그것은 다른 사람에게는 불가능한, 세계적 작곡가 윤이상 선생이기에 가능했던 명예로운 투쟁이었다.

1994년 9월 한국에서는 〈윤이상 음악제〉의 기획이 진행되었다. 이 기회에 그의 38년만의 귀향이 실현될지 여부가 커다란 관심을 불러일으켰다. 문민정부라는 슬로건을 내건 김영삼 정권의 탄생과 더불어 드디어 귀국의 기운이 싹튼 듯 보였다. 하지만 선생은 한국 정부가 '반국가 단체'라고 규정하고 있으며, 지금도 활동을 억압하고 있는 '조국통일범민족연합'(이하 '범민련'으로 줄임)의 해외본부 의장을 지내고 있었기 때문에 그의 귀국은 개인의 문제를 넘은 정치적 의미를 지닐 수밖에 없었다. 내가 이번 베를린에서 취재한 바로는 범민련에 관여하는 일부 사람들이 선생의 한국 입국에 강경히 반대하여 자택에 몰려와 차마 듣기 거북한 말로 비난한 사건이 있었다고 한다.

또 한국 정부는 윤이상 선생의 요구에 따라 이번 일시 귀국에 아무런 조건을 달지 않겠다고 확약했지만, 베를린을 출발하기 며칠 전 약속을 어겼다. 대사관 직원이 "한국에 도착하면, 정식으로가 아니라 걸어가면서라도 좋으니 과거의 행동에는 반성할 점도 있다고 말해주면 좋겠다"며 새로운 조건을 붙였다. 더욱이 앞으로 북한과의 완전한 절연도 표명해달라고 요구했다. 한국 정부가 얼마나 끈질기게 냉전 이데올로기를 고집하고 있었는지 잘 말해주는 대목이다. 선생은 "이렇게까지 인격에 상처받으며 귀국하는 것은 내 명예가 허락하지 않는다"며 귀국이 실현되지 못한 것이 한국 정부의 태도 때문였음을 밝혔다.[9]

---

9) 長沼節夫, 「最後まで祖國統一を願って」, 『週刊金曜日』, 金曜日, 1995년 12월 22일자.

'윤이상 음악제' 그 자체는 한국의 다섯 도시에서 개최되어 성공을 거두었지만, 선생 자신이 귀향할 수 있는 기회는 결국 영원히 사라져버렸다.

이후에도 선생은 미국에서 남북 양 측의 음악가를 모아 음악제를 개최하려 했는데, 누군가 북한 정부에 "윤이상은 한국 측에 매수당했다"고 모함하는 투서를 보내 북한 측 음악가가 참석을 취소하고 결국 음악회 자체가 중단되었다.

이상의 일들은 윤이상 선생이 그의 예술활동과 정치적 참여에서 이루어낸 거대함을 생각해볼 때 도무지 어울리지 않는 저속하고 저급한 사건들이다. 하지만 사람은 때때로 위대한 괴로움보다도 작은 괴로움에 의해 깊은 상처를 받는다. 1994년 말 평양을 방문한 후 일본에 들른 선생은 12월 17일 도쿄의 한 호텔에서 기자회견을 통해 "앞으로 모든 정치활동에서 물러나 음악활동에 전념하겠다. 나의 민족에 대한 사랑과 통일에 대한 생각은 음악이 대변할 것이다"라고 밝혔다(『아사히 신문』 1994년 12월 18일자).

선생은 자신이 경험한 고난을 개인적인 일화로 받아들이지 않았다. 그것을 민족사의 고뇌로, 나아가 인류사의 보편적인 고뇌로 짊어지려 했다. 일흔여덟의 생애에 걸쳐 예술적으로도 정치적으로도 쉬지 않고 계속 싸웠다. 그의 그릇이 큰 만큼 거기에는 민족분단에서 기인한 모든 고뇌와 고통이 담겼다.

만년의 '정신적 고통'을 선생은 어떻게 받아들이고 소화했을까? 어려운 상황에도 불구하고 내가 베를린까지 건너가 선생을 인터뷰하려고 마음먹은 것도 그것을 직접 묻고 싶었기 때문이다. 이러한 분열과 갈등이 가져오는 고통 또한 크게 보면 조선 민족이 강요받은 분단이라는 부조리한 운명의 일부이기 때문이다. 만약 회견이 이루어진다 해도 선생은 분명 자신의 고통에 대해 많은 것을 이야기하지 않으리라는 예감이 들었다. 그럼에도 불구하고 먼저 찾아뵙고 그 표정으로부터 무언가를 느껴보고 싶었다. 하지만 이미 늦어버렸다. 선생은 선생답게 아무런 말씀을 남기지 않은 채 세상을 떠났다.

12월 20일 선생의 주검은 망명지 베를린의 묘지에 묻혔다. 분단된 조국에는 선생을 묻을 곳이 없었다. "그들은 (……) 개개인은 무력하다는 것만을 바라보았던 것입니다. 그들은 (……) 신호를 주려고 했습니다. 사회가 눈을 뜨도록 말입니다"라는 말이 이제는 선생 자신에 대해 말한 유언처럼 들린다. '화염에 휩싸인 천사'는 선생 자신이기도 했다. '신호'를 받아들여야 하는 사람은 우리들이다.

'상처 입은 용'은 지금 하늘에서 가장 높은 '라'음에 도달하여 절대적인 조화 속에서 편히 쉬고 있을까? 나는 그렇게 생각하지 않는다. 하지만 '상처 입은 용'은 나에게 소중한 가르침을 주었다. 그것은 넘을 수 없는 틈을 넘으려고 상처투성이가 되면서도 계속 도약하는 것이 우리의 삶의 조건이자 의무일 뿐 아니라 '아름다움'이라는 것이다. 그렇다. 그것은 '아름다움'이다. 〈첼로 협주곡〉에 귀를 기울여보면 알 수 있다. 선생의 생애는 고난으로 가득 찼고 고독했지만 참으로 아름다웠다._1996년 2월 탈고

용 감 하 고   늠 름 한   사 람

고자이 요시시계를 보내며

1990년 2월 28일, 저의 형 서승은 19년간의 감옥살이를 가까스로 끝내고 대전형무소에서 나오게 되었습니다. 드디어 형이 석방될 징후가 보이던 2월 중순께 저는 한국으로 건너갔습니다. 잠깐씩 일본에 돌아온 적도 있었지만, 형이 석방되기 약 일주일 전부터는 단지 석방을 맞이하는 일뿐 아니라 진정한 석방을 실현하기 위한 여러 과제에 몰두하여 긴장 속에서 시간을 보냈습니다.

대전형무소는 원래 일본 제국주의가 조선을 지배하던 시대에 독립운동 등으로 구속된 정치범을 특별히 수용하던 장소였습니다. 이후 증축되어 지금은 동양 최대의 규모에 최신 설비가 갖추어져 중형자를 구금하는 감옥이 되었습니다. 나는 그동안 높은 담을 지나 몇 개인가의 철문을 통과한 다음 형무소 안에서 형과 수차례 면회했는데, 마침내 형이 여러 겹으로 둘러싸인 철문 밖을 통과해 높은 담 밖으로 걸어 나오는 순간을 체험하게 되었던 것입니다. 출옥한 형의 건강진단을 위해 병원에 머물렀다가, 3월 8일 형과 교토의 자택으로 돌아오기 위해 서울 김포공항에서 오사카행 비행기에 몸을 실었습니다. 공항에서 잠시 기다리면서 아는 신문기자에게 작별을 고하는 전화를 걸었는데, 그는 말끝에 "그런데 고자이 선생이 돌아가셨다"는 말을 전해주었습니다.

물론 고자이 선생은 고령이었으므로 저 자신도 언젠가는 이런 일이 닥치리라고 각오하고 있었습니다. 뒤돌아보면 지난 2년간 미요코(美代子) 부인이 입원 중일 때 병문안으로 한 번, 그리고 돌아가셨을 때 또 한 번, 모두 두 번밖에 선생을 뵐 수가 없었습니다. 금년(1990년) 2월 신문에 서승이 석방되지 않을까 하는 보도가 나오자, 고자이 선생은 직접 제게 전화를 주시기도 했습니다.

이런 상황에서 오랫만에 교토로 돌아가는 비행기를 탔던 것인데, 비행기 안에서 제가 느낀 감개는 슬픔이나 상실감과 같은 것이 아니었습니다. 뭐라 말할 수 있을까요? 왠지 불가사의하고 엄숙한 느낌이었습니다. 구태여 표현한다면 '역사적인 죽음'이라는 말을 쓸 수 있을 것입니다. 하지만 그것은 통상 '역사적 사건'이나 '쇼와 천황의 죽음은 역사적인 사건이다'라고 할 때의 '역사적'은 결코 아닙니다. 하나가 끝났지만, 그것은 또 하나의 시작과 연결됩니다. 또 하나의 시작은 하나의 끝과 무관할 수 없습니다. 이런 의미에서의 '역사적인 죽음'이라는 것입니다. 저는 선생의 죽음이 인류의 투쟁과 진보의 역사라는 과정 안에 포함된다고 느꼈습니다. 선생은 객관적으로도 그러한 인생을 자각했고, 주관적으로도 그렇게 앞서 살아왔습니다. 선생의 죽음도 그 연장선 상에 있다고 여겨졌습니다.

고자이 선생과 저와의 만남은 1971년, 형들이 모국의 서울대학에 유학하던 중 정치범으로 투옥되었을 때로 거슬러 올라갑니다. 그해 가을 도쿄에서 열린 형들의 첫 구명집회에서 시작된 것이죠. 그 만남은 선생이 돌아가시기까지 19년간 끊이지 않고 계속되었습니다. 1970년대 전반에는 때로 제가 살고 있는 교토로 직접 찾아오시기도 했습니다. 교토가 고자이 선생 자신의 연고지이기도 했지만, 어쨌든 그렇게 찾아와 전혀 꾸밈없이 자연스럽게 저의 부모를 대했습니다. 그리고 일관되게 가장 친한 친구로 행동했습니다.

저의 부모는 일본 제국주의가 지배하던 1920년대에 어린 나이로 일본에 건너와 제대로 교육도 받지 못한 사람들입니다. 부모님께 고자이 요시시게라는 사람이 찾아온다는 이야기를 건네자 부모님은 '그 사람은 도대체 누구인가, 얼마나 똑똑한 사람인가, 무슨 말을 하면 좋은가' 긴장하면서 기다렸습니다. 하지만 고자이 선생이 전혀 가식 없는 친근함으로 부모님들을 대해준 덕분에 긴장감은 곧 사라졌습니다. 고자이 선생 자신이 가끔씩 그리워하며 회상했듯이, 우리 집에서 멀지 않은 란잔에서 배를 띄워 즐거운 시간을 보내기도 했습니다. 선생은 어머니에게 가끔 전화를 걸어주었는데 두 분 사이에 어떤 말이 오갔는지는 잘 모르지만 무척 친밀한 대화였다고 기억합니다. 고자이 선생이 우리 가족과 개인적으로 친밀했다는 것을 말씀드리려는 것은 아닙니다. 지난 약 20년간 고자이 선생과의 만남 가운데 이 자리를 통해 말하고 싶은 사건은 다음과 같습니다.

1973년부터 1974년에 걸쳐 한국의 감옥에서는 비전향 정치범에 대한 정책적이고 계통적인 대규모 고문과 테러가 자행되었습니다. '사상전향'이라는 제도 그 자체는 일본 제국주의가 패전 이전 일본과 조선에 도입한 것입니다. 고자이 선생 자신도 치안유지법 때문에 투옥당한 경험이 있습니다. 이 제도는 일본의 패전(조선의 해방) 직후 연합군사령부의 지시에 의해 폐지되었습니다. 하지만 한국에서는 이 제도가 여전히 잔존했고, 전후 냉전시기 분단체제 가운데 더욱 횡행했습니다.

1972년 박정희 군사정권이 쿠데타를 통해 영구집권을 획책했던 역사적 배경에서, 정권에 의해 감옥 안에 남아 있던 정치범, 수백 명의 비전향 정치범을 폭력으로 전향시키려는 공작이 자행되었습니다. 이 때문에 한국 옥중의 비전향 정치범은 장기간에 걸쳐 포박을 당하거나 구타당했습니다. 이뿐만이 아니었습니다. 하룻밤 내내 온몸을 바늘로 찌르거나, 한겨울에 옷을 전부 벗긴 상태에서 찬물을 끼얹는 고문이 이루어졌습니다. 심지어는 주전자로 몇 개나 되는 물을 마시게 한 다음 부풀어 오른 배를 짓밟는 등 잔인한 고문이 끊이지 않았습니다.

감옥에서 출소한 형의 말에 의하면, 작은 독방에 전향시킬 정치범을 집어넣은 다음 그 양 옆 감방의 정치범에 대한 집중적인 고문을 가했다고 합니다. 그러면 수일간 계속되는 비명소리 때문에 가운데 사람의 정신은 완전히 쇠약해지고 맙니다. 이러한 만행이 전국적으로 정책적으로 계획적으로 이루어진 것입니다. 1973년 저의 형 두 명도 비전향 정치범이었기 때문에 그러한 정책의 표적이 되어 고난을 당할 수밖에 없었습니다. 서준식은 일시적으로 이를 견디지 못해 유리 파편으로 손목을 찌르는 자살을 시도했습니다. 그 무렵 면회를 다녀오신 어머니는 그 사실을 일본에 있던 가족에게 알려왔습니다. 저는 심각한 고민에 빠졌습니다. 어떻게 이 위기를 극복할 것인가? 우리 형제에 대한 것만이 아닌, 모든 비전향 정치범에 대한 무자비한 탄압을 어떻게 막아낼 수 있을 것인가?

하지만 당시 스물서넛밖에 되지 않았던 어린 저로서는 지혜로운 방법을 찾기가 힘들었습니다. 그때 저는 직간접적으로 고자이 선생에게 상담했습니다. 고자이 선생은 본인 스스로 한국을 방문하고 형무소를 찾아가 상세히 그 실정을 보고 들어 이를 국제적으로 폭로하겠다고 말했습니다. 이를 위해 자신이 희생될 수 있다는 가능성까지도 진지하게 고려했습니다. 하지만 결과적으로 고령의 나이와 건강상의 문제, 혹은 그 외에도 당시 내가 잘 인식할 수 없었던 여러 문제(당시 아직 일본공산당에 당적이 둔 것이 장애였습니다) 때문에 고자이 선생이 직접 한국에 가는 것은 어려웠습니다. 고자이 선생은 이 일을 당시 일본사회당 참의원 의원이자 그리스도교 의원연맹의 회장이었던 니시무라 간이치(西村關一) 의원에게 위탁했습니다. 제가 이해하기로는 니시무라 의원과 고자이 선생은 1973년 로마에서 열린 '베트남에 관한 긴급국제회의 로마집회'에 함께 참가한 사이였습니다. 하지만 그 이전에 고자이 선생과 니시무라 의원 사이에 개인적 조직적으로 깊은 관계가 있었다고 생각하지 않습니다.

니시무라 선생이 그러한 경위로 그렇게 어려운 일을 떠안고 가까스로 서준식을 면회하는 데 성공함으로써 한국 옥중에서 자행되던 잔인한 고문의 실상이 일본 및 세계 각국에 알려지게 되었습니다. 이 때문에 서준식은 당국으로부터 보복을 당해야 했습니다. 하지만 이는 이후 긴 세월이 흐른 다음 석방된 형들 자신이 증언하고 있는 바와 같이, 이를 계기로 제 형들만이 아니라 한국 옥중의 모든 비전향 정치범에 대한 조직적인 테러와 고문 행위는 위기를 넘겼다고 합니다.

이러한 사실을 떠올려보면 당시나 지금이나 고자이 선생은 진정한 사상가였을 뿐만 아니라, 훌륭한 실천가이기도 했습니다. 실제로 도움이 되는 것, 실제로 가능한 것에 대해서 생각하고, 가능한 것은 곧바로 과감히 실행할 줄 알았다는 것입니다. 저로서는 여러모로 부끄러운 생각이 듭니다. 왜 더 빨리, 그리고 더 효과적으로 이렇게 움직이지 못했는가 하는 것이지요. 그러나 어쨌든 니시무라 선생과 고자이 선생의 실천가로서의 과감한 판단과 실행 덕분에 실제로 많은 한국의 비전향 정치범이 목숨을 구하고 지조를 지켜낼 수 있었습니다.

이러한 배경에는 물론 한국의 민중 스스로가 민주주의를 지키기 위해 저항했다는 사실이 존재합니다. 또 니시무라 선생과 고자이 선생이 베트남 반전운동을 통해 기존의 입장 차이에도 불구하고 연대했다는 의미에서는 베트남 반전운동이라는 시대적 조건도 작용했습니다. 그 근저에는 베트남 인민의 과감한 투쟁이 있었고, 더불어 일본에서 통일전선적 민주화투쟁이 한창이었다는 시대적 조건도 지적할 수 있습니다. 이 다양한 조건들이 한국 감옥 깊숙이 존재하던 비전향 정치범의 목숨을 구하겠다는 행동의 목표를 실현 가능하게 했던 것입니다.

하지만 이러한 배경만으로는 불가능했을 겁니다. 서준식이라는 인간의 굳은 저항, 니시무라 선생의 포용력과 행동력, 그리고 무엇보다도 고자이 선생의 실천가다운 적절한 지시와 움직임이 없었더라면 말입니다. 이는 거대한 역사적 상황과 한국의 감옥을 연결하는 실제의 고리 역할을 했습니다. 그 고리 역할을 고자이 선생이 실천하신 것입니다.

제 변변찮은 생각입니다만, 고자이 선생이 이런 행동에 나서서 몸소 실천한 이유의 하나는 『인간찬가』(人間讚歌) 속의 「마스크 비카통 회상」이라는 문장에 기록되어 있는 바와 같이, 고자이 선생 스스로가 전쟁 중에 국제주의와 국제연대라는 것을 실제로 경험했기 때문일 것입니다. 오래전 선생은 도쿄 여자대학 학생으로부터 사회운동에 참여할 것을 요청받고 "마다할 이유가 없다"며 참여했는데, 바로 그것이 '모플'(Mopr)이라는 국제혁명가 구명운동이었으니 그 영향도 있을지 모르겠습니다. 오자키 호쓰미의 구원운동에 관여한 경험도 작용했을 것입니다. 특히 강조하고 싶은 것은 고자이 선생의 조선민족에 대한 편견 없는 시각입니다. 가령 『전중일기』(戰中日記) 1939년 11월

1일자 「옥중 메모」에는 다음과 같은 구절이 있습니다.

> 우리 방에 최주천(崔奏天)이라는 스물아홉 살 조선 출신 청년이 있었다. 그
> 는 최근까지 자신이 발행하던 소식지 『도쿄공장신문』(東京工場新聞)에 관한
> 형사사건으로 10월 중순 감방에 들어왔다. 그는 아주 온건한 이데올로기의
> 소유자였다. 하지만 가슴 속에는 역시 끓어오르는 열렬한 민족적 정열이 가
> 득하다는 것을 차츰 알게 되었다.[1]

후지타 쇼조 선생과도 이야기를 나눴습니다만, 이러한 '열렬한 민족적
정열'이라는 것에 대한 이해란, 마르크스주의자에게는, 특히 1939년이라는
단계에서는 정말 어려운 것이 아니었을까 추측합니다.

고자이 선생은 모두가 말하듯 과학적이고 원칙적이면서도 유연한 분이
었습니다. 옳은 것은 옳고, 옳은 것은 실제로 이루어져야만 옳다는 것이 고자
이 선생의 기본적인 삶의 방식이었습니다. 저는 이를 고자이 선생 나름의 '비
전향'이라고 확신합니다. 고자이 선생의 '비전향'은 전전·전중·전후를 통해
일관된 것이었습니다. 이러한 일본의 '비전향'이 한국의 '비전향'에 손을 내
밀었습니다. 이것이 1973년부터 1974년에 걸쳐 일어난 사건의 진상입니다.
서준식은 1988년 석방된 후에도 옥중에 남겨진 정치범을 위한 활동을 지금
까지 계속하고 있습니다. 1990년 2월에 석방된 서승은 일본에서 같은 활동을
전개하고, 지금은 미국 각지에서 인권운동 관계자들과 정력적으로 만나고 있

---

1) 古在由重, 「獄中メモ」, 『戰中日記』, 勁草書房, 1967. 이하에서 인용은 모두 이 책에서 한 것이다.

습니다.

저는 미국에 형과 동행했다가 어제 밤(9월 13일자) 도쿄에 돌아왔습니다. 비행기 안에서 다시 한번 『전중일기』를 읽어보았습니다. 제가 이렇게 말씀드리면 건방지게 여겨질지 모르겠습니다만, 저는 고자이 선생의 문장 가운데 『전중일기』를 제일 좋아합니다. 1944년 1월 19일에는 다음과 같이 기록되어 있습니다.

아이들에게 현미경을 보게 했다. 밤, 공사판 막일꾼들의 목욕탕에 갔다. 수건을 뜨거운 물 속에 떨어뜨려서 찾으려 했다. 하지만 등과 양다리가 부딪칠 만큼 사람들이 많아 결국 수건을 찾지 못했다. 하지만 오랜 시간 동안 뜨거운 물에 몸을 담그고 발끝으로 수건을 더듬은 덕분에 집에 돌아와서도 아직 얼굴이 화끈거렸다.

단순한 일상적 에피소드에 불과합니다만, 정말로 선생다운 문장입니다. 이 일기에는 이러한 담담한 양심과, 정의에 대한 사랑만이 가져다주는 평화로운 즐거움이 가득합니다. 일기가 언급하는 사건 그 자체는 공습이나 피난, 전쟁 중의 어려움 등 아주 다양합니다만, 여기에 그려진 것은 평화로움입니다. 하지만 예외적으로 감정을 다소 드러내는 부분도 있습니다. 싱가포르에서 집으로 돌아오는 길이었던 동생 요시노부(由信)가 죽었을지 모른다는 소식을 들었던 때입니다.

아무래도 예감이 좋지 않다. 그것만이 아니다. 이는 완전한 우연적인 일치가 틀림없을 것이다. 언젠가 어떤 모임에서 돌아오던 중 취기에 잠이 들어 세이

부(西部) 전차 속에서 꿈을 꾸었는데, 동생 얼굴이 눈앞에 너무나도 생생하게 나타났다. 아! 최악의 경우가 닥친다 하더라도 참고 견디자! 실로 엄청난 고난의 시대다. 살아남은 자는 용감하고 늠름하게 살아야만 한다.

한마디로 말씀드리면 저에게 고자이 선생은 기상이 높은 분이자 용감하고 늠름한 분이셨습니다. 돌아가시기 전 마지막 몇년을 선생은 실의와 적막에 쌓여 지냈을 것입니다(당시 선생은 원폭금지운동 방침을 둘러싸고 일본공산당으로부터 비난을 받고 당을 떠난 상태였습니다). 하지만 선생은 그런 내색을 조금도 하지 않았습니다. '고난의 시대'에 고자이 선생의 높은 기상과 용감하고 늠름한 모습은 우리 조선인의 마음에 깊이 간직되어 오랫동안 기억될 것입니다. _1990년 9월 14일 발표

선 명 한 흔 적 을 남 긴 일 본 인

야스에 료스케를 보내며

야스에 료스케(安江良介)를 처음 만난 것은 1970년대 초였다. 야스에가 도지사(都知事) 비서를 그만두고 막 이와나미 출판사에 복귀했을 때였다. 그의 나이 마흔이 막 되었을까 할 무렵이었고, 나는 20대 초반이었다. 첫 대면이 어려웠던 인상밖에 남아 있지 않아 정확한 날짜를 기억할 수 없다. 그로부터 4반세기의 세월이 흘렀기 때문만은 아니다. 사람은 어두운 지하실에 오래 방치되면 계절이나 시간 감각 자체가 흐릿해진다. 나에게 1970년대의 기억은 지금은 복원하기 어려운 파편처럼 되어버렸다.

1971년 봄, 독재자 박정희가 야당 후보 김대중과 치열한 대통령선거전을 벌이고 있었을 때, 한국 유학 중이던 나의 두 형, 서승과 서준식은 '반정부 학생운동을 배후조종한 스파이' 혐의로 체포되었다. 선거전에서 겨우 승리한 박정희는 1972년 10월 쿠데타를 통해 유신독재 체제를 수립했다. 73년 8월에는 김대중 납치사건이 일어났다. 1974년에는 '민청학련사건'이 일어났고,

1975년에는 '인민혁명당' 관계자 여덟 명이 처형되었다. 그동안 형들은 각각 무기징역과 징역 7년형을 받았다. 1974년 5월 서준식은 고인이 된 니시무라 간이치 목사와의 면회를 통해 옥중에서 자행되는 비전향 정치범에 대한 가혹한 고문을 고발했다.

학교에서, 거리에서, 감옥에서······ 사방에서 군사독재에 대한 놀랍도록 용감한 저항이 계속되었다. 하지만 압도적인 폭정으로 상황은 더욱 차갑게 얼어붙었다. 폭력과, 언제 다가올지 모르는 죽음을 온몸으로 느껴야 했다. 가장 참담하고 암울한 사태를 머릿속에 늘 그리며 살아간 나날들이었다. 어떻게든 형들을 구할 방법은 없을까? 하다못해 옥사의 위기를 면할 수는 없을까? 어찌할 바 모르던 나는 지푸라기라도 잡는 심정으로, 더 솔직하게 말하면 한 조각이라도 낙관적인 이야기를 듣고 싶어 방황했다.

처음 만난 야스에의 눈빛은 예리했고, 입에서 흘러나온 정세판단은 혹독했다. 위안이 될 만할 말은 한 마디도 없었다. 더욱 암담한 심정으로 이와나미 출판사를 뒤로 했던 기억이 생생하다. 후에도 어려운 문제에 부딪칠 때마다 야스에의 의견을 듣고 도움도 요청했다. 야스에의 결단에 의해 형들의 옥중 편지는 세 번에 걸쳐 잡지 『세카이』(世界)에 게재되었고 이와나미 신서(岩波新書)로 간행되었다.

1979년 10월 박정희는 측근에 의해 암살당했다. 하지만 같은 해 12월 12일 '군부 쿠데타'로 전두환이 군부의 실권을 장악했다. 바로 그날, 나의 어머니 오기순은 교토 시내의 병원에 다시 입원했다. 의사는 3년 전에 수술한 자궁암이 재발했다고 진단했다. 남은 인생은 불과 반년이었다. 서준식은 이미 형기를 마쳤지만, 비전향 정치범에 대한 보안처분을 결정한 사회안전법에 의해 계속 구금된 상태였다. 보안처분의 갱신 기한 역시 반년 앞으로 다가왔다.

한국 사회는 민주화로 나아갈 것인가? 아니면 독재로 후퇴할 것인가? 정세는 복잡하고 불투명했다. 어머니가 살아계실 때 하다못해 형 하나라도 출옥시킬 수는 없을까? 그러기 위해 나는 무엇을 해야 하는가? 나는 어머니의 병환을 믿을 만한 이들 몇몇에게 알렸다. 야스에의 반응은 사기 차원에서나 현실적인 차원에서나 지극히 진실된 것이었다. 『세카이』 1980년 4월호에 아사히 신문사의 미야타 히로토(宮田浩人) 기자가 어머니를 인터뷰해 쓴 기사 「병상에서 조국을 생각한다」가 게재되었다. 야스에의 실질적인 협력이 표면에 나타난 하나의 사례이다.

적절한 비유는 아닐지 모르지만, 나는 야스에의 모습에서 포수 포지션을 맡은 야구선수를 연상했다. 나 또한 그러한 모습이 될 수 있기를 간절히 원했다. 뛰어난 포수는 절체절명의 위기를 맞았을 때, 한편으로는 누구보다도 침착하고 냉정하게 상대와 자신의 역량을 파악하고 정세를 분석하고, 다른 한편으로는 가장 정열적으로 승리를 확신하여 고개를 떨군 자기편을 큰 소리로 격려한다. 야스에는 언제나 그런 존재였다. 때로 나는 그의 눈에 눈물이 고이는 것을 보았다. 감동·청춘·도덕 같은 말들이 조금도 거리낌 없이 그의 입에서 나왔다. 그 말들은 그에게 잘 어울렸고 설득력 있었다. 일종의 낭만주의와 전략적 사고가 야스에 료스케라는 한 인간 안에서 훌륭하게 조화를 이뤘다.

예전 노트를 다시 펴보니 야스에는 1980년 5월 10일, 일부러 교토 병원에 입원 중인 어머니를 찾아왔다. 그날은 어머니의 상태도 좋아 허물없는 담소가 이어졌다. 나는 처음으로 야스에에게서 마치 어린아이와도 같은 천진난만한 웃음을 보았다. 하지만 화제가 한국 정세로 옮겨가자 긴장된 표정으로 "다시 군부가 쿠데타에 나설 위험이 있다. 하지만 이는 실패할 것이다"라고 말했다.

죽음이 목전에 다다른 어머니에게 너무 냉혹한 울림으로 들린 것은 내가 그때까지도 너무나 어수룩했기 때문이다. 5월 18일, 야스에의 예언대로 전두환이 이끈 군부는 쿠데타를 일으켜 학생과 민주인사, 여당·야당 정치인들을 대거 연행했다. 광주시에는 계엄군이 투입되어 다수의 시민이 학살당했다. '서울의 봄'이라 불렸던 한 시기의 민주화에 대한 막연한 기대는 물거품으로 사라졌다. 그러한 절망적인 어둠 속에서 5월 20일 새벽에 어머니가 돌아가셨고, 27일 서준식의 보안처분이 갱신되었다.

하지만 7년 후 1987년 6월 민주화운동은 전두환의 퇴진을 이끌어냈다. 서준식은 1988년, 서승은 1990년에 살아서 출옥할 수 있었다. 1995년 말 전두환이 맹우 노태우와 함께 내란죄로 법정에 섰다. 이러한 경위를 살펴보면 쿠데타는 실패할 것이라는 야스에의 예언은 적중했다고 말할 수 있을 것이다. 하지만 현실적인 역사의 흐름은 때로 개개 인간의 유한한 생명의 시간 속에서 정리되지는 않는 법이다.

지금 생각해보면 처음 만났을 때나 어머니를 병문안했을 때, 야스에가 안이한 위안의 말을 건네지 않은 것은 저널리스트로서 스스로 정세판단에 충실했기 때문이었다. 무엇보다도 나와 같은 젊은이에 대해서나 나의 어머니와 같은 서민에 대해서도 성실하고 대등한 자세로 만나려 했기 때문이었을 것이다. 오랫동안 그를 만나왔지만, 야스에의 이러한 자세는 조금도 변하지 않았다. 이는 나에 대해서만이 아니라, 아마도 우리들 조선인(한반도의 남북 및 일본에 있는 조선인 모두)을 접할 때의 기본적인 자세였을 것이다. 야스에는 일본인과 조선인이라는 자타가 서로 다른 곳에 서 있다는 차이를 항상 모종의 긴장감을 유지한 채 자각하고 있었다. 친근하면서도 상대방에게 무례하게 구는 일은 전혀 없었다. 수많은 소위 '조선통'과 그가 결정적으로 다른 점이다.

야스에는 1976년 강연에서 자신이 조선 문제에 관심을 갖는 이유에 대해 이렇게 설명했다.

한마디로 말하면 우리 일본인이 조선 민족과 어떻게 화해를 이루어낼 수 있을까 하는 것으로 귀착됩니다. 다른 말로 한다면 일본인의 내셔널리즘 형성과 방향에 가장 중요한 의미를 지닌 것 가운데 하나는 조선 문제가 아닐까 하는 생각 때문입니다.[1]

일본의 식민지배로 초래된 일본·조선 양 민족 사이에 '지속되고 있는 심리적 긴장'을 어떻게 해소할 것인가? 이를 위해 일본 정부의 대조선 정책을 어떻게 근본적으로 전환시킬 것인가? 야스에는 이러한 문제를 일관되게 자신의 과제로 내걸고 일생 동안 다양한 실천적 제언과 행동을 지속했다. 또 결코 특정 조직이나 당파에 편중되지 않았다. 그는 어디까지나 자신의 책임감과 주체성을 지니고 행동했다.

야스에는 같은 강연에서 일본의 조선 식민지배를 비판한 "거의 무(無)에 가까울 정도로 한정된 소수의 사람들"의 사례로 나카노 시게하루(中野重治), 마키무라 고우(槇村浩), 야나기 무네요시(柳宗悅)의 이름을 거론하면서, "나는 일본인으로서 그러한 사람들이 있었다는 데서 약간이나마 위안을 삼는다"고 말했다. 하지만 나 자신은 오히려 야스에는 오자키 호쓰미(尾崎秀實)와 같은 사람의 계보에 위치하는 것이 아닐까 생각한다. 오자키에게는 중국, 야스

---

1) 安江良介, 「南北朝鮮の現狀と統一問題」, 『孤立する日本』, 影書房, 1988.

에에게는 조선이 일본 및 일본인의 모습을 비추는 거울이었다. 아시아의 이웃들과 진정으로 연대할 수 있는 일본을 만드는 것이 두 사람 생애에 공통된 주제였다. 그것만이 아니다. 노무라 고이치(野村浩一)는 오자키를 '단독의 혁명자'로 평가했는데, 이러한 평가는 현대 일본에서 야스에 료스케에게야말로 가장 어울린다. 다음 세대 일본인은 지금 시대에 야스에 료스케라는 사람이 있었다는 것으로 약간의 위안을 삼을지도 모르겠다.

수없이 많은 절망과 피로에 무너져내릴 것 같으면서도 그때마다 기적처럼 용솟음치는 학생과 민중의 함성에 요동치던 나날들. 죽음이라는 공포에 앞이 보이지 않던 암흑의 나날들. 그 칠흑과 같은 어둠에 때 아닌 눈부신 인간성의 빛이 번쩍이는 것을 발견한 나날들. 우리 조선인의 1970년대와 1980년대의 기억에 야스에 료스케라는 한 사람의 선명한 일본인의 모습이 각인되어 있다. _1998년 2월 탈고

뿌리 뽑힌 자의 무덤

파울 첼란, 프리모 레비, 카임 수틴의 무덤에 가다

올 여름 파리에서 압델 와하브 메데브(Abdelwahab Meddeb)라는 작가를 알게 되었다. 우연히 파리에 온 우카이 사토시(鵜飼哲)와 현지에 거주하는 화가 콜린(Kolin)과 함께 도심 외곽에 있는 레바논 요리점에서 함께 마주앉았다.

메데브는 프랑스 국적이지만, 튀니지 태생이라고 한다. 파리에 거주하면서 대학에서 문학을 가르치고 있다. 나보다 네댓 살 연상 같았는데 그쪽 사람들은 모두 콧수염을 길러서인지 왠지 관록 있어 보였고, 진짜 나이는 묻지 않았다. 눈이 크고 화려한 여성도 함께 자리했다. 메데브의 파트너였다. 그녀는 모로코 출신으로 지금은 이집트 카이로에서 프랑스어를 가르치고 있다고 했다. 그 커플을 바라보는 동안 넓은 지중해 세계를 느낄 수 있었다.

모로코 출신인 그녀가 어떻게 프랑스어를 배웠는지 물어보았다. 그녀는 초등교육부터 프랑스어로 교육을 받아 모어가 프랑스어라고 대답했다. 옛날부터 모로코의 중산층 이상 가정에서는 자녀를 프랑스어로 교육시키는 학교에 많이 보냈다고 한다.

팔레스타인 소설가인 갓산 카나파니도 프랑스어 학교에서 교육을 받아 나중에 아랍어를 배우는 데 힘이 많이 들었다. 그는 각고의 노력 끝에 체득한 아랍어로 소설을 써, 이스라엘 국가에 의해 추방당한 팔레스타인 난민의 비애와 고뇌를 그렸다. 나는 일본어로 번역된 그의 작품과 해설을 읽고 깊은 감명을 받았다. 나 역시 지배 민족의 언어인 일본어를 모어로 사용하고, 내 민족의 언어를 잃어버린 사람이기 때문이다. 그런 말을 건네자 그녀는 큰 눈을 더 크게 뜨면서 진지하게 수긍하는 듯했다. 하지만 과연 나의 진의가 어느 정도 전달되었는지는 모르겠다.

상쾌한 뒷맛을 남기는 튀니지 와인을 여러 잔 마시는 사이 어느 정도 첫 대면의 어색함이 사라졌다. 메데브는 나에게 오늘 어디에 다녀왔는지 물었다. 온종일 파리 남쪽 교외의 티에라는 곳까지 내려가 파울 첼란(Paul Celan)의 무덤을 보고 돌아온 날이었다. 첼란이 그곳에 묻혀 있다는 이야기는 금년(1998) 봄 간행된 『첼란 연구의 현재』(ツェラーン硏究の現在)라는 책에 수록된 아이하라 마사루(相原勝)의 사진을 보고 알게 되었다. 나는 어떻게든 내 눈으로 첼란의 무덤을 직접 보고 싶었다.

지하철 7호선 종점인 빌쥐프루이아라공까지 간 다음, 그곳에서 버스로 갈아타고 10분 정도 가니 뜻밖에도 쉽사리 티에 공동묘지에 도착했다. 하지만 묘지는 일본의 상식으로는 상상할 수 없을 정도로 넓었다. 아이하라의 사진에 '31구획 12열 39번'이라는 캡션이 달려 있지 않았더라면 묘지까지 가놓고도 정작 그의 무덤을 찾기는 힘들었을 것이다. 첼란의 무덤은 별다른 특징이 없는 간소한 것이었다. 묘비에는 세 줄로 이름들이 새겨져 있었다. 가운데는 파울 첼란의 이름이, 위에는 태어나 곧바로 죽은 아들 프랑소와, 아래에는

티에 공동묘지에 있는 파울 첼란의 무덤

부인 지젤의 이름이 새겨져 있다. 이상한 것은, 청금석(lapis lazuli)인 듯한 푸른빛의 돌 조각들이 묘석 위에 뿌려져 있었던 일이다. 양옆의 무덤에는 그러한 흔적이 없었기 때문에 누군가가 그 조각들을 첼란의 무덤에 뿌렸다고 생각할 수밖에 없었다. 누가 무슨 뜻으로 그랬는지는 알 수 없었다.

첼란이 태어난 고향인 부코비나는 원래 터키 제국, 그후에는 합스부르크 제국 영토에 속했다. 하지만 제1차 세계대전 이후는 루마니아, 제2차 세계대전 중에는 나치 독일에 일시 점령당했고, 전후에는 사회주의 루마니아와 소련으로 분할되었다.[1] 부코비나 지방에는 제2차 세계대전까지 인구의 절반 정도에 이르는 유대인 공동체가 존재했다. 그들의 모어는 독일어였다. 긴 역사

---

1) 현재는 루마니아와 우크라이나 령으로 나뉘어 있다 — 옮긴이.

와 독특한 문화를 가진 이 공동체도 다른 동유럽 유대인 공동체와 마찬가지로 나치의 폭력에 거의 완전하게 파괴되었다. 첼란도 강제수용소를 경험했고 그의 양친은 수용소에서 사망했다.

그가 파리에 정착한 것은 1948년의 일이다. 그는 부모를 죽인 자들의 언어로 작품을 쓴다는 혹독한 비판을 받았다. 하지만 시는 모어로밖에 쓸 수 없다며 계속 독일어로 시를 써내려갔다. 그는 전후 서독 시단으로부터 높은 평가를 받으면서도 계속 파리에 머물렀고 1970년 4월 28일 세느 강에 몸을 던져 자살했다.

'첼란'(Celan)이라는 성은 조상 대대로의 사용했던 '안첼'(Antschel)이라는 성의 철자를 스스로 고쳐 만든 것이다. 묘비에는 그렇게 만들어진 성이 그대로 적혀 있다. 나는 이런 사실을 눈으로 직접 확인하고 싶었다. 보통 무덤이라는 것에는 고인의 조상들을 일일이 밝혀 그 계보를 상기시키는 기능이 있다. 그런데 첼란의 무덤은 이와 정반대였다. 그야말로 뿌리 뽑힌 사람(displaced person)의 무덤다운, 어제도 내일도 없이 홀로 뚝 떨어져 고립된 무덤이었다.

이런 사정을 밝히며 파울 첼란의 무덤에 다녀온 이야기를 했다. 그러자 메데브는 약간 고개를 갸웃거리며 흥미롭다는 눈빛을 보였다.

그래서 나는 말을 이었다.

사실 나는 무덤에 관심이 많아서 1995년 파리 몽파르나스 공동묘지에 들러 카임 수틴(Chaim Soutine)의 무덤을 살펴보기도 했고, 1996년에는 프리모 레비(Primo Levi)의 무덤을 보기 위해 이탈리아의 토리노까지 다녀오기도 했다.

수틴과 레비는 모두 유대인이다. 벨로루시의 한 촌에서 1912년 파리로 이주한 화가 수틴은 에콜드파리(Ecole de Paris)[2]의 각광받는 멤버가 되었다. 은행과 의사를 결코 신용하지 않았던 수틴은 그림을 팔아 수입이 생기더라도 모두 주머니에 현금으로 넣고 다녔다. 또 지병인 위궤양으로 힘들어하면서도 의사를 찾지 않고 광천수를 데워 마시는 민간요법을 고집했다고 한다. 나치의 프랑스 점령 이후에는 몸을 숨기고 이곳저곳으로 떠돌다가 위궤양이 악화되었고 위에 구멍이 뚫려 사망했다. 장 콕토(Jean Cocteau) 등 몇몇 친구들이 그를 묻어주었지만, 그 누구도 상세한 출신과 이력을 몰랐다. 이 때문에 묘석에는 생년월일과 이름 철자까지도 잘못 기록하고 말았다고 한다. 나는 이 사실을 내 눈으로 확인했다. 역시 생년은 1894년, 이름은 'CHAIME'로 잘못되어 있었다(1893년생, 이름은 CHAIM이 맞다).

『아우슈비츠에서의 생존』으로 알려진 프리모 레비는 나치의 강제수용소에서 살아남았다. 화학자이면서 동시에 문학자였던 그는 전 생애에 걸쳐 스스로 증인으로서의 책무를 다했다. 그래서 1987년 그가 자살했을 때, 모두가 큰 충격을 받을 수밖에 없었다. 나 역시 그 중 한 사람으로 그가 자살한 장소와 무덤을 보기 위해 토리노까지 나섰던 것이다. 레비의 무덤은 토리노 공동묘지의 일각을 차지한 유대인묘지 구획에 자리 잡았다. 검은 돌을 이용한 것 외에는 별다른 특징이 없는 간소한 무덤이었다. 하지만 그의 묘비명에는 그의 성명과 생몰년 이외에 '174517'이라는 여섯 숫자가 적혀 있었다. 나중에 안 사실이지만, 이것은 아우슈비츠 강제수용소에서 그의 팔에 문신된 수인번

---

2) 제1차 세계대전 후부터 제2차 세계대전 전까지 세계 각지에서 파리의 몽파르나스로 모여들어 보헤미안적인 생활을 영위하던 화가들을 지칭한다. 모딜리아니(이탈리아), 샤갈(러시아), 커슬링(폴란드) 등이 멤버로 활동했다 ─ 옮긴이.

호였다.

물려받은 것이 아니라 직접 고쳐 만든 성(姓)이 새겨진 무덤, 죽은 자의 이름을 잘못 적은 무덤, 수인번호를 적은 무덤 ……. 모두 마치 20세기라는 시대의 진실을, 사실을 알고 있는 사람만이 이해할 수 있는 언어로 고요하게 이야기해주려는 듯했다.

나의 이야기에 흥미를 느낀 메데브는 실은 그 자신도 다르지 않다며 입을 열었다. 메데브는 최근 장 주네(Jean Genet)의 무덤을 다녀와서 아직 발표하지 않은 방문기를 썼다고 한다. 주네는 유언에 따라서 모로코의 그리스도교 묘지에 묻혀졌다고 한다. 황폐해진 그 묘지에는 주네의 무덤만이 덩그러니 '혼자' 서 있다고 한다. 이런 말을 들으며 나는 공상의 날개를 폈다. 아, 얼마나 주네다운 모습인가!

"나는 재일조선인 2세다. 1세인 양친이 돌아가셨을 때, 어디에 어떻게 묻어야 할지 막막했던 경험이 있다. 다음은 내 순서다. 그런데 프랑스 국적을 얻어 파리에 사는 튀니지인인 당신은 어디에 어떻게 묻히고 싶은가?" 나의 질문에 메데브는 어렴풋한 미소로 다만 어깨를 움츠릴 뿐이었다. 메데브는 "그러면 당신은 어떻게 할 것인가?"라고 반대로 나에게 물어왔다. "당신은 일본에 살고 있는 것 같은데 코리아(한국이라는 의미일 테다)에는 가족이나 친구가 많이 있는가?" "나의 형들은 한국 군사정권에 의해 20년 가까이 정치범으로 투옥되었다. 이 때문에 나도 인생에서 가장 중요한 20년을 일본에서 반쯤은 망명자처럼 살았다. 따라서 애석하게도 한국에는 아는 사람도 많지 않고 친구도 없다."

"그런 당신은?" 하고 되묻자 메데브가 답했다. "나의 가족과 부족(tribe)은 모두 튀니지에 있다. 나는 여기서 혼자 산다." 말이 끝나기 무섭게 그의 파트너가 "그래?"라며 장난기 섞인 눈으로 놀렸다. "그러면 나와 딸은 어떻게 되는 거야?" 하지만 메데브는 아무 말 없이 먼 곳만 바라보았다.

　20세기 말 어떤 밤, 파리의 레바논 요리점에서 튀니지계 프랑스인과 재일조선인 2세가 무덤을 둘러싸고 환담을 나누었다. 사람은 의식하건 못하건 '죽음'에 대한 관념과 애도의 의례를 통해 공동체로 묶여왔다. 하지만 제국주의 침략, 식민지배, 세계전쟁, 그리고 전지구적 자본주의…… 20세기에 일어난 이러한 사건은 무수한 사람들을 공동체로부터 추방시켰다. 나와 메데브는 공동체로부터 떨어져 나와 마치 유령처럼 기댈 곳 없이 떠돌고 있다. 우리가 아직 공동체에 완전히 목까지 담그고 있는 사람들, 곧 타자를 떼어낸 측의 사람들은 상상할 수도 없는 일종의 자유를 누리고 있는 것도 사실이지만 말이다.

■ ■ ■

이번 여름은 무척이나 더웠다. 9월에 들어서서도 아직까지 더위가 물러날 태세가 아니다. 파리에서 일본으로 돌아와 한 달 정도 지난 어떤 날, 구보 사토루(久保覺)가 갑작스러운 죽음을 맞았다는 소식을 들었다. 구보는 1960년대 이후 알 만한 사람은 다 아는 수완 좋은 편집자이며, 책도 많이 읽고 아는 것도 많은 애서가였다. 내가 그를 알게 된 것은 불과 4~5년 전이어서 흉금을 터놓고 이야기하는 관계로까지는 발전하지 못했다. 이전부터 그가 재일조선인일 것이라는 소문은 들어왔다. 하지만 그 진실은 알 수 없었다. 본인의 입을 통해 직접 듣지 못했고, 나 스스로 확인해볼 기회도 없었다. 그가 죽은 후, 그가 재일조선인이라는 것, 일본 국적으로 귀화도 하지 않았다는 것이 분명해졌다. 그는 어떤 생각에서 자신의 뿌리를 숨겨왔을까? 이제는 진상을 알 길이 없다.

　그가 남긴 것은 4만 권으로 추정되는 장서들이다. 책에 파묻힌 자택에는 관을 놓을 공간도 없었다. 그의 유골은 책을 넣은 박스 위에 놓였다. 화장터가 붐벼 끔찍한 더위 속에 유골은 나흘 동안이나 그대로 그곳에 놓여 있었다고 한다. 남겨진 장서는 어떻게 될 것인가? 그보다 무덤은 어떻게 할 것인가? 아직 아무것도 정해진 것이 없다고 한다. _1998년 10월 발표

끊임없이 진실을 말하려는 의지

에드워드 사이드를 기억하다

에드워드 사이드라는 인물에게 나는 얼마나 큰 신세를 진 걸까? 그의 부고를 접한 후 이런 생각은 날로 커졌다. 나는 사이드의 좋은 독자가 아니다. 그의 저작을 열심히 읽기 시작한 것은 아마도 1990년대에 들어와서부터다. 1990년대에 만약 내가 사이드를 읽지 않았더라면 어찌 되었을까 상상해본 적이 있다. 나의 정신적 방황은 지금보다 훨씬 커서, 분명 혼돈에서 헤어나오지 못했을 것이다.

■ ■ ■

내가 즐겨 읽은 것은 『오리엔탈리즘』(*Orientalism*)이나 『문화와 제국주의』(*Culture and Imperialism*)와 같은 학술적 저작들이 아니다. 오히려 『지식인의 표상』(*Representations of the Intellectual*)나 『펜과 검』(*The Pen and the*

Sword)과 같은 책들이었다. 이크발 아마드(Eqbal Ahmad)가 『펜과 검』의 서문에 사용한 말을 빌리자면, 나는 "이름 뒤에 숨은 인물 그 자체"를 밝히는 저작을 좋아했다.

『펜과 검』은 눈에 띄지 않는 작은 책이다. 별로 많이 팔리지 않았다고 하지만, 나에게는 결정적으로 중요한 책이었다. 이 책은 아르메니아 난민 출신 데이비드 바사미안(David Barsamian)이 사이드와 다섯 번에 걸쳐 나눈 인터뷰 내용을 담았다. 첫번째 인터뷰는 1987년 제1차 인티파다가 시작되기 직전에 이루어졌고, 제4회와 최종회는 1993년 오슬로 협정 직후에 이루어졌다. 요컨대 이 책은 7년에 걸쳐 팔레스타인과 이스라엘 문제를 실시간으로 논평한 것이다. 마지막 장의 제목인 "팔레스타인 : 역사에 대한 배신"이라는 표현이 암시하는 바와 같이, 기만적인 국제정치의 폭력에 의해 팔레스타인인들의 집단적 기억이 말살되고 해방의 대의가 매장되어가는 과정을 둘러싼 사이드의 고뇌에 가득 찬 고찰이 솔직한 언어로 표현되고 있다. 더욱이 인터뷰 이후 오늘날까지 약 10년간 사태는 징그러울 정도로 악화일로를 걸어오고 있다.

이 책은 팔레스타인과 이스라엘 문제에 대한 가장 좋은 입문서이다. 하지만 이 책의 가치는 이에 그치지 않는다. 내가 읽었던 책을 다시 펼쳐보면 여러 곳에 밑줄이 그어져 있다. 여기서 모두 다 인용하고 싶지만, 먼저 두 군데

---

1) 1993년 9월 13일, 노르웨이 외무장관 요한 홀스트의 중재로 이스라엘과 PLO 대표단이 오슬로에서 비밀리에 만나 협의안에 합의했다. PLO는 테러를 중단하고, 이스라엘은 헤브론시를 제외한 가자 지구와 서안지구에서 철군함으로써 이 지역에서의 팔레스타인 자치를 받아들인다. 오슬로 협정에 부속된 '상호인정' 의 원칙은 이스라엘은 PLO를 합법적인 팔레스타인 정부로 인정하고, PLO도 이스라엘의 존재 근거를 인정한다는 것이다. 이에 의거하여 1996년 팔레스타인 자치정부가 세워졌다. 하지만 팔레스타인 완전 독립에 필요한 동예루살렘 귀속문제 등 국경 확정, 점령지 내 이스라엘 정착촌 처리, 팔레스타인 난민 귀국문제 등은 여전히 풀리지 않고 있다 ─ 옮긴이.

정도만 소개하겠다.

아무래도 우리가 있는 곳은 최후의 변경이며, 우리는 정말로 최후의 하늘을 보고 있는가 봅니다. 우리 앞에는 아무것도 없고 우리가 멸망할 운명임을 알고 있지만 그럼에도 불구하고 여전히 우리는 '여기서 어디로 갈 것인가'를 묻습니다. 우리는 다른 의사의 진단을 받고 싶습니다. '너희들은 죽었다'는 말만으로는 납득할 수 없습니다. 우리는 앞으로 나아가고 싶은 것입니다.[2]

학자로서 줄곧 편하고 안락한 삶을 선택할 수도 있지 않았을까? 그는 왜 실천적인 정치라는 다른 영역을 깊이 파고들었을까? 아래는 이런 질문을 받고 사이드가 답한 내용이다.

나에게 정말로 선택의 여지가 있었다고는 생각지 않습니다. 1967년 이후 어떤 시점에 나는 나 자신의 '부름'을 받았다고 느꼈습니다. (……) 이윽고 사태 전체의 의미가 훨씬 거대한 차원에서 보이기 시작했습니다. 단순히 나 자신의 민족적 배경에서 유래하는 문제만은 아니라는 의식을 하게 되었습니다. 내가 팔레스타인 사람이기 때문만은 아니었습니다. 팔레스타인 투쟁에 관여함으로써 나는 팔레스타인 사람만이 아닌 다른 사람들, 미국의 아프리카계·라틴계 사람들과 아프리카 여러 나라의 단체들과도 관계를 맺게 되었습니다. 그러한 교류를 통해 깨달은 바가 있습니다. 그것이 이들 여러 운동의

---

2) Edward Said, *The Pen and the Sword*, Common Courage Press, 1994.

중심적 역할을 담당한 것은 팔레스타인 투쟁이 정의에 대해 되묻는 것이었기 때문이라는 사실입니다. 그것은 거의 승산이 없음에도 불구하고 계속해서 진실을 말하겠다는 의지의 문제였습니다.

사이드는 "멸망할 운명임을 알고 있다"고, 그럼에도 불구하고 "우리는 앞으로 나아가고 싶다"고 말한다. "거의 승산이 없음에도 불구하고 계속해서 진실을 말하려는 의지"를 표명했다. 마치 한 편의 시와도 같은 말이다.

이크발 아마드는 『펜과 검』의 서문에서 사이드의 지적 활동을 지탱한 동기를 다음과 같이 명료하게 정의했다. "기억, 억압당한 자들의 이야기(narrative), 그리고 지배적 신화 및 관점이 그에 대항하는 이야기(counter narrative)를 무시한 채 역사라 부르는 것을 결코 받아들이지 않겠다는 의지". 사람은 승리가 약속되어 있어서 싸우는 것이 아니다. 불의가 넘쳐나기 때문에 정의에 대해 묻고, 허위가 뒤덮고 있기 때문에 진실을 말하기 위해 싸운다. 이 책에서 사이드가 우리에게 묻는 것은, 단적으로 말해 현대를 살아가는 이들에게 있어 도덕의 거처다.

지적인 자기-보신의 태도로서 상대주의와 불가지론이 만연한 현대사회에서 '도덕'이라는 말은 '정의'나 '진실' 등과 더불어 거의 냉소의 대상으로 전락했다. 이러한 경향은 일본에서, 그것도 아카데미즘에서 아주 두드러진다. 하지만 또 한편으로 보수 세력이 강요하는 복고주의적 도덕률에 대한 저항은 한심할 정도로 미약하다. 덧붙여 말한다면 일본에서는 사이드가 강조하는 의미의 '지식인'이라는 말도 이미 썩어 없어진 지 오래다. 지적 직업에 종사하는 대부분의 사람들은 '지식인'이라는 말을 들으면 "아니에요. 저 같은 사람이……"라며 겸허를 가장해 몸을 낮춘다. 하지만 그것은 지적 특권을 누

리면서 '지식인'이 떠안아야 할 사명과 책임으로부터 도망치려는 보신의 몸
짓은 아닐까?

오늘 막 도착한 잡지 『미스즈』(みすず) 2003년 11월호를 보니 사이드의
『오리엔탈리즘』 신판 서문이 수록되어 있다. 이를 읽다 다음 구절이 눈에 띄
었다.

나는 나 자신의 시도를 통틀어 '인문주의'(humanism)라고 불러왔다. 세련
된 포스트모던 비평가들은 이 말을 어리석다 여기고 멀리하지만, 나는 고집
스럽게 이를 사용해왔다.

사이드는 이와 비슷한 완고함으로 도덕·정의·진실에 대해 이야기해왔
다. 나는 거기서 '마지막 승리의 필연성'과 같은 것을 느낄 수 있었고, 어떤
논리 정연한 연설도 줄 수 없는 커다란 자극을 받았다. 아니 더 솔직히 말하면
'마지막 승리의 필연성'을 말할 수 없게 된 시대에, 그럼에도 불구하고 싸울
수밖에 없는 사람에게 사이드라는 존재 그 자체는 커다란 자극이었다.

■ ■ ■

제국주의, 식민지배, 세계대전, 전지구적 시장경제 시대는 무수한 사람들을
본래 귀속되어 있던 공동체로부터 떼어놓았다. 모어, 모문화, 역사로부터 추
방된 디아스포라가 대량으로 지구상을 유랑하고 있다.

그/그녀들은 하나의 언어 공동체로부터 다른 언어 공동체로 건너가 이
들 복수 공동체의 틈새에서 경험한 많은 고뇌와 드문 환희를 말하려 한다. 하

지만 이들 중 대다수가 아직도 자신의 언어로 이야기하지 못한다. 왜냐하면 먼저 그/그녀들은 새롭게 정착한 공동체에서 항상 소수자의 지위에 있기 때문에 자신들의 모어와는 다른 언어를 구사해야 하고, 둘째로 경제적 곤궁과 법적지위의 불안정 때문에 지식이나 교양을 축적할 조건을 빼앗겼기 때문이다. 이러한 수많은 곤란을 극복하고 이야기할 수 있는 조건을 갖추었더라도, 이번에는 독자를 구해야 하는 최대의 어려움이 기다리고 있다. 독자가 되어야 할 다수자들은 많은 경우 자신들이 단일 공동체에 귀속한다는 신화에 안주한다(원한다면 신화에 구속되어 있다고 해도 좋다). 한편 디아스포라 이야기는 언제나 다수자의 안주를 위협하여(구속으로부터 해방한다고도 말할 수 있겠지만), 때때로 다수자가 의심치 않고 누려오던 기득권에 마치 날카로운 가시와 같은 의혹의 눈길을 보낸다. 과연 사람들이 이런 이야기를 마음 편히 나눌 수 있을 것인가? 결국 디아스포라 이야기는 극히 소수만이 이해할 수 있는 것으로 고립되던가, 아니면 일종의 판타지가 되어 '유목적 삶'을 동경하는 따분한 다수자들에 의해 소비된다.

이만큼 디아스포라 문학은 성립하기 어렵다. 극히 예외적인 성공 사례가 사이드의 『에드워드 사이드 자서전』(*Out of Place: A Memoir*)이다. 나는 이 책이 인류사의 현 시점까지 나온 디아스포라 문학 중 최고 걸작이라고 확신한다.

아랍의 팔레스타인 출신, 프로테스탄트 그리스도교도, 더구나 부친 시절부터 미국 국적보유자인 사이드는 예루살렘, 베이루트, 카이로를 연결하는 지역을 오가면서 성장했고, 인생의 후반기를 미국에서 보냈다. 그리고 이제는 '그곳에서 죽었다'고 덧붙여야 한다. 다시 이크발 아마드의 말을 인용하면, 사이드는 "인생에서 이념과 현실이 우연히도 일치하는 희한한 운명을 타고난한 사람"이었다. 이 책은 이러한 '희한한 운명'에 관한 정말로 뛰어난 이야기이다.

하지만 나는 이 걸작이 일본 독자에게 어느 정도까지 이해될 수 있을지에 대해서는 회의적이다. 왜냐하면 이야기는 처음 한 줄부터 마지막 한 줄에 이르기까지 공동체의 자명성에 안주해서는 전혀 이해할 수 없는 은유(metaphor)와 위트로 가득 차 있기 때문이다. 예를 들어 첫머리의 일부를 인용해보자.

하지만 항상 무엇보다도 먼저 떠오른 것은 그에 합당한 상태로부터 나 자신은 언제나 제외되어 있다는 감각이었다. 사이드라는 명백한 아랍계 가계의 성(姓)에 무리하게 붙여진 '에드워드'라는 어처구니없는 영국풍의 이름. 내가 이에 순응하기까지, 아니 보다 정확히 말한다면 이 이름에 큰 불쾌함을 느끼지 않게 되기까지 50년 정도의 세월이 필요했다.[3]

나는 이 느낌을 이해할 수 있다. 고개를 끄덕이며 수긍할 정도다. 나는 자기 이름에 대한 어색함을 토로한 사이드에게서 제국주의와 식민주의로 각인된 동시대를 살고 있는, 이산의 처지에 직면한 친구의 모습을 상상한다. 하지만 일본인 다수자들 중 어느 정도가 이 느낌을 이해할 수 있을까?

내 이야기를 잠깐 하자면, 내가 어렸을 적 우리 일가는 일본이름을 사용했다. 그러다 중학교에 입학할 무렵, 형들의 강력한 권고를 받아들여 본명인 조선이름을 쓰게 되었는데 그조차도 '서'(徐)라는 분명한 조선계 성(姓)과 그

---

3) Edward Said, *Out of Place: A Memoir*, Vintage, 2000.

것에 무리하게 이어맞춘 '다다시'(正志)라는 어색한 일본이름으로 불릴 수밖에 없었다. 왜냐하면 당시는 아직 1965년 한일기본조약 협정 이전이어서, 내 존재는 한국의 호적에 기재되어 있지 않았고 이름 역시 일본식밖에 없었기 때문이다. 이후 한국 호적을 등록하는 과정에서, 고향 마을 어른에게 조언을 받아 '경식'(京植)이라는 진짜 조선인 같은 이름을 얻을 수 있었다. 그런 절차를 밟지 않았더라면 나는 지금도 조선식 성씨와 일본이름, 요컨대 역사상 피지배자 성씨와 지배자 이름으로 이루어진, 식민지배의 기억 그 자체라고 말할 수 있는 어색한 이름을 사용했을 것이다. 이런 이야기를 번거롭다고 느끼는 사람은 이름이라는 기호가 역사적·정치적으로 형성된 것임을 인식하지 못한 것이다. 이미 다수자의 자질이 충분하다고 말할 수 있다.

조선인은 가까운 과거에 창씨개명이라는 역사적 사건을 경험했다. 창씨개명을 강제한 측 대다수는 공동체의 자명성과 결부된 이름의 자명성이라는 환상에 계속 안주하고 있다. 일본인 중에는 때로 이제 서경식이라 불리는 내게 "외국분인데도 일본어를 잘 하시네요!"라고 칭찬하는 사람이 있다. 내가 "일본에서 태어나 자랐기 때문이지요!"라고 대답했더니, "뭐라구요? 그러면 훌륭한 일본인이지 않습니까?"라고 해 당황한 적도 있다. 재일조선인이 일상적으로 느끼는 이런 종류의 어색함을 이해하는 것은 일본에 의한 조선 식민지배의 진실을 이해한다는 것과 다르지 않다. 이러한 어색함을 이해하지 못하면서 사이드의 상황만 이해할 수 있다고 말할 수는 없다.

■■■

사이드는 정말로 포스트 식민주의 시대에 걸맞은 복합적 정체성의 모범 사례와 같은 존재이다. 그는 1967년 제3차 중동전쟁과 이스라엘에 의한 팔레스타인 지역의 부당한 점령을 계기로 스스로를 '팔레스타인인'으로서 뚜렷이 자각하기 시작했다. 그것은 그가 자신의 복수 정체성 중에서 '선택'한 것, 즉 '선택된 정체성'이라고 말할 수 있을 것이다. 하지만 그것이 결코 자의적 선택이라 오해해서는 안 된다. 그가 미국 국민이라는 정체성을 선택하고, 학자라는 편하고 안락한 삶을 영위하는 일도 불가능하지 않았다. 하지만 사이드는 팔레스타인인의 일원이라는 편하지도 안락하지도 않은 정체성을 선택한 것이다.

앞에서 인용한 인터뷰에서 사이드는 "나에게 정말로 선택의 여지가 있었다고는 생각지 않습니다"라고 했다. 사이드는 자신의 내면에서 자신을 부르는 소리를 듣고 그에 응답한 것이다. 그가 말하는 '선택된 정체성'이란 이런저런 정체성을 웃가지처럼 입었다가 벗는 것이 아니다. 원래 그런 것은 불가능하다. '선택된 정체성'이란 오히려 '강제된 정체성'에 대립하는 개념이고, 자유로운 인간으로서 자기를 해방하기 위한 자유로운 선택이라는 함의를 지닌다. 이러한 의미에서 사이드는 사르트르의 후계자라고 말할 수 있을지도 모르겠다. 도덕이라는 기준이 관철되고 있는 이상, 이러한 선택은 자의적인 것일 수 없다.

복수의 정체성을 껴안은 상태는 개인이라는 관점에서 본다면 바로 자기가 분열하고 있다는 상태를 말한다. 그 복수의 정체성이 서로 대립할 때, 자기-분열의 아픔은 더욱 커진다. 구식민지 출신의 디아스포라는 누구라도 이러한 자기-분열의 아픔에 고통을 받고 있다. 어떻게 그것을 '융통성 없고 경계선 없는(borderless) 삶의 방식'이라 말할 수 있으며, 어떻게 그것을 '쉽게 경계를 넘나드는 유목적 삶'이라고 형용할 수 있을 것인가? 이름을 둘러싼 어색함을 이해할 수 없는 다수자는 이러한 아픔 또한 이해할 수 없을 것이다.

■ ■ ■

NHK 엔터프라이즈의 가마쿠라 히데야(鎌倉英也) 감독 등이 제작하여 금년 4월에 NHK위성 제1방송에서 방영된 텔레비전 다큐멘터리 〈사이드 '이라크 전쟁'을 말하다〉(サイード'イラク戰爭'を語る)에는 에드워드 사이드 생전의 마지막 모습이 비춰졌다. 미국과 영국이 이라크 공격을 개시했다는 소식에 사이드는 "미국인으로서 또 아랍인으로서 창피하다"고 말했다. 좌우 주먹을 꼭 쥐어 두 번 정도 서로 마주 붙인 다음, 이어서 두 주먹을 다시 좌우로 떨어뜨리는 몸짓을 보였다. 아랍 출신의 미국 국민이라는 분열의 아픔을 그 간단한 포즈로 나타낸 것이다. 그는 비폭력과 불복종을 역설하고 교육에 기대한다고 열을 내뿜었다. 언뜻 보기에 나이브하게 들릴 수 있는 그의 말이 얼마나 많은 고민 끝에 나온 이야기인지를 생각했다. 그의 커다랗고 둥근 눈은 순진무구했고, 정말로 자비로운 고요함을 담고 있는 것처럼 보였다.

사이드는 고독하다. 그는 미국에서 많은 사람들이 그를 이해해주지 못했고, 또한 팔레스타인에서도 많은 이들이 그를 이해하지 못했다. 물론 다른 의미이지만, 그는 그 두 곳 어디에도 어울리지 않는 '이방인'이었다.

사이드와 마찬가지로 고독한 사람, 즉 복수의 공동체에 걸쳐 있는 인생을 성실하게 살려고 노력하고, 바로 그 때문에 어느 공동체에서도 많은 동조자들을 얻을 수 없는 사람이 이 세계에 적지 않다. 요컨대 사이드의 고독의 의미를 이해할 수 있는 사람은 결코 적지 않다. 하지만 지금 그 사람들은 현재 머무는 그 각각의 장소에 어울리지 않고 고독하다. 어울리지 않는 자리에 놓여버린 사람들은 서로의 모습을 아주 멀리서 발견하고 만남을 열망하며 서로를 부르고 있다. 하지만 계속해서 이들을 나누고 고립시키는 장벽은 여전히 높고 견고하다. 그럼에도 불구하고 이정표와 등대처럼 유달리 높게 건재하던 사이드는 이제 이 세상에 없다. 얼마나 거대한 상실인가?

그 사실은 나에게 슬픔과 상실감을 주었다. 동시에 넓은 관점에서 조망하면서 단호히 (싸움을) 계속해나가겠다는 굳은 의지를 안겨주었다. 이것은 결코 낙관주의의 문제가 아니다. 오히려 지금도 진행중인, 문자 그대로 해방과 계몽을 향한 끝없는 전진을 신뢰한다는 문제이다. 이야말로 지식인으로서의 사명에 틀과 방향성을 제공하는 것이리라.

인용구는 『오리엔탈리즘』 신판 서문에 나오는 한 구절이다. 앞에서 소개한 이크발 아마드와 이브라힘 아부루고드(Ibrahim Abu-Lughod)라는 두 친구의 죽음을 애도하는 말이다. 이를 그대로 인용하는 것으로 사이드의 죽음에 대한 내 애도의 말을 대신한다. _2003년 11월 5일 탈고 며칠 전인 3월 30일, 일본 중의원에서 '출입국관리법' 개정안이 통과되었다. 2004년 12월 일본 정부가 채택한 '테러 예방에 관한 행동 계획'의 일환이다. 개정안의 주안점은 세 가지였다. 첫째, 일본에 입국하는 항공기·선박의 승무원·탑승객 명단을 사전에 제출하도록 할 것, 둘째, 법무성이 테러리스트로 지목한 인물에 대해 입국거부 및 강제추방을 가능하게 할 것, 그리고 셋째로 일본에 입국하는 16세 이상 외국인의 지문 채취 및 사진 촬영을 의무화할 것. 지문과 사진 자료들은 향후 70~80년간이나 보관할 방침이라니 어안이 벙벙할 따름이다. 이 안은 참의원에서도 '무난히' 통과되리라는 것이 중론이라고 한다.

한데 '지문'이라니! 신문을 보다가 왠지 스멀스멀한 느낌이 들면서 일순 소름이 돋았다. 9·11 이후 '테러와의 성전'을 부르짖는 미국을 따라 생체정보 통제 조치가 시작되는구나 하는 상념 이상의 무엇인가가 가슴에 걸린 탓이다. 우리에게 지문은 단순한 '정보'가 아니라 일본 식민주의와 개발독재의 국가주의가 남긴 역사적 상흔이기 때문이다. 지갑에서 꺼내든 주민등록증에 찍힌 내 서글픈 엄지를 응시하고 있자니, 1980년대 재일조선인 사회를 뜨겁게 달구었던 '지문날인 반대운동'과 그 역사적 연원이 떠오른다.

알고 보면 일본과 지문의 관계는 극히 밀접하다. 본격적인 지문 연구는 1880년 영국인 헨리 폴즈(Henry Faulds)가 과학전문지 『네이처』(*Nature*)에 관련 논문을 발표하면서 시작되었다. 당시 폴즈는 선교사로 일본에 체재 중이었기 때문에, 논문 원고를 일본에서 써서 영국으로 송고했다. 그는 에도 시대에 일본인들이 서명과 날인 대신 사용해온 무인(拇印)에서 힌트를 얻었다고 한다. 일본은 생체정보로서의 지문이 '세계화'되는 데 일등공신 역할을 했던 셈이다.

지문과 식민지의 관계는 더 밀접하다. 지문연구가 이른바 '경찰지문'으로 실용화된 것은 19세기 말 영국 지배하의 인도의 벵골 지방에서였다. 20세기 초에는 남아프리카에서 아시아계 노동자를 효율적으로 관리하기 위해 지문이 활용되었다. 이른바 '노동지문'이 탄생한 것이다. 일본의 경우에도 경시청이 지문감식이라는 방식을 채용한 것은 1911년부터지만, 이것이 노동지문의 형태로 확대된 것은 러일전쟁으로 '만주'를 거머쥔 후부터다. 1924년 만철(남만주철도주식회사)이 경영하던 무순 탄광에서 중국인 노동자들에게 지문날인을 강제한 것이 시발점이었다. 강제날인의 '효과'가 나타나자 1926년에는 만주에 진출한 일본 대기업들이 함께 지문감식 전담 조직까지 만들며 확대시켰고, 이는 나중에 만주국 지문관리국으로 '계승'되었다. 지문날인은 항일무장투쟁 대책으로 악명 높은 '집단부락'의 거주증명서에도, 소위 '귀순자'의 귀순허가증에도 두루 적용되었다. 지문을 통한 노무관리와 치안대책이 하나가 된 것이다. 그리고 만주의 지문감식 담당자들은 패전 후 일본 경찰에서도 맹활약을 했다. 1961년 경찰지문제도 50주년 기념식에서 표창장을 받은 경찰 여섯 명 가운데 네 명이 만주국 지문관리국 출신이었다.

1980년 재일조선인 한종석의 날인 거부로 시작된 지문날인 거부운동은 재일 외국인 전반으로 확산되면서 명실공히 시민운동의 하나로 자리 잡았다. 그리하여 1993년부터 특별영주자가 날인 대상에서 제외되었고 2000년부터는 지문제도 자체가 폐지되는 성과를 이끌어냈다. 그러나 1980년 이전에도 지문날인 거부자는 암암리에 존재했고, 이미 1920년대 후반 만주의 중국인 노동운동에서도 파업 시 요구조건의 하나로 지문날인 폐지가 이슈화되어 있었다. 머지않아 시행될 일본의 외국인 지문 채취는 이 근현대의 식민주의와 민중 저항의 기나긴 역사를 되돌리려는 퇴행적이고 몰역사적인 폭력이 아닐 수 없다. 그리고 이 폭력에 가장 민감하게 반응할 수밖에 없는 존재가 바로 재일조선인이다.

일본의 통칭 '출입국관리법' 혹은 '입관법'의 정식 명칭은 '출입국관리 및 난민인정법'이다. 1980년대에 일본이 유엔난민조약을 뒤늦게 비준하면서 개정된 것이다. 당시 난민인정법은 베트남의 '보트 피플'을 직접 겨냥한 것이었다. 하지만 이때 일본 국민연금법의 국적 조항이 없어져 재일조선인의 처우 역시 향상되었다는 점에서, 이들이 일본 내부의 '난민'이었음을 거꾸로 확인할 수 있다. 그리고 저자인 서경식은, 아직도 일본으로 '귀국'하려면 '재입국 신청서'가 필요하고 여권의 여행목적란에 '거주'라고 적어야만 하는 재일조선인은 여전히 '난민'이나 다름없다고 말한다.

저자가 보기에 지난 20세기는 '난민의 시대'였다. 두 차례의 세계대전, 냉전과 국지전 등에서 자행된 엄청난 폭력을 피해 이산한 민족들의 비통한 사연들이 20세기를 점철했기 때문이다. 이산민, 즉 디아스포라는 그런 의미에서 20세기의 주인공 아닌 주인공이다. 그리고 21세기의 주인공을 꿈꾸는 존재다. 체험적으로 그 모든 국가주의의 허구성과 위험성에 가장 민감한 존재이기 때문이다. 말 그대로 '탄광의 카나리아'인 셈이다.

그러나 저자는 스스로를 난민으로 규정하는 데에는 무척 조심스럽다. 난민과 마찬가지로 주권자의 권리를 보장받지 못하고 국가의 보호를 받지도 못하지만, "컨테이너 속에 숨어서 유로터널을 빠져나와 영국으로 입국하려다가 산소 부족으로 몰살당한 중국인 난민이나 소형 선박에 가득 올라타고 스페인에 상륙하려다가 배가 표류하는 바람에 익사하고 만 모로코 난민, 비행기 바퀴에 매달려서 유럽으로 날아가려다 격납고에서 얼어 죽은 아프리카인 소년"처럼 기본적 생존권 자체를 위협당하는 존재들과는 다르기 때문이다. 또 대한민국 국적자로서 조선적 재일조선인처럼 무국적 상태에 놓여 있지도 않기 때문이다. 그리하여 저자는 자신을 국민과 난민 사이에 있는 '반난민'으로 규정한다. 그리고 역설적이게도 바로 이런 위치가 저자로 하여금 성찰적인 시선을 확보할 수 있게 해주는 것이다. 이상이 책 제목을 '난민과 국민 사이'로 정한 이유다.

얼마 전에 소개된 『디아스포라 기행』에서도 엿볼 수 있듯이, 저자는 난민적 존재들이야말로 포스트 식민주의 시대에 걸맞은 복합적 정체성을 지니고 있다는 데 주목한다. 자기-분열의 아픔을 가슴에 안고 복수의 정체성을 받아들이는 존재, 국민국가의 '강요된 정체성'을 버리고 스스로 '선택한 정체성'에 충실하려는 강인한 의지의 담지자. 전지구적 시장경제라는 신자유주의 전쟁의 최전선에서 쓰러져가는 절망적 존재이면서도 21세기의 희망을 삶으로 드러내는 역설적 존재가 바로 재일조선인이고 디아스포라라는 이 이야기에서 우리는 저자의 지적 비관주의와 의지적 낙관주의를 엿볼 수 있을 것이다.

　이 책은 재일조선인, 디아스포라 서경식의 역사 인식을 명료하게 보여주는 국가·민족·재일조선인론 관련 에세이와 평론들을 모아 3부로 구성한 시론집이다. 1부는 아우슈비츠, 위안부, 오키나와 등의 문제를 디아스포라의 시선으로 조명하면서, 저자의 정치적·윤리적 감수성의 뿌리를 보여주는 짧막하고 강렬한 에세이들로 구성했다. 이 가운데 「희망에 대하여」는 메도루마 슌의 장편(掌篇)소설 「희망」에 대한 평론이라 할 수 있는데, 독자의 이해를 돕기 위해 글의 말미에 소설의 전문을 부록으로 덧붙였다. 수록을 허락해주신 메도루마 슌 씨께 감사드린다. 2부는 '반난민'으로서 재일조선인의 삶과 정체성, 그 역사와 정치학, 그리고 앞으로의 전망을 심도 있게 파헤친 묵직한 평론들이다. 특히 국내 독자들에게 잘 알려져 있지 않은 '이진우 사건'을 재조명한 글, 그리고 '9.17'(조일평양선언)과 '납치 문제'의 자장(磁場) 속에서 일본인과 조선인 쌍방에게 던지는 메시지 등이 주목된다. 마지막 3부는 윤이상, 야스에 료스케, 에드워드 사이드 등 20세기의 산 증인들에게 보내는 저자의 애틋한 '추도문'들로 구성했다. 이에 해당하는 글들은 더 많았는데 지면상 모두 담지 못한 것이 아쉽다. 저자의 다른 책 『사라지지 않는 사람들』(過ぎ去らない人々)을 참고하기 바란다. 여기에는 '난민의 세기에 부치는 묘비명'이라는 부제가 달려 있다.

　책에 수록된 글들은 저자, 편집자, 역자가 몇 차례의 상의를 거쳐 선정했다. 저자가 1990년대 중반부터 최근까지 발표한 글들을 중심으로 골랐기 때문에, 가급적 피하려 했지만 부분적으로 내용상의 중복이 불가피했음을 밝혀둔다. 번역은 임성모가 주로 1부와 2부를, 이규수가 주로 3부(1부의 '어머니를 모욕하지 말라', 2부의 '저울질하지 말라' 포함)를 맡았다. 2부의 '새로운 민족관을 찾아서'는 김경자 씨의 번역을 일부 수정해서 실었다. 이 자리를 빌려 감사드린다. 물론 번역상의 오류에 대한 책임은 모두 역자들의 몫이다. 마지막으로 편집을 맡아준 김희진 씨께도 감사의 말씀을 전한다.

여러모로 미흡한 번역이지만, 모쪼록 이 책이 던지는 화두들이 독자의 가슴에 가닿기를 바란다. 그리하여 저자의 목소리가 광야의 메아리가 되지 않기를, '질식해가는 카나리아의 비명'은 더더욱 되지 않기를 기원할 뿐이다.

2006년 4월

임성모

출전

* 번호는 글이 실린 순서를 나타낸다.

1부

1. 『世界の文學73 ホロコーストと强制收容所』, 朝日新聞社, 2000년 12월.

2. 『思想』, 岩波書店, 1996년 1월호.

3. 『思想の科學』, 思想の科學社, 1994년 12월호.

4. 小森陽一 編, 『ナショナル・ヒストリ-を超えて』, 東京大學出版會, 1998.

5. 『ユリイカ 詩と批評』, 青土社, 2001년 8월호.

부록: 目取眞俊, 「希望」, 『朝日新聞』 1999년 6월 26일자 석간(이후 『沖繩/草の聲·根の意志』, 世織書房, 2001에 수록)

6. 『評論』第116號, 日本經濟評論社, 1999년 12월 1일자.

2부

7. 岩崎稔 外, 『繼續する植民地主義』, 青弓社, 2005.

8. 『역사비평』, 역사비평사, 1996년 여름호.(원제는 "재일조선인의 위기와 기로에선 민족관")

9. 『歷史學硏究』, 日本歷史學硏究會, 1997년 10월 증간호.

10. 富坂キリスト敎センター編, 『鼓動する東アジアのキリスト敎―宣敎と神學の展望』, 新敎出版社, 2001.

11. 『現代思想』, 青土社, 2002년 12월 임시증간호.

3부

12. 『世界』, 岩波書店, 1996년 4월호.

13. 人·行動·思想編集委員會編, 『古在由重 人·行動·思想』, 同時代社, 1991.

14. 『世界』, 岩波書店, 1998년 3월호

15. 『影書房通信』20호, 影書房, 1998년 10월

16. 『現代思想』, 青土社, 2003년 11월 임시증간호.